助力『双一流』建设的高校图书馆学科服务创新研究

吴爱芝 ◎著

Research on INNOVATION of DISCIPLINARY SERVICES in

UNIVERSITY LIBRARIES

to Promote the CONSTRUCTION of DOUBLE FIRST-CLASS

图书在版编目(CIP)数据

助力“双一流”建设的高校图书馆学科服务创新研究/吴爱芝著. --北京：北京大学出版社，2025.2.

ISBN 978-7-301-36042-2

Ⅰ. G258.6

中国国家版本馆 CIP 数据核字第 2025LY1279 号

书　　名	助力“双一流”建设的高校图书馆学科服务创新研究 ZHULI “SHUANGYILIU” JIANSHE DE GAOXIAO TUSHUGUAN XUEKE FUWU CHUANGXIN YANJIU
著作责任者	吴爱芝　著
责任编辑	王　华
标准书号	ISBN 978-7-301-36042-2
出版发行	北京大学出版社
地　　址	北京市海淀区成府路 205 号　100871
网　　址	http://www.pup.cn　　新浪微博：@北京大学出版社
电子邮箱	总编室 zpup@pup.cn
电　　话	邮购部 010-62752015　发行部 010-62750672　编辑部 010-62745933
印 刷 者	北京溢漾印刷有限公司
经 销 者	新华书店 720 毫米×1020 毫米　16 开本　11.75 印张　237 千字 2025 年 2 月第 1 版　2025 年 2 月第 1 次印刷
定　　价	58.00 元

前　　言

习近平总书记指出，图书馆是国家文化发展水平的重要标志，是滋养民族心灵、培育文化自信的重要场所。图书馆的建设和发展对于传播文化、传承文明、提高国民素质、推动经济社会发展等方面具有重要意义。站在新的历史起点上，图书馆应坚持正确的政治方向，充分发挥文化传播功能，弘扬优秀传统文化，春风化雨、以文化人，用书香润泽百姓心灵，引领时代风尚。

与此同时，中国特色社会主义进入新时代，经济社会的数字化转型与高质量发展战略深入实施，大数据与人工智能技术的升级换代快速促进了人类认知与学习、科研与生产等方式的变革。为了提升我国高等教育综合实力和国际竞争力，为实现“两个一百年”奋斗目标和中华民族伟大复兴的中国梦提供有力支撑，必须以统筹推进世界一流大学和一流学科建设（即“双一流”建设）为契机，积极推进高等教育改革和创新，实现高等教育内涵式发展，努力建设高等教育强国。《中国教育现代化2035》和《中国图书馆学会“十四五”发展规划纲要（2021—2025年）》等文件都在信息资源和信息素养两个方面对图书馆学科服务的发展提出了新的要求，图书馆应该在提高教育教学质量和科研服务水平、提升科学决策和教育治理能力、培养具有创新精神和实践能力的高素质人才等方面做出自己应有的贡献。高校图书馆应该努力帮助师生用户围绕知识开展包括知识的创造、交流、保存、整理、传播与利用等在内的服务活动。

从1998年清华大学图书馆在国内首次建立学科馆员制度至今，学科服务的建设发展轰轰烈烈，几乎国内所有的高校图书馆都建立了完备的学科馆员队伍。但进入大数据时代，由于用户自身水平的提升、开放共享数据资源的发展，以及相关政策发展变化，参考咨询、学科门户建设等传统学科服务已经无法满足当今科研和学科建设发展的需要，学科服务急需深度拓展和转型创新。有些学校已经不再使用“学科服务”这个名称，转而以学科情报服务、战略情报服务、科研支持服务、知识产权信息服务等针对性更强的名称或概念来推广服务，这不是说明学科服务不再重要了，而是反映学科服务随着内外部环境与需求的变化，展现出更多的细粒度和精准化等发展特征。固本应变，高校图书馆没有必要纠结是否使用学科服务这个名称，而是要思考新时期如何服务以及如何深化服务、如何更加科学化和有针对性地服务，更加切实地帮助用户发现和解决问题。为此，需要创新服务方式和文化传播形式，更好为学校、社会的教学与科研提供文献信息保障与知识服务！创新是社会进步发展的永动机。图书馆的学科服务处在用户需求、文献资源、馆员能力与社会环境的不断变化中，且信息化、大数据正在促使这种变化急剧加快，图书馆的学科服务理当应该继续创新，对服务内容、服务深度和服务广度加强探索，促进新时代图书馆继续成长！服务创新是推动高校图书馆高质量发展的重要抓手！

作为《大数据时代高校图书馆智慧化学科服务研究》的升级篇，本书更多的是结合新时代的发展需求及变化，聚焦于"双一流"建设的发展需求，追问学科服务的内容、逻辑与服务机制，因为作为高校建设的服务部门，业务理解和服务机制上的范式转变极为重要。我们努力将自己沉浸在用户学习、教育、研究、组织、管理、生活的生态系统中，在帮助用户利用信息、资源、知识、数据来解决学术与科研问题的过程中，努力从服务理念、服务机制和服务手段上挑战自我，将用户在使用图书馆学科服务解决问题后的喜悦感、成就感与满足感作为我们思考未来战略目标、构建行动计划、搭建内容框架、完善体制机制的起点与抓手，努力跳出自我束缚与环境限制，认真学习与考察调研，聚同行与专家智慧为我所用、联学科馆员学识与热忱与我同行！

未来10～30年仍是图书馆转型发展的重要关键时期，图书馆的服务内容、部门结构与岗位设置将会继续发生巨大变化。内外部需求与环境的变化，技术化、智能化、智慧化等手段和工具的大规模普及与使用，高校图书馆的服务必将实现跨越式发展与创新，我们无法全部预见、也不可能穷尽所有的发展方向，明天与创新都会如期而至！笔者自入馆到现在，主要从事与学科情报服务、文献计量等相关的图书馆工作，在有限的认知空间中进行高校图书馆学科服务的创新发展研究，难免存在认识偏颇之处，还请读者与各位同行专家批评斧正！不管如何，仍竭尽所能，永存大格局、大开放的心态，勇于接受批评与自我批评，努力寻找高校图书馆学科服务中面临的具有普遍性的重大问题及解决方案，为高校图书馆的转型与创新发展贡献我们的力量！"双一流"建设仍在顺利进行，作为一得之见，但愿我们的研究成果能够为系统开展高校图书馆学科服务创新发展提供经验借鉴和决策支撑，一起携手推进高校图书馆学科服务的转型升级与创新发展！

在此，特别感谢北京大学及图书馆对我十多年的教育与培养！感谢北京大学提供的工作环境与良好氛围，让我有条件和能力在做好图书馆本职服务的实践过程中思考图书馆在面对新需求与新机遇下的创新发展可能性，感谢北京大学图书馆陈建龙馆长、郑清文书记、童云海副馆长、刘素清副馆长、别立谦副馆长、周春霞副书记、张春红主任、李峰主任等领导对我的鼎力支持与指导，感谢图书馆同事对我查找文献资料、数据处理与软件使用、学科服务等过程中的无私帮助！

学校的教学与科研离不开图书馆，离开学校图书馆做不了学科服务！高校图书馆的服务是与学科的教学与科研需求绑定在一起的。内外部环境与需求在变化，高校图书馆的服务内容与理念也在相应发生变化，问题导向与需求导向是图书馆服务创新发展的指导原则！本书因“双一流”建设需求而起，涉及学科建设过程、学科建设评估与学科建设管理，图书馆利用自身的优势来开展服务和深化服务内容，切实帮助学校与科研用户解决问题，希望图书馆在未来能够真正走进用户的内心，成为科研工作者货真价实的合作伙伴与搭档！

吴爱芝

2024 年 10 月于燕南园

目　录

引　言

1　研究背景和意义

1.1　研究背景

2015 年 10 月，国务院发布《统筹推进世界一流大学和一流学科建设总体方案》，要求加快建成一批世界一流大学和一流学科，提升我国高等教育综合实力和国际竞争力；2017 年 9 月，教育部、财政部和国家发展改革委联合发布《关于公布世界一流大学和一流学科建设高校及建设学科名单的通知》，强调以学科为基础，着力打造学科领域高峰，支持一批接近或达到世界先进水平的学科，以一流学科建设来推动高校整体发展。如何助力世界一流大学和一流学科建设（以下简称“双一流”建设），已经成为众多高校院系要解决的重要问题，也给高校图书馆学科服务带来了新的发展契机。创新高校图书馆学科服务模式，是优化图书馆主流业务、促进图书馆服务多样化发展、推动“双一流”建设的重要途径和必然选择。

2019 年 9 月 8 日，习近平在给国家图书馆老专家的回信中提到“图书馆是国家文化发展水平的重要标志，是滋养民族心灵、培育文化自信的重要场所”，鼓励国图“弘扬优秀传统文化，创新服务方式”“为建设社会主义文化强国再立新功”。2022 年 4 月 25 日考察中国人民大学图书馆时提到“要加强学术资源库建设，更好发挥学术文献信息传播、搜集、整合、编辑、拓展、共享功能，打造中国特色、世界一流的学术资源信息平台，提升国家文化软实力”。新修订的《普通高等学校图书馆规程》明确提出高校图书馆应“积极拓展信息服务领域，提供数字信息服务，嵌入教学和科研过程，开展学科化服务，根据需求积极探索开展新服务”“全面参与学校人才培养工作，充分发挥第二课堂的作用，采取多种形式提高学生综合素质”。

“双一流”建设是建设高等教育强国、实现党的十九大提出的“实现社会主义现代化和中华民族伟大复兴”总任务的必然选择和重要举措。新时代的“双一流”建设突出“培养一流人才、服务国家战略需求、争创世界一流的导向，深化体制机制改革，统筹推进、分类建设一流大学和一流学科，在关键核心领域加快培养战略科技人才、一流科技领军人才和创新团队，为全面建成社会主义现代化强国提供有力支撑”。学科是高校建设与发展的核心主题。随着国家“双一流”目标和新时代人才强国战略的深入贯彻实施，以及落实中长期教育发展规划纲要对新时期高校和学科建设发展提出的新要求，高校图书馆学科服务的创新发展是新时期促进图书馆业务转型升级、助力“双一流”建设的重要推手。

1.2 研究意义

随着国家“双一流”目标的深入贯彻实施以及落实中长期教育发展规划纲要对新时期高校和学科建设发展提出的新要求，助力“双一流”建设已经成为众多高校院系要解决的重要问题，也给高校图书馆学科服务带来了新的发展契机。创新高校图书馆学科服务发展，是优化图书馆主流业务、促进图书馆服务多样化发展、推动“双一流”建设的重要途径和必然选择。本书可为国家政府部门、高校决策部门和图书馆引导各高校学科快速发展，提高学科服务效率提供决策依据和参考。

本书采用系统性思维，从学科建设过程全流程服务、学科建设进度跟踪评估、学科建设管理支撑服务等重点领域综合构建助力“双一流”建设的高校图书馆学科服务创新体系，并探究高校科研人员、决策部门、研究生等用户，数据库商和图书馆学科馆员等学科服务参与主体多元协同创新模式。另外，每个服务方向都有相关的案例，也为兄弟院校图书馆的学科服务发展提供了参考依据。

2 本书思路与内容

本书以助力“双一流”建设、促进图书馆服务转型、推动图书馆服务与学科建设融合发展为目标导向，以图书馆学科服务尚未适应科研服务需求的多样化、图书馆学科服务创新缺乏系统性研究为问题导向，综合运用知识图谱分析和抽样调查法，结合“双一流”建设对高校图书馆学科服务的要求和学科服务的理论基础进行理论、案例和政策研究，明确助力“双一流”建设的高校图书馆学科服务创新目标，构建覆盖学科建设过程的全流程服务、学科建设进展的跟踪评估服务、学科建设管理支撑服务为一体的助力“双一流”建设的高校图书馆学科服务创新体系，并给出助力“双一流”建设的高校图书馆学科服务创新的推进路径与保障措施，总体框架如图 0-1 所示。

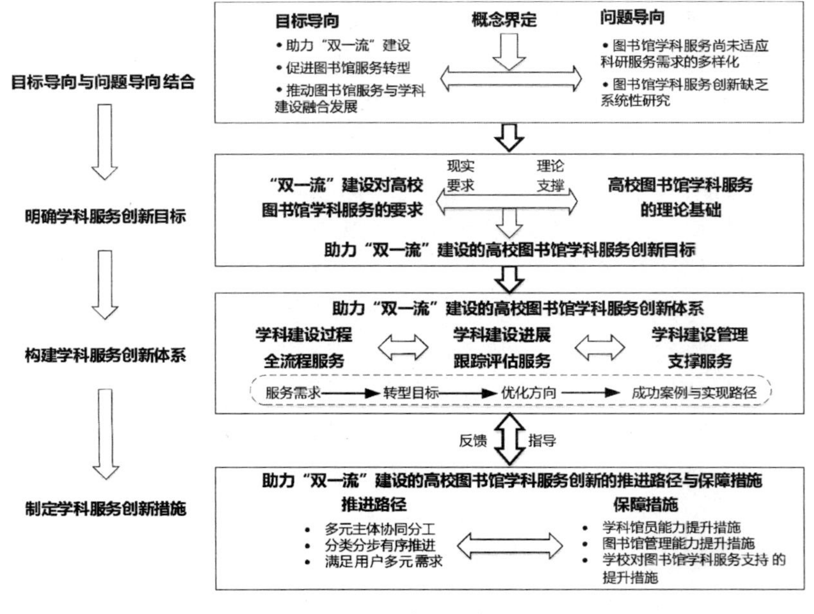

图 0-1 本书总体框架

主要研究内容如下：

第一至三章从理论角度层面，分别从"双一流"建设、学科服务及创新发展三个方面探讨了高校图书馆学科服务创新发展的现状、发展路径与内容设计。主要内容如下：

（1）"双一流"建设及对高校图书馆学科服务的要求：从"双一流"建设的提出背景、政策出台过程、各高校的应对、学界的评价和取得的基本成就等角度介绍了"双一流"建设的来龙去脉；从人才培养、科学研究、师资队伍建设、社会服务、国际交流合作等角度研究了"双一流"建设的标准；结合"双一流"建设对高校图书馆提出的新要求，提出融入"双一流"建设的高校图书馆学科服务创新方向。

（2）高校图书馆学科服务创新发展的理论基础：基于结构变异分析的高校图书馆学科服务领域的情报感知探索；使用 CiteSpace 和 VOSviewer 进行学科服务领域的关键词共现网络、合作网络、研究热点等知识图谱分析，使用文献梳理方法对学科服务创新发展的动源、内容、模式、趋势和服务能力等方面进行解读；结合内外部环境与需求变化，研究了学科服务创新的必要性与未来发展趋势。

（3）结合学科服务创新的需求分析调研结果，给出学科服务创新发展的内涵特征及内容体系。

第四至六章分别从学科建设过程的全流程服务、学科建设进度的跟踪评估服务、学科建设管理的支撑服务等三大关键领域进行实践研究，共包括三章内容：

（1）学科建设过程的全流程服务：包括嵌入式科研服务的现状发展、开展模式与内容等，数据素养教育服务的国内高校调研、教育体系设置和内容设计等，知识服务的迫切需求、服务新模式与创新案例等。

（2）学科建设进展的跟踪评估服务：包括科研成果影响力生命周期下的数据分析流程，智库服务的必要性、理论基础与内容模式等，学科竞争力评价服务的内容与指标建设等服务。

（3）学科建设管理的支撑服务：通过对学科办、科研部、社科部、研究生院等学科管理部门的调研分析，研究图书馆学科服务如何在科研人才引进、学科能够规划等方面提供决策支撑服务，主要包括科研人才引进评估服务和学科战略情报服务。

第七章在前文对高校图书馆助推"双一流"建设的学科服务研究的基础上，结合我国高校内外环境的变化，分别从差异化学科的实施路径和政策保障措施两个方面提出了助力"双一流"建设的高校图书馆学科服务创新发展的体制机制。以"双一流"建设为目标，以馆员队伍建设和素质提升为突破点，引导高校图书馆资源的合理配置，促进高校学科建设的快速可持续发展。

第一章 “双一流”建设及对高校图书馆学科服务的要求

第一节 “双一流”建设的来龙去脉

“双一流”建设是“211 工程”“985 工程”后我国高等教育领域的重大战略部署和政策创新，是新时代教育强国建设的关键工程，能够为实现“两个一百年”奋斗目标、实现中华民族伟大复兴的中国梦提供有力支撑。

1 “双一流”建设的提出背景

1.1 高等教育发展战略的政策跨越

20 世纪 90 年代以来，我国陆续实施“211 工程”“985 工程”“优势学科创新平台”“特色重点学科项目”等重点建设，在教育资源极为有限的背景下有力带动了我国高等教育整体水平的提升，为增强国家竞争力和促进经济社会发展作出了重要贡献。这一模式更多的是在计划经济逻辑下，支持少数高校率先推进建设，然后带动其他高校共同发展，其本身带有竞争缺失、身份固化、重复交叉等缺陷，不利于教育资源公平配置[1]。随着全球及区域经济、科技、人才竞争愈加激烈，传统的重点建设政策已经无法满足高等教育现代化和高质量发展的客观需要，优质高等教育资源短缺、区域高等教育投入不均衡、高等教育供给多样化不足等问题日益凸显，严重限制了我国高等教育的水平提升和效能释放。在此背景下，“双一流”建设实现了我国高等教育发展战略的跨越式发展，通过加强资源整合与系统谋划，以全新的视野开启了新一轮高等教育综合改革，是高等教育体制机制改革的重大创新举措。

1.2 支撑人才强国建设的关键工程

“双一流”建设作为我国高等教育领域的重大战略部署，是支撑新时代教育强国、人才强国建设的关键工程，对于支持创新驱动发展、贯彻落实科技强国战略具有重要意义。人才是衡量一个国家综合国力的重要标志，综合国力的竞争归根结底是人才的竞争，因此顺利推进社会主义现代化强国建设需要坚定不移地实施人才强国战略，努力建设成为世界一流人才强国[2]。高校是培养高素质人才、高层次人才的主要摇篮，“双一流”建设将极大助力高校办学能力的提升，为经济社会发展输送更多优质人才和专业骨干。同时，高校也在产学研创新网络中发挥关键作用，在基础研究领域的原始创新与科研方面具有不可替代的比较优势。“双一流”建设试图对高校科研体系、评价标准等进行全方面变革，显著改善高校的科研环境，助力于开展更为丰富的创新研发活动。依托一流人才队伍，面向世界科技前沿，突破关键核心技术，取得更多"从 0 到 1"重大原始创新成果，切实服务于经济社会高质量发展。

1.3 服务国家战略需求的重大部署

2014 年 5 月 4 日，习近平总书记在北京大学考察并发表重要讲话，提出办好中国的世界一流大学，必须有中国特色；要认真吸收世界上先进的办学治学经验，更要遵循教育规律，扎根中国大地办大学[3]；习近平总书记关于教育工作的重要论述，为"双一流"建设和教育改革发展指明了前进方向，也揭示了中国特色社会主义教育的本质规律。中国特色、世界一流的现代高等教育，必须面向并服务于国家重大战略需求，面向经济社会建设主战场，始终与产业发展、创新融合、社会需求保持紧密衔接，增强国家核心竞争力。"双一流"建设将增强高校对创新资源转化、人才输送培养、文化传承与传播、经济社会发展的驱动力。面向高等教育强国建设目标，积极推动一批大学和学科进入世界一流行列，助力于创新驱动发展战略、科技强国战略的贯彻落实，为国家重大战略决策作出重要贡献。

2 政策出台过程

2015 年 8 月 18 日，中央全面深化改革领导小组会议审议通过《统筹推进世界一流大学和一流学科建设总体方案》，并于 2015 年 10 月 24 日由国务院印发，对新时期世界一流大学和一流学科建设的总体要求、主要任务、支持举措和组织实施做出战略部署，努力实现从高等教育大国向高等教育强国跨越的建设目标，总体目标是"到 2020 年，若干所大学和一批学科进入世界一流行列，若干学科进入世界一流学科前列；到 2030 年，更多的大学和学科进入世界一流行列，若干所大学进入世界一流大学前列，一批学科进入世界一流学科前列，高等教育整体实力显著提升；到本世纪中叶，一流大学和一流学科的数量和实力进入世界前列，基本建成高等教育强国"[4]。

2017 年 1 月 24 日，为全面贯彻党的教育方针，教育部、财政部、国家发改委联合印发《统筹推进世界一流大学和一流学科建设实施办法(暂行)》，对世界一流大学和一流学科的遴选条件、遴选程序、支持方式、动态管理等实施办法作出明确规定[5]。2017 年 9 月 20 日，经国务院批准，教育部、财政部、国家发改委联合发布《关于公布世界一流大学和一流学科建设高校及建设学科名单的通知》[6]，一流建设高校如表 1-1 所示。从各省市布局来看，如表 1-2 所示，北京市、上海市、江苏省的一流大学和一流学科的数量排名全国前 3，北京市的一流学科建设超过 160 个。此后，"211 工程"和"985 工程"等重点建设项目统筹为"双一流"建设。2017 年 10 月 18 日，党的十九大报告中指出"加快一流大学和一流学科建设，实现高等教育内涵式发展"[7]。2022 年 10 月 16 日，党的二十大报告中指出"加强基础学科、新兴学科、交叉学科建设,加快建设中国特色、世界一流的大学和优势学科"[8]。

表 1-1 首轮"双一流"建设高校名单

类型	高校名称	所在省(市)	本部所在城市
A类36所	北京大学	北京市	北京
	清华大学		
	中国人民大学		
	北京航空航天大学		
	北京理工大学		
	中国农业大学		
	北京师范大学		
	中央民族大学		
	南开大学	天津市	天津
	天津大学		
	大连理工大学	吉林省	大连
	吉林大学		长春
	哈尔滨工业大学	黑龙江省	哈尔滨
	复旦大学	上海市	上海
	同济大学		
	上海交通大学		
	华东师范大学		
	南京大学	江苏省	南京
	东南大学		
	浙江大学	浙江省	杭州
	中国科学技术大学	安徽省	合肥
	厦门大学	福建省	厦门
	山东大学	山东省	济南
	中国海洋大学		青岛
	武汉大学	湖北省	武汉
	华中科技大学		
	中南大学	湖南省	长沙
	国防科技大学		
	中山大学	广东省	广州
	华南理工大学		
	四川大学	四川省	成都
	电子科技大学		
	重庆大学	重庆市	重庆
	西安交通大学	陕西省	西安
	西北工业大学		
	兰州大学	甘肃省	兰州

续表

类型	高校名称	所在省(市)	本部所在城市
B类6所	东北大学	辽宁省	沈阳
	郑州大学	河南省	郑州
	湖南大学	湖南省	长沙
	云南大学	云南省	昆明
	西北农林科技大学	陕西省	咸阳
	新疆大学	新疆维吾尔自治区	乌鲁木齐

表 1-2 首轮“双一流”建设高校及建设学科的省(市)级布局

所属省(市)	一流大学A类(所)	一流大学B类(所)	一流学科(个)	所属省(市)	一流大学A类(所)	一流大学B类(所)	一流学科(个)
北京	8	0	162	河南	0	1	4
上海	4	0	57	新疆	0	1	4
江苏	2	0	43	甘肃	1	0	4
湖北	2	0	29	重庆	1	0	3
浙江	1	0	20	云南	0	1	2
广东	2	0	18	广西	0	0	1
陕西	2	1	17	贵州	0	0	1
四川	2	0	15	海南	0	0	1
安徽	1	0	13	河北	0	0	1
天津	2	0	12	江西	0	0	1
湖南	2	1	12	内蒙古	0	0	1
吉林	2	0	12	宁夏	0	0	1
黑龙江	1	0	11	青海	0	0	1
山东	2	0	6	山西	0	0	1
福建	1	0	6	西藏	0	0	1
辽宁	0	1	5				

2017 年 12 月开始，北京大学、清华大学、复旦大学、上海交通大学等高校“双一流”方案陆续公布，围绕“双一流”建设总体目标，明确了各高校“双一流”建设基础、建设目标、建设内容和组织保障。2018 年 9 月 28—29 日，教育部在上海召开“双一流”建设现场推进会，北京大学、中国人民大学、清华大学、哈尔滨工程大学、南京大学、浙江大学、云南大学、兰州大学等高校在会上进行了交流发言[9]。

2020 年 12 月 20 日，教育部、财政部、国家发改委印发《“双一流”建设成效评价办法(试行)》,提出大学整体建设评价按人才培养、教师队伍建设、科学研究、社会服务、文化传承创新和国际交流合作六个方面,学科建设评价按人才培养、科学研究、社会服务、教师队伍建设四个方面开展[10]。

2021 年 12 月 17 日,习近平总书记主持召开中央全面深化改革委员会第二十三次会议,审议通过了《关于深入推进世界一流大学和一流学科建设的若干意见》,为新一轮“双一流”建设指明了前进方向。该意见强调,要突出培养一流人才、服务国家战略需求、争创世界一流的导向,深化体制机制改革,统筹推进、分类建设一流大学和一流学科[11]。

2022 年 1 月 26 日,教育部、财政部、国家发改委印发《关于深入推进世界一流大学和一流学科建设的若干意见》,针对“十四五”时期深入推进“双一流”建设作出部署[12]。2022 年 2 月 9 日,教育部、财政部、国家发改委公布《第二轮“双一流”建设高校及建设学科名单》,公布了第二轮“双一流”建设高校及建设学科名单和给予公开警示(含撤销)的首轮建设学科名单[13]。第二轮“双一流”建设不再区分一流大学建设高校和一流学科建设高校,逐步淡化身份色彩,引导高校集中精力在各具特色的优势领域和方向上创建一流;北京大学和清华大学分别自主确定建设学科并自行公布。从各省(市)布局来看,如表 1-3 所示,第二轮“双一流”建设已覆盖 31 个省(市、自治区)。北京、上海和江苏仍是重点建设区域,其次是湖北、浙江、广东和陕西,建设学科数量均超过 20 个。

表 1-3　第二轮“双一流”建设高校及建设学科的省(市)级布局

所属省(市)	建设高校(所)	建设学科(个)	所属省(市)	建设高校(所)	建设学科(个)
北京	34	91+ *	河南	2	4
上海	15	64	新疆	2	4
江苏	16	48	甘肃	1	4
湖北	7	32	山西	2	3
浙江	3	23	重庆	1	3
广东	8	21	云南	1	2
陕西	8	20	广西	1	1
四川	9	16	贵州	1	1
湖南	5	15	海南	1	1
天津	5	14	河北	1	1
安徽	3	13	江西	1	1
吉林	3	13	内蒙古	1	1
黑龙江	4	12	宁夏	1	1

* 北京大学和清华大学自主确定建设学科,故此处未计算两所高校的建设学科个数。

续表

所属省(市)	建设高校(所)	建设学科(个)	所属省(市)	建设高校(所)	建设学科(个)
山东	3	8	青海	1	1
辽宁	4	7	西藏	1	1
福建	2	7			

3 各高校的应对

2017年底,北京大学、清华大学、复旦大学、上海交通大学等高校陆续发布“双一流”建设方案,明确了高校建设目标、重点、难点与具体任务,首轮“双一流”建设在2022年底均取得显著成效。随着新一轮“双一流”建设有序开展,众多高校发布新一轮“双一流”建设方案,推动新时期“双一流”建设再上新台阶。

3.1 北京大学

2017年12月28日,北京大学正式发布《北京大学一流大学建设高校建设方案(精编版)》,以一流学科建设为重点,制定“30+6+2”学科建设项目布局,即面向2020年重点建设30个国内领先、国际一流的优势学科,面向2030年部署理学、信息与工程、人文、社会科学、经济与管理、医学等6个综合交叉学科群,面向未来布局和建设以临床医学+X、区域与国别研究为代表的前沿和交叉学科领域。方案强调以综合改革为抓手,扎实推进人才培养体系改革、人事制度体系改革、现代大学治理体系改革、学术体系改革与资源配置体系改革。2020年9月11日—12日,北京大学召开2016—2020年“双一流”建设周期总结工作评议会议,时任校长郝平指出北京大学全面完成了第一阶段“双一流”建设任务,“人才培养开创新局面,师资人才队伍建设达到新高度,学科建设迈上新台阶,社会服务实现新发展,国际合作取得新成效”[14]。在中国共产党北京大学第十四次党员代表大会上,依托新一轮“双一流”建设方案,北京大学提出49个一流学科建设名单,通过建优建强马克思主义理论学科体系、深化基础学科建设、推进应用学科整体建设、加快创建中国特色哲学社会科学学科体系学术体系及话语体系、用好学科交叉融合“催化剂”、推动北大医学继续引领中国医学发展等措施,确定了“1+49+6+4”的基本学科格局(其中“1”代表《北京大学“双一流”建设高校整体建设方案》;“49”代表以49个一级学科为基础的学科建设口径;“6”代表6个学部层面的学科交叉;“4”代表4个校级交叉学科项目),完善学科结构布局,加快“双一流”建设步伐,以新工科、新医科、新文科建设为抓手,推动新型交叉学科建设,把学科资源转化为育人优势。

3.2 清华大学

2017年12月28日,清华大学正式发布《清华大学一流大学高校建设方案(精编版)》,进一步细化“双一流”建设目标,以学科建设为基础,将现有的11个学科门类整合为工程科学与技术、自然科学、人文社会科学与艺术、生命科学与医学4个学科领域，形成20个相互支撑、协同发展的学科群和8个自身具有很强的竞争力且学科知识体系相对独立的学科，并提出在2020年8月进入首轮验收总结阶段。2020年9月18日，清华大学召开“双一流”建设周期总结专家评议会，专家组一致认为清华大学全面、高质量完成第一个周期的“双一流”建设任务，办学质量、社会影响力和国际声誉持续提升，全面建成为世界一流大学[15]。2021年4月19日，习近平总书记在清华大学考察时指出，要坚持中国特色世界一流大学建设目标方向，为服务国家富强民族复兴人民幸福贡献力量[16]。在中国共产党清华大学第十五次党员代表大会上，清华大学提出“要充分用好新一轮‘双一流’建设自主权，优化学科布局，统筹学科发展，分梯次、全方位、高质量推进学科建设”。在学科分类发展方面，提出要加强工科引领作用、提升理科发展水平、促进文科高质量发展；在学科交叉融合方面，提出要瞄准科技前沿和关键领域，针对国家急迫需要和长远发展重大需求，挑战战略性新型交叉学科建设，加快培养交叉学科紧缺人才，丰富学科交叉模式，完善学科交叉管理机制，落实跨学科、跨院系教师兼职与双聘制度；在学科评价机制方面，提出探索基于学科整体发展水平、可持续发展能力与提升幅度的多维度评价方法；在学术共同体建设方面，提出要优化学术治理机制，完善各类学术组织和学术机构的职责，建立学术共同体自我监督机制，健全学术诚信和伦理监管制度等。在新一轮“双一流”建设的道路上，如图1-1所示，清华大学构建了基于学科布局的中国大学人才培养模式：对基础学科本科生开展学术为导向、通识教育为基石的学科教育；对应用学科本科生开展以专业为取向的专业教育；应用类学科专业及国家关键领域应突出高水平专业研究生培养；对于学术学位研究生开展以学科为取向的教育；完善本研贯通和分流机制，促进学生个性化发展[17]。

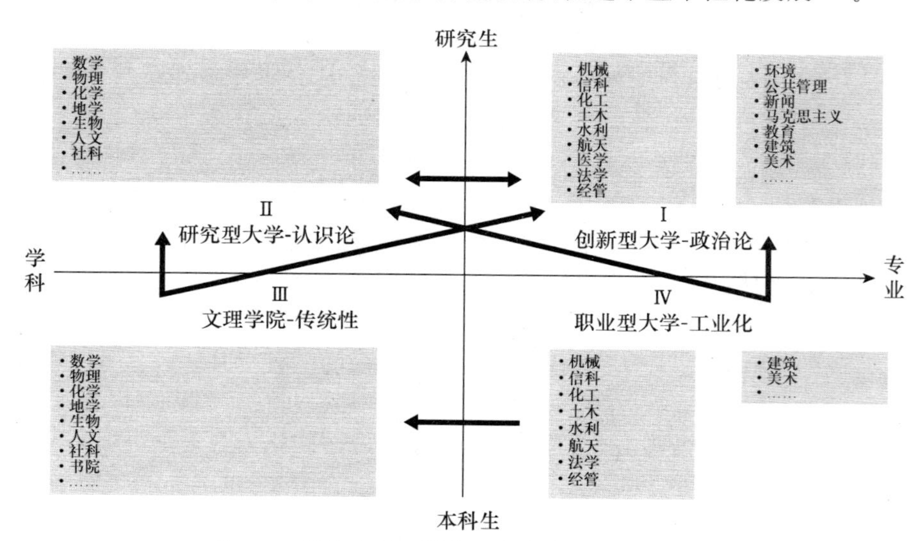

图1-1　清华大学学科布局和人才培养战略模型

3.3 复旦大学

2017年12月28日，复旦大学正式发布《复旦大学一流大学建设总体方案》，确定27个“拟建设一流学科”，每个“拟建设一流学科”都形成了各自的建设方案。方案提出要以“一流学科”为重点，带动一级学科重点发展、融合发展和特色发展，形成五大学科门类整体发展新格局。第二轮“双一流”建设学科名单显示，复旦大学入选学科数量由首轮的17个增加至20个，表明复旦大学科研创新与服务国家能力显著提高，全面完成首轮“双一流”建设目标和任务。2021年10月15日—16日，复旦大学主办“一流大学建设系列研讨会-2021”，北京大学、清华大学等14所大学校长共同探讨中国特色世界一流大学建设之道[18]。召开建设“第一个复旦”系列研讨会，金力校长提出通过“赓续壮大人文社会科学学科，提升整体发展能级；力促理科基础优势学科，攀升塑造全球学术地位；紧抓新工科建设契机，营造工科发展新生态；瞄准国家战略和民生需求，打造医学学科尖峰；深化学科融合创新，前瞻性布局交叉学科建设新方向”等发展路径，并以“培优行动”等方式为路径支撑，融合创新，打造“第一个复旦”学科发展新格局[19]。

3.4 上海交通大学

2017年12月28日，上海交通大学发布《上海交通大学一流大学建设方案》，提出要以优势学科为主干，重点建设船海工程与科学等17个学科群，促进学科交叉融合。2020年9月21日，上海交通大学召开2020年秋季学期学术委员会会议，会议审议了学校“双一流”建设总结报告，指出学校高质量完成了首轮“双一流”建设目标任务。第二轮“双一流”建设学科名单显示，上海交通大学入选学科数量由首轮的17个增加至18个。2022年5月31日，上海交通大学发布《上海交通大学新一轮“双一流”建设方案》，提出“十四五”时期要建成高质量的教育创新体系、学校整体实力稳居世界一流的发展目标。方案进一步明确了一流学科体系建设目标与举措，规划实施学科高峰攀登计划、学科能力提升计划、学科交叉创新计划与大学科战略行动计划，以充分发挥一流学科的引领作用[20]。

4 学界的评价

我国首轮“双一流”建设取得显著成效，当前正处于新一轮“双一流”建设的重要阶段。北京大学阎凤桥教授从理论层面探讨了“双一流”建设的制度逻辑，认为中国高等教育现代化是国家现代化的组成部分，而“双一流”建设可被视为中国高等教育现代化的一个具体内容[21]。国家教育行政学院许杰教授从政策工具视角提出，相对于“学科建设”话语，“学科治理”能够更好地体现国家战略，是对行政本位和管理主义的学科建设路径依赖的突破创新[22]。北京师范大学原校长钟秉林指出，“双一流”建设成效评价更聚焦于拔尖创新型人才的培养和原创性科研成果的产出，强调学术增量评价等，在制定评价标准时要处理好世界一流与中国特色的关系[23]。华中科技大学刘献君教授强调一流学科建设是“双一流”建设的基础和核心，而学科交叉是建设一流学科的重要途径[24]。浙江大学眭依凡教授认为，"双一流"建设背景下的世界一流学科绝非传统意义上的学科概念，而是对人类社会发展和科学技术进步具有知识贡献的研究领域[25]。

与此同时，中国人民大学周光礼教授指出"双一流"建设中存在"洋标准"泛滥的问题，部分高校对标世界大学排行榜办学，背离了大学的使命与初心，是失去文化自信与教育自信的表现[26]。南京大学陆小兵等指出当前我国高等教育的国际化水平仍然较低，距离"双一流"建设要求尚有一定差距，需要进一步探索高等教育国际化路径，与时俱进不断改革创新，从而让我国屹立于世界高等教育先进之林[27]。厦门大学潘懋元教授指出目前我国高校出现重科研轻教学、重研究生教育轻本科生教育的评价导向偏差，应当从大学评价机制开始扭转，推动高等教育内涵式发展[28]，钟秉林[29]、洪大用[30]、马陆亭[31]等学者均强调本科教育在"双一流"建设中的重要内涵。北京师范大学周海涛教授还关注到中西部高校自主探索与改革内生能力不足、教育投入精准度较低，亟须在新一轮"双一流"建设中为中西部高校发展创造新动能[32]。

5 取得的基本成就

"双一流"建设是一个长期推进的内涵建设过程。我国首轮"双一流"建设取得了阶段性成绩，总体实现了《统筹推进世界一流大学和一流学科建设总体方案》确立的阶段性目标任务，若干所高校逐步跻身世界一流大学行列，材料科学与工程等若干学科进入世界一流学科前列。

首轮"双一流"建设于 2016 年启动，至 2020 年结束；第二轮"双一流"建设从 2021 年开始到现在，中国"双一流"建设高校在世界上的排名有了突飞猛进的变化，在"双一流"建设目标的激励下，正在奋起直追甚至不断赶超其他国家的高校机构。此处使用"双一流"建设高校在中国软科世界大学学术排名（ARWU）前 200 名各排名段中的数量进行揭示。如图 1-2 所示，2014 年—2024 年间，"双一流"建设高校入选全球前 200 名的数量由 6 所增加到 33 所，入选前 100 名的高校由 0 所增加到 13 所。在 2024 年的排名中，清华大学、北京大学、浙江大学、上海交通大学、中国科学技术大学和复

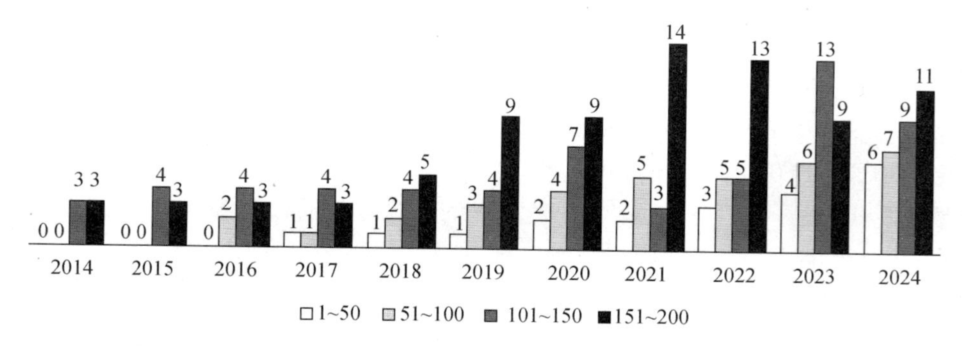

图 1-2　中国"双一流"建设高校 2014 年以来进入全球前 200 的数量

（数据来源：https://www.shanghai ranking.cn）

旦大学分别以第22、24、27、38、42和50名入选全球前50。与之前的“985工程”及“211工程”不同的是，“双一流”建设高校和学科并非是“固态化”、永久不变的标签，名单每五年调整一次，意味着所有高校都有可能进入此名单，高校间学科建设的竞争“不进则退”，这对“双非”高校的激励作用是显而易见的。

尽管“双一流”建设仍然存在高层次多样化人才供给不足、科研创新能力不足、服务国家需求能级不足等突出问题，但“双一流”建设仍在以下方面取得突出成就：

一是党对高校的领导全面加强。坚持党对高校的全面领导，是中国特色社会主义大学的最本质特征和最大优势。首轮“双一流”建设高度重视高校党的建设，强化思想政治工作大局，以党的领导落实大学立德树人根本任务。

二是高层次人才引进和培养能力持续提升。面向国家战略需求和学科建设需要，引进了一批世界一流的科学家、海外人才、学科带头人，高校师资队伍结构明显改善，“双一流”高校具有博士学位的专任教师比例由2015年60%提高至2022年76%[33]。以综合改革为抓手，高校人才培养体系不断优化，人事制度改革、人才选拔机制改革全面推进。

三是支撑高水平科技自立自强能力显著增强。面向国际科技前沿与国家重大战略需要，高校在基础研究环节发挥着越来越重要的作用，解决了一系列“卡脖子”技术难题，在量子科学、凝聚态物理、生物医药等领域产生了若干原创性重大科技成果。

四是哲学社会科学的引领作用更加凸显。马克思主义理论学科建设取得突出进展，北京大学、清华大学、中国人民大学等高校成立习近平新时代中国特色社会主义思想研究院，哲学社会科学的繁荣发展为高校建设注入强大动力。

五是对外交流合作水平不断提高。高校国际化建设水平显著提升，海外人才引进力度加大，跨国学术交流活动更加深入，与国外高水平大学合作办学、共建联合实验室，高水平对外交流合作不断深化。

六是带动我国高等教育发展水平全面提升。随着“双一流”建设不断推进，各地高水平大学和一流学科体系建设水平持续完善，为地方经济社会发展提供了有力支撑。

第二节 “双一流”建设的标准

“双一流”建设坚持以习近平新时代中国特色社会主义思想为指导，深入贯彻党中央、国务院的重大战略决策部署，深入落实党的十八大、党的十九大、党的二十大精神。首轮“双一流”建设根据《统筹推进世界一流大学和一流学科建设总体方案》《统筹推进世界一流大学和一流学科建设实施办法（暂行）》确定建设标准，新一轮“双一流”建设根据《关于深入推进世界一流大学和一流学科建设的若干意见》确定建设标准。中国的“一流大学”和“一流学科”建设应避免长成同一个模样——争的都是科研经费、论文数量、院士人数等，应强调自己的特色，在设置学科时会考虑必要性和学科在其他高校中的设立程度。综合来看，“双一流”建设标准体现在五个方面：

1　人才培养

人才培养是“双一流”建设的重要方面，立德树人成效是人才培养的根本考察标准。通过强化立德树人，“双一流”建设坚持为党育人、为国育人，践行社会主义核心价值观，培养和选拔具有历史使命感和社会责任感的各行各业一流人才，为中华民族的复兴大业建造一流人才方阵。高校人才培养标准体现在培养德智体美劳全面发展的高质量人才、具有创新精神和实践能力的复合型人才、国家战略发展急需的高层次人才以及哲学社会科学领域顶尖人才。

培养德智体美劳全面发展的高质量人才。全面推进教学体系、教材体系、学科体系、人才培养体系改革，加快推进课程体系改革和教学内容改革，以促进学生德智体美劳全面发展为重要导向，着力提升学生的综合素质水平。健全全员、全过程、全方位人才培养体制机制，重视提高本科生教育与研究生教育质量，构建更高质量的本科生教育与更加卓越的研究生教育体系。突出“双一流”建设中人才培养的中心地位，坚持强化立德树人，培养和选拔适应各行各业发展的兴趣多元、能力多元的综合型储备人才。

培养具有创新精神和实践能力的复合型人才。重视创新人才培养，改革创新人才培养体系与产学研协同培养体系，着力培养创新型、应用型、复合型一流人才。建立健全创新人才与个性化育人机制，深化产学研一体化融合，鼓励有想法、踏实肯干的学生参与产业创新实践，营造更加友好的创新人才发展环境，全面提升学生的创新精神和实践能力。依托大学创新创业教育，引导提升学生的创新精神、创造能力与创业意识，鼓励大学生和毕业生积极投身于大众创业、万众创新，服务于高水平科技自立自强战略需要。

培养国家战略发展急需的高层次人才。“双一流”建设培养人才必须面向国家战略需要，率先为经济社会发展输送急需的一流人才，是国家发展的重要人才储备力量。积极引进和培养世界一流的顶尖科学家、行业带头人、青年人才和创新团队，集中攻克和解决“卡脖子”技术难题，为高水平科技自立自强提供高层次人才支撑。持续实施强基计划，完善高校基础学科人才培养体系，进一步夯实理工农医类基础研究人员队伍，同时也要加强培养新一代信息技术、人工智能、数字经济等交叉学科人才，面向世界科技前沿培育学科顶尖人才。

培养哲学社会科学领域顶尖人才。哲学社会科学对于经济社会发展具有引领作用，应当高度重视哲学社会科学领域的人才培养工作，强化哲学社会科学的主力军作用。加大力度推进高校马克思主义研究院建设，加强高校习近平新时代中国特色社会主义思想研究院建设，增强对哲学社会科学人才培养的支持力度，推动马克思主义理论学科建设取得突出进展。完善高校思想政治教育体系，不断优化思政课堂建设，弘扬中华优秀传统文化与具有时代精神的中国特色文化，进一步推进哲学社会科学领域顶尖人才的选拔和培养工作。

2 科学研究

科学研究是“双一流”建设的重要方面，科学研究评价标准应当着重强调科学研究成果的创新质量和贡献，鼓励并支持原始创新与重大突破，坚决克服历史遗留下来的“五唯”（唯论文、唯帽子、唯职称、唯学历、唯奖项）顽瘴痼疾。“双一流”建设中科学研究要紧密结合国家战略与社会经济发展进程，优先布局国家急需的重点学科领域，积极回应社会发展对前沿学科的需求，将高校的科学研究活动写在中国大地上，切实服务于新时代新发展格局构建。

强化基础学科研究。“双一流”建设应当将基础研究和原始创新摆在重要位置，面向世界科技前沿，着力提升基础研究能力，打造高校原始创新高地。重点布局一批基础学科研究中心、重点实验室、研究基地，为基础学科研究提供更加宽松的学术环境，适当加大对“冷门”基础学科研究的支持力度。持续推进和实施强基计划，重视基础学科人才和团队培养，推动前瞻性、全局性研究问题取得新突破和新进展。加快推进科学研究评价标准改革，打破传统的“五唯”评价论，更加强调科学研究成果的质量和贡献，为高校持续开展长期性、战略性基础学科研究提供充分支持和保障。

推动应用学科研究与时俱进。高校开展科学研究必须面向国家重大战略需求，最终服务于经济发展和社会进步，应用学科研究对于连接创新和实践具有关键作用。随着新一轮科技革命和产业变革深入发展，新一代信息技术、人工智能、数字经济、智能制造等行业迅速发展，因此也对相关应用学科研究提出了更高要求。高校需要积极推动应用学科研究与时俱进，紧跟科技革命和社会发展浪潮，对接经济社会发展需求，为新发展格局下的高质量发展提供更强动力。优先布局国家急需的应用学科领域，建立协同高效的产学研联动体系。

发挥哲学社会科学研究主力军作用。高校是立德树人的阵地，也是哲学社会科学创新发展的重要推动力量。开创新时代中国特色哲学社会科学体系，对于其他学科的蓬勃发展具有引领性作用，有助于指明正确的前进方向，坚定中国特色社会主义道路不动摇。坚持马克思主义指导地位，积极推进高校哲学社会科学研究体系建设，推动学科评价标准调整和变革，鼓励开展理论探索与重大突破。重点布局一批哲学社会科学研究所、实验室、研究基地，加大对哲学社会科学领域研究的政策支持力度，营造更加浓厚的高校学术研究氛围。

促进学科研究交叉融合。面向世界科技前沿，学科交叉融合是全球科技发展的大势所趋，也推动世界范围内产业融合发展达到新高度。第四次科技革命进一步催化了科技赋能的枢纽作用，催生了一系列新产业和新业态，使得科技与文化融合、“互联网＋”、数字经济与传统行业融合等交叉学科研究的重要性显著增强。高校积极搭建交叉学科研究平台，建立交叉学科研究学院，引进和培育高水平的交叉学科人才队伍。依托于重大交叉学科研究项目，激发高校人才的创新创造活力，持续探索交叉学科重大创新成果。

3 师资队伍建设

师资队伍建设是“双一流”建设的重要方面，优良的师资队伍是高校开展人才培养和科学研究的根本保证。高校师资队伍建设既需要高水平的一流人才和团队，又需要具有研究潜力的青年教师后备军，既需要科学研究能力突出的研究型人才，又需要教学水平高超的一线优秀教师。培育德才兼备、教学与科研并重的一流师资队伍，是“双一流”建设的重点工作之一。坚决克服以“五唯”论评价教师，更加全面客观地评估师资实力，打造具有竞争力的高校师资队伍。

强化师德师风建设。高校必须坚持以立德育人为核心，因此师德师风建设是师资队伍建设的重中之重，是开展一切教学与科研活动的基础。加强高校教师思想政治学习，提高师资队伍的思想政治素养，引导树立正确的师德师风观念。坚定立德育人的理想信念，始终以严格的道德标准约束言行举止，宣传和培育有理想信念、有道德情操、有扎实学识、有仁爱之心的“四有”好老师。建立健全师德师风监督与考核机制，畅通学校师德师风意见反馈渠道，一旦发现存在有违师德师风的情况要及时调查并予以惩处。

引进和培育世界一流的师资力量。积极引进和培育具有世界一流水平的顶尖科学家、学科领军人物、卓越科研团队，打造全球高校师资高地，集中全球力量开展前瞻性、全局性科学研究活动。加快制定灵活有效的师资引进政策，为优秀的海外科研人才创造更加宽松、优渥的科学研究环境，在实验室搭建、资金支撑、项目支撑等方面给予适当的政策倾斜，提高对海内外优秀人才的吸引力度。积极构建具有国际水平的高校合作实验室，增强与国际顶尖科学研究团队的交流合作，共同推进关键技术研究和重点技术攻关。

培育教学水平一流的教师队伍。“双一流”建设要克服传统高校建设中“重科研、轻教学”的弊端，打破传统“五唯”论带来的不良影响，引导树立科研与教学并重的正确发展观念。师资评价标准中除了科研成果质量及贡献度以外，需要增加对教师教学水平、课堂效果的评价，引导一线教师不断改善课堂教学，培育更多真正服务于社会发展的优秀人才。积极推进课堂体系改革与教学内容改革，鼓励开展示范课堂、公开课、幕课等丰富的教学活动，切实改善高校课堂教学成效，打造一支具有一流教学水平的一线教师队伍。

选择具有发展潜力的中青年教师。以中青年教师队伍建设为核心，持续推进有利于优秀中青年教师脱颖而出的体制机制改革，优化中青年教师的成长环境，选拔和培养一批具有科学研究潜力、发展后劲足的中青年教师队伍。进一步推进师资体系改革，不唯资历论、不唯年龄论，鼓励优秀的中青年教师在科研和教学活动中挑大梁，为高校后备人才提供更多施展才华的空间。适当增加高校师资博士后名额和招收计划，依托博士后流动站，留住一批能力一流的青年人才，进一步壮大学校的后备师资力量。

4 社会服务

社会服务是“双一流”建设的重要方面，建设世界一流大学和世界一流学科最终是为了服务于经济和社会发展，服务于国家重大战略需求，为推动社会进步作出切实贡献。高校科学研究成果如果不落地转化，无异于纸上谈兵。高校社会服务的评价标准既要考虑到自然科学领域的成果转化成效和贡献度，也要考虑到人文社会科学领域意识形态的引领作用，二者都充分体现了“双一流”高校对社会进步和区域发展的有力带动作用。

支撑高水平科技自立自强。高校建设必须面向国家重大战略需求，率先推进国家急需的学科研究，在激烈的国际竞争中支撑高水平科技自立自强，为民族复兴和社会发展提供坚实的技术保障。对标世界科技前沿，集中高校的师资力量重点攻克“卡脖子”技术难题，加强关键领域核心技术攻关，重点支持新一代信息技术、人工智能、智能制造、数字经济等领域的技术研究，为蓬勃发展的战略性新兴产业提供研究支撑。充分发挥高校的科学研究优势，加强与国家实验室、创新企业等主体的技术交流，合作推进技术难题攻关，抢占科技战略制高点。

加速科研成果转化落地。科研成果转化是产学研一体化建设的重要产物，依赖于构建协同高效的多主体创新网络，将高校学科研究与产业发展紧密融合，形成上下游互联、产学研一体的成果转化链条。进一步完善科技成果转化服务与体制机制建设，深化产教融合，推动高校科技成果真正落地，转化为驱动生产力进步的强大科技力量。增强高校科研工作与产业需求的交流和对接，畅通不同创新主体之间的沟通渠道，重点攻克制约生产力提升的关键领域技术难题，提高科研成果对产业转型升级的贡献度。

促进文化传承与创新。高校在促进文化传承与创新方面具有突出优势，不仅是传播和弘扬正确价值观的主要阵地，同时也承载了立德育人的重大使命，向广大社会传达正确的思想观念和先进的文化理念。高校建设必须始终坚定理想信念，增强民族自信与文化自信，大力弘扬中华优秀传统文化，取其精华、创新发展，向世界各国传播中国特色文化观念，使中华民族真正屹立于世界民族之林。进一步弘扬社会主义核心价值观，加快推进中国特色社会主义先进文化建设与社会实践创新，发挥其教化育人的突出作用。

带动区域发展取得新进展。“双一流”建设能够发挥强大的辐射带动作用，带动区域高校建设和优势特色学科建设取得新突破，形成更加完善的区域高等教育发展格局，从而推动区域发展迈入新阶段。高校是区域创新协同网络的重要一环，通过深化产教融合，增强高校与企业、科研院所的协同创新能力，共同促进科技成果加速转化，形成区域发展的强大驱动力。面向国家重大战略需求，高校建设与区域经济社会发展紧密联系，率先培育国家和区域急需的学科领域，攻克“卡脖子”技术难题，为区域发展提供有力的研究支撑。

5　国际交流合作

国际交流合作是“双一流”建设的重要方面，提高国际认可度和影响力是我国从高等教育大国走向高等教育强国的必经之路。面对日渐激烈的全球全方位竞争，我国逐渐成为具有国际影响力的大国，相应地要求建立具有世界一流水平的高校和学科研究，成为真正意义上的教育强国。我国高校建设要积极对标世界一流高校建设水平，不断提高人才培养质量与科学研究能力，畅通与国际高校的交流合作渠道，树立更加良好的中国大学形象。

完善国际人才引进与培养。加大力度吸引国际一流人才、海外优质师资、高水平科研团队，为海外人才营造更加友好的国际化生活环境，提供便捷舒适的生活服务。进一步推进海外人才引进专项计划，完善海外人才在华居住管理制度，优化海外人才签证流程，在住房、子女教育、生活服务等方面给予必要的专项政策倾斜，增强对海外高水平人才的吸引力。对标国际一流水准完善我国高校人才培养体系，与世界高水平大学和研究机构开展人才联合培养，实现学籍互通、学分互认、学位互授。增强多学科的双向交流，鼓励高校科研骨干前往世界高水平大学进修，拓宽国际化研究视野。完善来华留学生管理体制，增强来华留学教育质量，增加对优秀海外学子的来华留学名额。

积极参与全球科学研究合作。加强与世界高水平大学和科学研究机构的深度学术交流，避免跨国学术交流流于形式，拓宽研究经验交流分享渠道，打造国际友好、氛围浓厚的开放型学术空间。积极参与或主办高水准的国际学术会议，筹办一流学术刊物，搭建高水平、开放包容的跨国学术交流平台。增强与世界一流科学研究机构的实质性合作，共同开展关键领域技术攻关，集中全球优质科学研究力量解决前瞻性、全局性研究难题。深度参与全球科学研究合作，积极参与或牵头组织国际性大科学计划和大科学工程，共同攻克人类重大科研难题。不断提升高校科学研究活动的国际化水平，完善全球人才联合培养与研究成果共享制度，破解体制机制障碍，为高校拓宽国际化研究视野提供有力的制度保障。

服务于国家对外开放。高校“双一流”建设是国家对外开放战略的重要支撑，提高我国高校的国际竞争力，进而提高我国在国际舞台上的影响力，是建设世界一流高等教育强国的必要举措。高校加强多渠道国际交流合作，能够充分利用国内和国外两种资源，共同攻克涉及人类发展的重大科研任务，积极应对全球性挑战，共建人类命运共同体。积极参与国际标准和规则的制定，在国际科研活动中争取更大的自主权和话语权，率先开展关键领域技术攻关，不断提升高校的国际影响力。随着我国日益活跃在国际舞台，高水平对外开放持续深化，我国的国际地位也要求建立与大国相匹配的高等教育体系，深入推进“双一流”建设进入新阶段。例如，北京大学将2023年定为“国际战略年”，龚旗煌校长提出“通过推进科学研究国际协同创新、面向全球引才育才、打造国际化学术共同体、引领高校国际交流新范式、构建开放协同体系等举措，全力推动高水平开放、实现高质量合作，服务学校‘双一流’建设全局和国家改革开放大局”。

第三节　高校图书馆学科服务如何满足“双一流”建设

新一轮“双一流”建设正在深入推进，在此背景下，高校图书馆的服务功能重要性更加凸显。图书馆是高校建设的关键环节之一，它不仅可以承担文献图书资源的储存功能，还能够作为知识服务的提供者，深度参与科研、教学、人才培养全过程[34]。由信息资源服务向知识服务转型，是高校图书馆建设的新方向。

1　“双一流”建设对高校图书馆提出的新要求

“双一流”建设根本上是通过加强高校的人才培养、科学研究、社会服务、文化传承创新等建设，整合学科资源配置，为社会经济发展输送人才与创新成果，推动建设一批世界一流、中国特色的大学，打造具有国际竞争力的高等教育强国。图书馆是高校建设中的重要一环，传统意义上图书馆主要还是一个辅助的角色，服务于高校的人才培养和科研资源供给，偏向于提供基础性的信息资源服务。“双一流”建设背景下，图书馆的服务功能亟待转型升级，应当由传统的信息资源服务向更高层次的知识服务转型，打造一个集教学、科研、人才为一体的知识服务综合体，为深入推进高校建设提供更加强大的驱动力[35]。高校图书馆的核心任务在于服务于高校的学科建设，以学科服务为中心，通过提供数据服务、科研支撑、决策支持、学科情报信息服务、信息素养教育精细化、特色学科文献资源建设等更深层次的学科服务，助力建设世界一流学科[36]。具体而言，高校图书馆应服务于“双一流”建设的各个环节：

第一，素质人才培养。图书馆能够为学生提供丰富多元的知识，提高学生的综合素质，推动高校的素质人才培养。高校图书馆除了存储学术资源以外，也会定期组织学习讲座、专业培训等，逐渐发展成为综合性教育场所，为广大师生提供更有价值、多维度的信息。

第二，科学研究。高校科研活动的服务需求呈现出多元化、专业化、个性化、精准化的发展趋势，相应地要求图书馆学科服务向深层次、专业化转型。通过提供以科学研究为导向的知识情报服务、信息分析服务、科学数据服务与决策支持服务，大幅提高科学研究效率，有力推动学科建设再上新台阶[37]。

第三，师资队伍建设。一支高水平的教师队伍可以带动一批学科的快速建设与发展，提升高校的学术影响力，造就更高的学术研究视野和平台。高校图书馆可从高校教学与科研人才的引进、考核、学术发表、课堂教学、科研过程提供学术资源服务，人才竞争力评价服务，融入课题组学科服务等，成为教师与科研人员的合作伙伴。

第四，社会服务。高校图书馆具有较为浓厚的学术氛围，集聚更为丰富的文化资源，能够承载一定的社会服务与文化引领功能。通过举办各类展览、论坛、讲座等，教化育人，向社会传播优秀的大众文化。以图书馆为媒介，加强与企业、社团等社会主体的交流合作，推动公共文化事业进一步发展。

第五，国际交流合作。图书馆是高校师生获取国内外学术资源的重要平台，能够较为便捷地追踪国际学术动态，拓展全球学科研究视野，推动各种形式的学术合作深入推进。图书馆也是宣传我国高校研究成果的重要渠道，有助于推动国内一流高校“走出去”，树立更为良好的中国大学形象。

总之，高校图书馆的创新发展要融入“双一流”建设，为增强服务重大战略需求能力、优化学科布局、打造高水平师资队伍、深化国际合作交流、打造一流学科高峰等重大任务添砖加瓦，携手同行！

2　融入“双一流”建设的高校图书馆学科服务创新

在“双一流”建设背景下，高校图书馆以学科服务为核心，提供多层次、专业化的知识服务，助力一流高校和一流学科建设深入推进。党的十九大报告提出“加快一流大学和一流学科建设，实现高等教育内涵式发展”，这是党和国家在中国特色社会主义新时代建设的关键时期，对高等教育发展提出的新要求，也是图书馆服务的核心目标。

2.1　高校图书馆学科服务目前存在的突出问题

就图书馆学科服务的内涵式发展，最重要的特征应是“融入一线、嵌入全程”，为学校“双一流”建设提供有力支撑[38]。对首批的42所一流高校的图书馆学科服务进行调研，发现其与真正的“融入一线、嵌入全程”的内涵式学科服务仍存在一定的差距。

2.1.1　学科服务的专业化程度有待于进一步加强

从学科服务资源来看，缺少学科专业针对性强的学科导航与资源梳理，往往是一级学科或综合性的资源与信息梳理，少见二、三级学科的资源汇总；特定学科的服务门户、学科分馆、博客、微信公众号的建设比较少见，硕、博士研究生与教师用户寻找个性化专业资源与学科进展仍存在一定的困难。从学科服务模式来看，大多数高校图书馆以一对多的形式服务于院系，学科服务的深度和广度值得怀疑，学科服务的效果和效率有待于深入探究；鉴于学科背景的差异性与学科建设的多样性，学科馆员嵌入课程教学和科学研究过程的操作难度较高，学科交叉服务更是难以胜任，专业化与深度化的信息素养教育无法得到全面满足。

2.1.2　用户沟通与协作能力有待于进一步提高

学科服务是图书馆、学科馆员与用户之间知识转移的桥梁，有助于重构新的知识体系[39]，在其中，除了学科馆员，与用户沟通和协作能力是影响学科服务针对性与专业性的重要指标。在学科馆员与用户沟通的方式上，学科馆员一方面应通过多种渠道主动向用户推送图书馆的新资源、新服务、新政策，在调研的大多数高校图书馆中基本上都可以做到，不少高校图书馆借助微信公众号、微信小程序等方式对学科服务资源、讲座活动等进行宣传推广；另一方面应主动深入到院系进行沟通交流，清华大学、北京大学、上海交通大学等高校图书馆以“学科馆员＋教师顾问”的模式进行，并与对口院系学术带头人建立联系。在沟通内容上，学科馆员应面向学科领域、研究机构或科研过程，遵循学科信息交流与互动的内在机制，提供专业化的知识服务，解决科研人员在教学与科研中遇到的研究性问题。在调研访谈中的馆员普遍反映在融入课题组科研过程中存在较大的困难，除了学科知识障碍和知识服务针对性过强，以及用户对图书馆服务的既有成见，目前的奖励机制也无法激励学科馆员花费更多的时间和精力来完全满足用户的需求。在沟通成效上，学科服务团队仍未真正有效了解用户需求，学科服务平台缺乏个性化信息服务功能导致用户对学科服务的兴趣不高，甚至仍存在用户不了解相关学科服务平台的存在，用户参与程度不高[40]。

2.1.3 学科服务内容需要与时俱进

目前的学科服务内容与20年前已经发生巨大的变化，学科服务也从以学科馆员为主转向以学科用户为核心，服务内容也从原来的资源采购、图书借阅、参考咨询、查收查引向信息素养教育、科研支持、学习支持、宣传推广、科技查新，以及战略决策支持、智库服务、数据服务、知识产权信息服务等方向逐渐扩充和倾斜（如表1-4所示）。学科服务模式除了面对面咨询与交流，也从原来的电话、电子邮件扩展到QQ、微博、微信、短视频等自媒体，微信公众号已经成为学科服务的重要推送手段，定期或不定期地推送图书馆新闻、讲座、资源、数据库、服务等信息，甚至使用人脸识别技术享受无卡化服务。自2019年高校国家知识产权信息服务中心建立以来，截至目前已发布三批，多数落户在高校图书馆。就调研的42所一流高校图书馆来说，除中国人民大学、中央民族大学、吉林大学、中国科学技术大学、厦门大学和云南大学的图书馆之外，其他36所高校图书馆都提供了较为完备的知识产权信息服务体系，内容包括知识产权信息咨询、专利检索、专利预警、专利培训教育等，但在内容服务的精细度和精确性上仍有很大的发展空间。

2.1.4 技术服务应用需要迭代更新

对42所“双一流”高校图书馆的技术服务进行调研，发现图书馆官网、微信公众号与小程序等均得到普及应用，各类计算机和空间设备设施以及常用软件支持基本满足用户需求，如电子文献阅读器、文献管理软件和数据分析软件等专业软件，但软硬件设施比较常规，多样化和技术含量较高的设备较少[41]，如每个学校图书馆的3D打印设备较少，预约到完成的时间较长；可穿戴技术设备、虚拟现实技术设备等非常少见。与此同时，共享空间、研讨室、学习研讨区中配备的创新型技术设备仍有很大的发展潜力[42]。

表 1-4 第一轮"双一流"建设高校图书馆学科服务内容开展概况

高校名称	参考咨询	学科服务宣传与推广	嵌入式教学	科技查新与查收引	学科情报服务	战略情报服务	知识产权信息服务	数据服务	信息素质教育
北京大学	√	√	√	√	融入科研团队的学科情报服务、学科情报分析、学科课题咨询、学科情报订阅与推送等	人才评价服务、前沿发展报告、科技战略分析、学科分析与评估等	知识产权信息服务平台、知识产权培训、知识产权咨询、专利分析报告等	学科开放数据、数据素养培训、机构知识库、学者主页等	一小时讲座、微视频、信息素养大赛、新生入馆培训等
清华大学	√	√	√	√	定题文献调研、文献计量分析、学科高被引论文检索、中国期刊的国际影响力评价、学科发展态势分析、学术影响力评价等	科研绩效评估等	知识产权数据分析、知识产权信息支撑服务、知识产权信息素养教育等	学者库等	预约式学科咨询、培训讲座、定制讲座、学分课程、慕课等
中国人民大学	√	√	√	√	学科服务平台、科研产出、基本科学指标(Essential Science Indicators,ESI)学科动态、博士生主文献等	人才产出评估、机构绩效分析、学科态势分析、研究前沿追踪等	—	机构知识库	人图讲座、专题讲座等
北京航空航天大学	√	√	√	查收引,无查新	学科竞争力分析、学科态势分析等	人才资源评估、科研绩效评估等	培训讲座、专利分析、咨询指导、资源导航等	教师成果库、机构库等	一小时讲座、学分课程、微课堂、定制讲座等
北京理工大学	√	√	√	√	学科分析报告、ESI 简报	前沿预见、人才评估、战略新兴技术领域专利数据库等	专利检索、专利分析、专利申请前评估、专利布局、专利预警、专利导航、知识产权信息素养教育等	—	讲座培训、i 理微课、慕课建设等

续表

高校名称	参考咨询	学科服务宣传与推广	嵌入式教学	科技查新与查收引	学科情报服务	战略情报服务	知识产权信息服务	数据服务	信息素质教育
中国农业大学	√	√	√	√	科研文献、事实数据的计量统计及分析服务	—	知识产权信息素养教育、专利检索、专利分析、知识产权培训、专利预警分析等	—	文献检索公选课
北京师范大学	√	√	√	√	学科服务平台、文献资源支持服务、科研产出统计分析、定题服务、信息计量服务等	—	专利数据收集整理与分析、专利文献预检索、定题专利检索与分析等	学术成果库	微课程、系列讲座、数据库专场、院系专场、特定专题等
中央民族大学	√	√	√	无	学科分析报告	—	—	—	系列讲座、专场讲座、数据库专场等
南开大学	√	√	√	√	学科分析报告、学科导航等	—	产权培训、专利咨询、专利检索、专利分析等	机构知识库	图书馆讲坛系列讲座、专场讲座、定制讲座等
天津大学	√	√	√	√	学科信息服务	科研态势及成果分析评估、专利情报服务、产业竞争力分析、科研项目情报服务	知识产权培训、专利检索服务、专利分析服务、专利定期预警服务等	—	专场讲座、系列讲座
大连理工大学	√	√	—	√	—	—	专利文献信息资源与检索服务、专利文献信息分析服务、个性化定制服务等	—	信息素养课程、培训讲座、微视频等

续表

高校名称	参考咨询	学科服务宣传与推广	嵌入式教学	科技查新与查收引	学科情报服务	战略情报服务	知识产权信息服务	数据服务	信息素质教育
吉林大学	√	√	√	√	参与学科文献资源的分析、评价工作	—	—	—	专题讲座、系列讲座、“信息检索与论文写作”及“文献检索”公选课、预约式“学科化专业服务”、嵌入式教学、个人定制等
哈尔滨工业大学	√	√	√	√	顶级期刊发文简报、ESI高影响力论文、科学引文索引（SCI）和工程索引（EI）咨询等		专利检索分析业务、专利代理服务管理、知识产权宣传教育等	中外文核心期刊查询系统、机构知识库等	系列讲座、主题讲座、文献检索课程等
复旦大学	√	√	√	√	学科服务平台、课题文献服务	—	专利简报、知识产权信息服务与分析平台、参与知识产权教学与培训、人才培养与成果转化	数据库导航、科研数据管理、社会科学数据平台等	本科和研究生课程、日常培训、在线培训、预约培训等
同济大学	√	√	√	√	学科资源支持、学科态势分析、学科竞争力分析、嵌入课题组的文献跟踪及ESI简报等	研究热点分析、研究前沿探索、科研绩效分析等	专利检索分析、专利态势分析、核心专利挖掘、专利查新、专利预警跟踪、专利布局等	机构知识库	学科课程、系列讲座、讲座定制化等

续表

高校名称	参考咨询	学科服务宣传与推广	嵌入式教学	科技查新与查收引	学科情报服务	战略情报服务	知识产权信息服务	数据服务	信息素质教育
上海交通大学	√	√	√	√	定题服务、学术竞争力分析、期刊影响力分析、高被引论文检索等	学科态势分析、科研人员绩效评估、智库服务等	知识产权信息素养培训、专有技术认定查新、专利申请前预检索、技术资料检索与态势分析、技术竞争力分析、专利预警、专利分析评议等	学校/学院/学者/学科数据服务	滚动培训、专题培训、信息专员培训、专利课堂等
华东师范大学	√	√	√	√	文献调研服务、学科竞争力分析、编写参考资料等	科研人员绩效、管理决策支持、技术领域发展态势分析等	知识产权咨询、信息检索、申请前预检索、特定技术领域专利分析、专利跟踪预警、侵权检索、专利竞争力分析	—	专家讲座、常规讲座、个性化讲座、学分课程等
南京大学	√	√	√	√	ESI概况、学科发展趋势分析、科研学术影响力评价	—	知识产权信息服务、专利检索与专利查新、专利定期预警、专利行业技术分析、学者定题专利分析、个性化定制服务等	慧源数据大赛	系列讲座、励学微课、慕课等
东南大学	√	√	√	√	专题定制与推送、学科态势分析、学科前沿追踪、学术竞争力分析、ESI专区等	科研绩效分析	统计分析、定题分析、预检索分析、培训讲座等	学校/学院/学者/学科数据服务	常规讲座、专题讲座、预约讲座等

续表

高校名称	参考咨询	学科服务宣传与推广	嵌入式教学	科技查新与查收引	学科情报服务	战略情报服务	知识产权信息服务	数据服务	信息素质教育
浙江大学	√	√	√	√	学科信息咨询、学科资源服务、学科发展对标分析、学科发展报告、“双一流”建设图情专报等	专题领域的研究现状、发展态势、研究分支或热点分析等，名称为科研战略咨询	知识产权信息服务、专利导航与分析、培训与推广等	—	学分课程、一小时讲座、微课堂等
中国科学技术大学	√	√	√	√	最新论文展示、ESI 高被引/论点论文	—	—	—	学分课程、第二课堂、在线培训、系列专题讲座
厦门大学	√	√	√	√	课题咨询与学科分析	—	创新资讯推送、专利可视化展示	学者库等	学分课程、专场讲座、系列讲座等
山东大学	√	√	√	√	学科服务门户、学术影响力分析等	学科发展趋势分析等	知识产权信息整理与分析、相关培训、信息咨询等	数据大赛、学术数据服务平台等	系列讲座、学分课程、微学堂、预约培训等
中国海洋大学	√	√	√	√	学科服务情报分析	—	专利咨询与培训、专利情报分析、专利检索等	机构知识库	学分课程、专场讲座、培训讲座、专题讲座等
武汉大学	√	√	√	√	机构竞争力分析	学者绩效分析等	知识产权信息咨询、知识产权信息分析、知识培训、专项服务等	机构知识库	90 分钟讲座、学科课程、专题讲座、网络培训等

续表

高校名称	参考咨询	学科服务宣传与推广	嵌入式教学	科技查新与查收引	学科情报服务	战略情报服务	知识产权信息服务	数据服务	信息素质教育
华中科技大学	√	√	√	√	科研支持服务	大学排名及学科排名研究、学科发展态势研究、学者学术影响力研究、学科建设数据支持等	专利查新、专利检索、重大专项知识产权分析、行业专利现状分析、企业专利布局分析、特定技术领域专利分析、专利预警等	—	学分课程、专场讲座、培训讲座、专题讲座等
中南大学	√	√	√	√	—	—	知识产权咨询、相关培训、专利简报、专利导航等	—	检索大赛、系列讲座、专题讲座等
国防科技大学	√	√	√	无查新，有查收引	无法查到具体服务内容	—	无法查到具体服务内容	—	学分课程、培训讲座等
中山大学	√	√	√	√	对学校的重大课题提供文献层面的特别帮助	—	专利咨询、专利信息素养教育、专利申请前预检、专利分析、专利查新等	—	专题讲座、培训课件、入学培训等
华南理工大学	√	√	√	√	ESI 学科分析、第三方成果评价	—	特定技术领域专利分析服务、专利性检索服务、专利文献传递服务、发明人专利分析及评价报告、专利法律状态检索服务等	—	数据库商线上培训等

续表

高校名称	参考咨询	学科服务宣传与推广	嵌入式教学	科技查新与查收引	学科情报服务	战略情报服务	知识产权信息服务	数据服务	信息素质教育
四川大学	√	√	√	√	知识服务速报、定制报告、学科信息门户、ESI高水平论文数据等	—	知识产权培训、专利查新、专利情报分析、知识产权信息咨询、知识产权挑战赛等	—	一小时讲座、学分课程、微视频
电子科技大学	√	√	√	√	预警期刊查询等	—	专利检索、专利分析、专利申请代理、专利检索分析平台、领域动态等	学术成果中心等	学分课程、系列讲座、在线课程等
重庆大学	√	√	√	√	学科发展简报、ESI学科影响力、SCI-E收录论文分析、EI科技论文年度统计分析报告、定题服务、学科分析报告等	学科分析报告	知识产权咨询、专利检索、专利分析、知识产权培训等	—	学分课程、专题讲座、新生入馆培训等
西安交通大学	√	√	√	√	学科分析报告、专业认证服务、ESI热点/高被引论文、SCI通报等		知识产权咨询、专利分析报告、系列培训等	机构知识门户	系列讲座、微视频、专题讲座等
西北工业大学	√	√	√	√	文献调研、课题申报辅助、课题文献跟踪等	学科分析与评估等	知识产权咨询、专利分析报告等	知识管理系统	学分课程、系列讲座、专场讲座等
兰州大学	√	√	√	√	学科评估与世界大学学科科研评价指标监测、科研态势分析、科研热点监测、重大科研项目情报服务等	人才科研绩效监测等	知识产权咨询、专利分析报告等	机构知识库	学分课程、一小时讲座、新生培训、走入学院、信息素养大赛等

续表

高校名称	参考咨询	学科服务宣传与推广	嵌入式教学	科技查新与查收引	学科情报服务	战略情报服务	知识产权信息服务	数据服务	信息素质教育
东北大学	√	√	√	√	科研资讯、SCI/SSCI收录月报等	—	专利检索、专利文献传递、专利查新、专利分析、知识产权咨询、知识产权培训等	—	系列讲座、微课堂等
郑州大学	√	√	√	√	学科服务平台	—	知识产权咨询、培训与信息分析等	—	学分课程、专题讲座等
湖南大学	√	√	√	√	学科动态追踪分析、单个学科发展与潜力分析、高水平论文发表情况分析、学科竞争力年度分析等	—	专利查新、专利定题检索、行业重点领域/专利竞争力/活跃发明人专利分析、专利文献定期推送、专利申请文本辅助撰写、知识产权信息咨询、知识产权信息素养培训等	机构知识库	学分课程、专题讲座、小课堂等
云南大学	√	√	√	无查新，有查收引	—	—	—	—	学分课程、系列讲座、微课堂等
西北农林科技大学	√	√	√	√	学科文献全程跟踪服务、学科发展分析服务、科研成果动态跟踪服务等	—	知识产权信息素养教育、专利咨询与检索、专利分析等	—	学科课程、新生入馆教育、“每周一讲”培训讲座、不定期培训等
新疆大学	√	√	√	√	ESI热点论文与高被引论文报告	—	知识产权信息素养培训、专利咨询服务、专利检索服务、专利分析服务等	—	系列讲座、专利培训等

注：由于目前图书馆对各项服务没有统一规范的理解或认识，各项服务内容没有一致的归类，笔者根据自己的服务实践和理解将上述服务内容进行了整理与合并，以尽可能向用户展现目前42所高校图书馆学科服务的内容开展情况。

云计算促进了网络资源的共享应用，也为图书馆学科服务的模式创新和资源利用方式打开了新的大门。另外，随着未来学习中心建设的开展，高校图书馆的技术服务应借势进行迭代更新，站在教学与科研管理和实践、学生学习生活的需求角度，参与到未来学习中心的顶层设计和组织框架中，促使大学教育在物理空间上形成辐射，带动多项教育功能的无缝衔接，通过新型空间设备适应学科交叉融合的发展、教学与科研方式的变革以及信息化大数据技术的广泛应用。并在用户导向的图书馆新型管理系统研发、人工智能等新技术的应用、数据管理平台建设、智慧图书馆与智慧校园的融合等[43]方面加强技术武装，提升高校图书馆学科服务的现代化与高质量发展。

2.2 “双一流”建设对高校图书馆学科服务创新发展提出的要求

当今时代发展迅速，信息技术与科技手段发展日新月异。随着大数据技术和数据科学的蓬勃发展，学科服务也在不断发生着变化，分析对象从“资源”到“信息”再到“情报”，加工程度由“整理”到“分析”再到“研究”。合理利用和吸收新技术、新手段、新方法是学科服务保持旺盛生命力的必然选择，但其历史使命、根本任务和服务边界不会因时因地而变，学科服务能够创新发展的方向必须拥抱信息化与大数据技术，坚持紧跟用户需求与环境变化，并坚守服务国家战略与学校学科建设、助力高等教育内涵式发展等要求。

2.2.1 拥抱信息化与大数据技术

随着数字化转型的快速发展，人与信息、人与机器、人与社会以及人与人之间的关系模式和合作方式也发生了巨大变化，应用于人类信息资源共享与交流、知识文明传播与传承的信息化与大数据技术正日趋成熟。抓住信息化浪潮和大数据技术带来的机遇，大力推进图书馆智能化发展，在很大程度上辅助馆员提升工作效率、辅助用户更好地使用图书馆。图书馆的学科服务创新不仅要应用智慧化技术，还要将信息流、工作流和服务流进行重新组合与优化，提高用户和学科馆员的信息知识获取、加工与利用水平[44]。

2.2.2 紧跟用户需求与环境变化

用户导向、服务至上是高校图书馆的服务宗旨。用户导向就是以用户有待解决的问题及目的为依据，以用户价值或获得为前提，以用户的期待和体验为核心的服务模式，强调用户满意、服务定制、结果有效、形态创新等原则，高校图书馆的学科服务创新发展必须紧跟用户需求变化，借助数据挖掘技术、自然语言理解技术、信息过滤技术、智能代理技术等手段，根据用户的具体需求变化和现实状况设计服务，鼓励用户与学科馆员的协同合作，帮助用户提高认知水平和运用学科情报信息解决问题的能力[45]。

学科服务自 20 世纪 90 年代引入中国以来，内外部环境变化带来经济社会组织变革和人的观念、思维、行动，以及心态的变化，伴随着国家经济社会进步和大学教育的高质量发展，图书馆学科服务除了要关注全校师生的需求变化，还应积极融入国家发展战略与高等教育发展战略，处理好与学校各级行政部门（如社会科学部、科学研究部、学科建设办公室、研究生院等）、上下级相关部门（如教育部、图工委等）的合作协同关系，处理好与当地经济社会发展需求的相适性，处理好与学校发展规划与学科建设目标之间的一致性，处理好与社会企业和行业发展需求的衔接性。

2.2.3 服务国家战略与学校学科建设

“双一流”建设肩负国家重托，面向国家重大战略需求、经济社会主战场、世界科技发展前沿，全面提升学校在人才培养、科学研究、社会服务、文化传承创新和国际交流合作的综合实力。“双一流”建设的服务国家战略，即要培养造就一大批具有国际水平的战略科技人才、科技领军人才、青年科技人才和高水平创新团队，为建设科技强国、质量强国、航天强国、网络强国、交通强国、数字中国、智慧社会提供有力支撑；瞄准世界科技前沿，着力提升基础研究和应用基础研究的原始创新能力，实现前瞻性基础研究、引领性原创成果重大突破，突出关键共性技术、前沿引领技术、现代工程技术、颠覆性技术创新，为进一步增强国家创新发展能力和核心竞争力，在国家创新体系中更加发挥主力军作用[7]。高校图书馆学科服务应围绕培养造就国家发展战略的高层次创新人才、增强国家创新发展能力和核心竞争力两个主题进行创新[46]，关注师生的学科定制化服务、推荐式服务、计算力服务等。

“双一流”建设“坚持以学科为基础”“引导和支持高等学校优化学科结构，凝练学科发展方向，突出学科建设重点，创新学科组织模式，打造更多学科高峰，带动学校发挥优势、办出特色”。高校图书馆是学校学科建设支撑的重要部分，要保障优势学科和新兴学科的资源供给率，为打造一流学科高峰提供有力支撑；与科研创新协同相适，以资源建设与服务为学校学科建设提供融入式支撑；依托学校人才培养目标和学生成长成才之需，打造学校学科人才培养体系的重要阵地[43]。学科服务创新应服务于学科布局调整与交叉融合，促进学术进步、解决“卡脖子”科技难题，培养一流创新人才和一流的本硕博毕业生，帮助高校的重点学科向一流学科建设迈进[47]。

2.2.4 助力高等教育内涵式高质量发展

习近平总书记在主持中共中央政治局第五次集体学习时就建设教育强国发表重要讲话，指出要坚持把高质量发展作为各级各类教育的生命线，加快建设高质量教育体系。“双一流”建设势必应该以高等教育新发展理念为指导，顺势而发，不断推动高等教育内涵式高质量发展。高校图书馆学科服务在中国式现代化新征程中，应自觉增强主动识变应变求变的创新意识，推动“交融式数字图书馆”在“双一流”建设中的应用与推广，深度应用新一代信息技术，使得高校图书馆成为内涵式高质量发展教育体系建设的文献中心、育人平台和文化殿堂[48]。

2.3 助推“双一流”建设的学科服务创新方向

助推“双一流”建设，高校图书馆的学科服务应围绕学科建设进行创新，就学科建设过程的全流程支持、学科建设进展的跟踪评估分析、学科建设管理的支撑等方向提供参考和服务。其中，学科建设过程的全流程支持服务强调从高校教师的科研和教学服务需求出发，基于科研生命周期理论，探究高校图书馆如何在科研课题申请、论文写作、科研奖项申报以及教学过程中提供全流程的嵌入式学科服务，更好地辅助科研与教学工作；学科建设进展的跟踪评估服务则是综合运用文献计量和模糊综合评价等方法及时动态评估各高校和各学科的建设进度和在国内外的竞争力，科学评判学校内部的优、劣势学科、潜力学科和重点（扶持）学科等；学科建设管理的支撑服务则是通过对学科办、科研部、社科部、研究生院等学科管理部门的调研分析，研究图书馆学科服务如何在科研人才引进与考核评估、学科建设规划等方面提供决策支撑服务。

就高校图书馆重点服务内容来看，馆员应借助自身在信息资源、文献计量、知识产权信息等优势，着重提供以用户需求为导向、以学科建设与发展为核心的学科情报服务、科学数据服务、知识产权信息服务、智库服务以及知识实验室和创客空间建设等深层次、专业化知识服务，如图 1-3 所示。

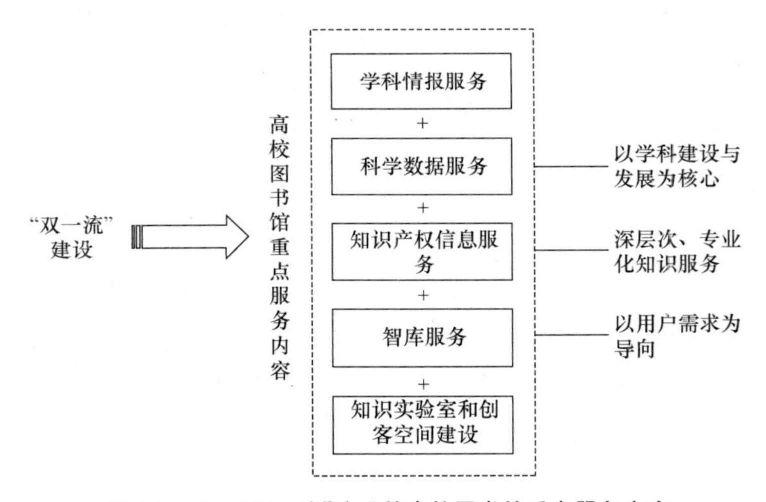

图 1-3 融入“双一流”建设的高校图书馆重点服务内容

2.3.1 学科情报服务

学科建设是“双一流”建设的核心任务，高校图书馆服务体系中首要是学科情报服务。通过提供学科信息咨询、学科情报信息、学科服务平台等，形成符合本校学科建设特点的学科情报服务体系，为一流学科建设提供有力支撑[49]。学科情报服务的内涵较为丰富，大体上包括资源管理服务、学科竞争情报服务、信息分析服务与决策支持服务，涵盖从信息管理、获取、分析到反馈的全过程，能够充分满足高校学科建设的个性化与专业化需求。

在信息管理的前端环节，提供学科资源管理服务。随着大数据、云计算、人工智能等新一代信息技术迅速发展，除了传统的学科资源以外，依托互联网而兴起的网络资源、共享资源、开放资源等对学科发展起到了越来越关键的作用[50]。图书馆需要建设更加智能高效的数字化平台，统一组织管理这类数字学术资源，增强不同资源管理平台之间的互联互通，大大降低资源检索、引用、搜寻的时间成本。探索引进或开发人工智能、机器学习等新兴学科资源管理形式，能够根据师生的专业研究需求，提供个性化的资源管理服务，便捷高效地充分利用高校图书馆的学术资源。

在信息获取的中端环节，提供学科竞争情报服务。放眼国际，学科竞争情报服务成为众多高水平大学图书馆科研支持服务的新方向，我国“双一流”高校普遍重视并开展学科竞争情报服务，并将其作为图书馆服务体系的重要方面予以推进。高校图书馆可通过多源数据整合，利用机器学习、文本分析、知识图谱等新手段，构建细粒度科研成果集成平台，为学科建设提供多种类的学科竞争情报产品。积极探索 InCites、SciVal、基本科学指标(Essential Science Indicators，ESI)等分析平台和工具，对学校优势学科和特色学科建设成效进行精准分析与科学评价，及时掌握学科建设动态，为一流学科建设提供情报信息支持[51]。

在信息分析的后端环节，提供学科信息分析服务。高校图书馆具有资源丰富的优势，借助新技术与新平台建设，能够对多源资源进行深度分析和挖掘，提供学科竞争力分析、核心期刊分析、高水平论文与专著分析、基金资助表现分析报告等多种学科产品。信息分析服务是对图书馆资源的进一步整合和利用，能够对“双一流”建设中人才培养、科研评价、合作成效等多个方面提供分析支持，有力提升高校建设的水平和质量。

在信息反馈的终端环节，提供学科决策支持服务。决策支持实质上体现在图书馆学科情报服务的每个环节，通过便捷高效的资源管理、科学全面的竞争情报、深度信息挖掘，为高校“双一流”建设的各个领域提供决策支持，这也对图书馆馆员素养提出了更高要求。馆员需要参与高校科学研究全过程，聚焦学科发展前沿，整合特定学科的文献资源、研究动态、学术成果等，提供一站式的知识服务，支持科研工作者深度开展学科研究。

2.3.2 科学数据服务

高校图书馆通过收集丰富的科研数据资源，整合兼容多源数据，不断拓展服务边界，为高校科学研究、学术创新等各个环节提供科学数据服务。随着大数据与互联网的深入发展，数据越来越呈现容量大、类型多的特征。大量的数据资源为科研工作带来了新的拓展空间，但也使得数据收集、存储、整合、利用的难度有所加大。高校图书馆不断提高科学数据服务水平，有助于充分挖掘科学数据的学术价值，为“双一流”建设提供有力支撑。

高校图书馆的科学数据服务应当为师生提供科研全流程的数据服务。首先是数据收集。探索挖掘科研数据收集的多种渠道，比如通过公开出版物、电子数据库等收集数据，通过 Web of Science（WoS）、Scopus、CNKI 等公开网站获取数据，通过科研机构内部渠道掌握数据。图书馆可以以学科建设为导向，针对性收集并整理各个学科的最新数据，便于科研工作者及时掌握学科发展动态，为开展科学研究活动提供必要的数据支撑。

其次是数据管理。大数据时代下科学研究数据的种类和数量空前增加，使得数据管理与整合工作难度加大，多源数据口径不一问题较为突出。图书馆作为重要的科研数据管理机构，亟待加强数据组织与管理平台建设，以小学科为单元，有效整合多源数据资源，为科研工作者查找数据提供便利。重点加强图书馆数据存储安全、规范化清洗、数据关联创建、可视化展示等工作，以新技术赋能，切实提高数据组织与管理水平。

最后是数据分析。基于所掌握的论文、专利等多种数据，引导加强研究数据的发掘、再利用和再生产，促进数据分析与学科研究的协同创新，指导研究实践取得新突破。加快推进机器学习、数字平台、情报检索等新技术应用，开发多种形式的数据分析报告，比如学科数据咨询报告、数据情报服务、重点学科领域数据开发趋势报告、数据应用与实践报告等，深度揭示研究数据隐藏的学术价值，促进科学数据的充分利用[52]。

在此过程中，数据素养教育尤为重要。高校图书馆在提供科学研究全流程数据服务的同时，应当重视开展数据发现与获取、处理与展示、保存与利用等能力的数据素养教育，这也是高校图书馆科学数据服务的基础[53]。通过开设专业课程、提供问询指南、开办专题讲座等形式，以学科领域或专业方向为单元，指导学校师生灵活使用图书馆的数字化资源管理平台，掌握数据分析软件的使用方法，有效提高科研工作者的研究效率。

2.3.3　知识产权信息服务

知识产权信息服务是高校图书馆服务于“双一流”建设的重要方面，通过收集、整理、分析各个学科领域的知识产权信息，有助于科研人员全面了解学科研究动态，为专利研发与新技术创新提供必要支撑，对科研团队创新绩效产生显著正向影响，知识共享在高校知识产权信息服务影响中发挥部分中介作用[54]。知识产权信息服务涉及专利检索、咨询、决策等环节，形成专利产出分析、专利评估、学科专利分析等一系列成果。通过整合学科领域专利信息，建立知识产权信息服务中心，打造集成式、专业化的专利信息平台[55]，面向知识产权全流程提供便利快捷的在线服务[56]。

随着知识产权管理日渐规范，科研工作者的知识产权意识不断强化，图书馆一定程度上也承担宣传知识产权保护理念、促进科研成果转化的责任和使命。知识产权信息服务对于加速科技成果转化具有重要的推动作用，高校图书馆作为知识产权信息的集散中心，能够有效实现高校和创新市场的信息连通，促进创新链与产业链进一步对接，助力于科学研究的深入推进[57]。“双一流”建设背景下，新型知识产权信息服务应当体现协同创新，以图书馆为纽带，畅通高校与创新企业等市场主体的信息沟通渠道，及时掌握专利研发进展，为科研活动指明研究方向。新型知识产权信息服务也对图书馆馆员的专业素养提出了更高要求，需要加强知识产权相关培训，打造专业化知识产权服务团队。

2.3.4 智库服务

智库服务是高校图书馆转型发展的重要方向。依托文献数据丰富、知识服务多元的独特优势，高校图书馆能够为“双一流”建设中人才培养、学科建设、科学研究等领域提供强有力的智库服务支持，为新时期高校建设建言献策[58]。利用新技术、新手段、新方法，图书馆智库服务内容不断深化，比如基于特定学科领域研究现状分析，为学校学科建设战略布局提供建议，或者基于多维度学科数据分析，为学校学科绩效评估提供依据等。

高校图书馆智库服务应当是覆盖科研活动全流程的，是体现用户个性化需求的，是一站式便捷获取的。必须始终围绕高校“双一流”建设需求而推进，以学科建设为核心，为科研人员搭建个性化、专业化的智库服务平台。在收集、整理学科信息资源的基础上，充分利用云计算、人工智能、大数据等新技术手段，加强对学科信息的深度分析和挖掘，为科研人员提供更多真正有价值的智库服务，构建重点学科智库服务体系[59]。进一步加强图书馆智库建设与高校学科建设的协同性，畅通信息沟通渠道，一方面，图书馆要及时了解高校学科发展战略需求，提供专业性分析报告，另一方面，学科发展要充分利用图书馆智库服务资源，跟踪热点领域研究动态，推动科学研究活动的深入合作。

2.3.5 知识实验室和创客空间等建设

“双一流”建设背景下，高校图书馆逐渐由传统的资料资源服务向新型知识服务体系转型，知识实验室是这一转型的产物之一。基于文献资源丰富的独特优势，知识实验室对传统的图书馆空间进行改造升级，有效整合空间、服务与资源，为高校学生和科研人员的知识创新活动提供场所，鼓励各种形式的知识实验室与创新。知识实验室具有阅读、教学、展示、互动交流、开发创造等多种功能，图书馆依托嵌入研究团队与过程的知识服务能力、虚实结合的协同知识服务机制[60]，覆盖从知识生产、分享、应用到实践的各个环节，形成一条完整的知识服务链条，激发用户的创新研究潜能，发挥图书馆促进知识创新的作用[61]。

创客空间是图书馆知识服务转型的另一产物，是知识实验室更具活力的表现形式。创客空间是集创意想法、新技术和信息资源于一体的开放性场所，为高校师生和科研人员提供了一个创意交流、孵化、应用的空间，营造开放包容的良好氛围，为创新人才提供个性化的知识服务[62]。它代表了高校图书馆由被动式提供资料、工具和空间，向引导师生探索、交流、创新转型的发展趋势，能够满足“双一流”建设中人才培育和科学研究领域的新要求。创客空间建设可以与企业等社会机构寻求合作，联合社会力量，实现资源优势互补，积极开展创客空间特色创新项目，加速创新成果的进一步转化。

未来学习中心也是当今教育革命的重要方向和任务，理应"通过文献资源整合、空间流程再造，构建智慧学习空间，鼓励团队式、协作式、主动式学习，把图书馆建成信息服务中心、学生学习中心、教学支持中心，改革传统人才培养模式，探索新时代育人新范式"[63]，是新时代中国高等教育在图书馆领域的重要战略。在空间建设方面，可建设沉浸式阅读促进用户深度学习，多元化体验满足用户全方位感知，交互性虚拟现实推动新技术持续迭代[64]，并在以学习为聚集的服务创新、以用户为核心的需求挖掘、以馆员为中心的服务支持等方面加强探索，以满足新时代教育的需求[65]。

参考文献

[1] 杨岭，毕宪顺．"双一流"建设的内涵与基本特征[J]．大学教育科学，2017(4)：24-30.

[2] 薄贵利，郝琳．论加快建设世界一流人才强国[J]．中国行政管理，2020(12)：90-96.

[3] 人民网．习近平在北京大学师生座谈会上的讲话(全文)[EB/OL]．2014-05-05．http://edu.people.com.cn/n/2014/0505/c1053-24973276.html.

[4] 中华人民共和国教育部．国务院关于印发统筹推进世界一流大学和一流学科建设总体方案的通知[EB/OL]．2015-10-24．http://www.moe.gov.cn/jyb_xxgk/moe_1777/moe_1778/201511/t20151105_217823.html.

[5] 中华人民共和国教育部．教育部 财政部 国家发展改革委关于印发《统筹推进世界一流大学和一流学科建设实施办法(暂行)》[EB/OL]．2017-01-25．http://www.gov.cn/xinwen/2017-01/26/content_5163670.htm.

[6] 中华人民共和国教育部．教育部、财政部、国家发展改革委公布世界一流大学和一流学科建设高校及建设学科名单[EB/OL]．2017-09-21．http://www.moe.gov.cn/srcsite/A22/moe_843/201709/t20170921_314942.html.

[7]习近平．决胜全面建成小康社会 夺取新时代中国特色社会主义伟大胜利——在中国共产党第十九次全国代表大会上的报告[EB/OL]．2017-10-27．https://www.gov.cn/zhuanti/2017-10/27/content_5234876.htm.

[8]习近平．举中国特色社会主义伟大旗帜 为全面建设社会主义现代化国家而团结奋斗——在中国共产党第二十次全国代表大会上的报告[EB/OL]．2022-10-25．https://www.gov.cn/xinwen/2022-10/25/content_5721685.htm.

[9] 中华人民共和国教育部．推动"双一流"加快建设、特色建设、高质量建设——教育部召开"双一流"建设现场推进会[EB/OL]．2018-09-30．http://www.moe.gov.cn/jyb_xwfb/gzdt_gzdt/moe_1485/201809/t20180930_350535.

html.

[10] 中华人民共和国教育部. 教育部 财政部 国家发展改革委关于印发《““双一流”建设成效评价办法(试行)》的通知[EB/OL]. 2021-03-23. http://www.moe.gov.cn/srcsite/A22/moe_843/202103/t20210323_521951.html.

[11] 人民网. 习近平主持召开中央全面深化改革委员会第二十三次会议强调加快建设全国统一大市场提高政府监管效能 深入推进世界一流大学和一流学科建设[EB/OL]. 2021-12-17. http://politics.people.com.cn/n1/2021/1217/c1024-32311126.html.

[12] 中华人民共和国教育部. 教育部 财政部 国家发展改革委关于深入推进世界一流大学和一流学科建设的若干意见[EB/OL]. 2022-01-29. http://www.moe.gov.cn/srcsite/A22/s7065/202202/t20220211_598706.html.

[13] 中华人民共和国教育部. 教育部 财政部 国家发展改革委关于公布第二轮“双一流”建设高校及建设学科名单的通知[EB/OL]. 2022-02-11. http://www.moe.gov.cn/srcsite/A22/s7065/202202/t20220211_598710.html.

[14] 北京大学. 北京大学召开“双一流”建设周期总结会议[EB/OL]. 2020-09-14. https://news.pku.edu.cn/xwzh/7f320ccda78e45dc84bb75ff7e902e43.htm.

[15] 清华大学. “双一流”专家评议会:清华大学全面建成为世界一流大学[EB/OL]. 2020-09-22. https://www.tsinghua.edu.cn/info/2070/66194.htm.

[16] 中华人民共和国中央人民政府. 习近平在清华大学考察:坚持中国特色世界一流大学建设目标方向 为服务国家富强民族复兴人民幸福贡献力量[EB/OL]. 2021-04-19. http://www.gov.cn/xinwen/2021-04/19/content_5600661.htm.

[17] 王希勤,阎琨,江宇辉. 探索扎根中国、融通中外的大学人才培养模式为科教兴国战略提供全方位人才支撑——清华大学学科布局和人才培养融通战略研究[J]. 中国高教研究,2011(11):11-20.

[18] 复旦大学. 复旦主办“一流大学建设系列研讨会-2021” 14 所大学校长聚焦大学使命,共论“十四五”高质量发展[EB/OL]. 2021-10-18. [2022-05-01]. http://www.px.fudan.edu.cn/52/f1/c13570a414449/page.htm.

[19] 复旦大学. 清醒认识短板不足,厘清目标、路径、任务,加快迈向中国特色世界一流大学前列,规划与“双一流”学科建设大会暨“第一个复旦”研讨会召开[EB/OL]. 2022-01-04. [2023-05-23]. https://news.fudan.edu.cn/2022/0103/c31a129578/page.htm.

[20] 上海交通大学. 上海交通大学新一轮“双一流”建设方案[EB/OL]. 2022-05-31. https://gk.sjtu.edu.cn/Data/View/2852.

[21] 阎凤桥. 我国高等教育“双一流”建设的制度逻辑分析[J]. 中国高教研

究，2016(11)：46-50.

[22] 许杰. 试析“双一流”建设政策工具视角下的学科治理[J]. 国家教育行政学院学报，2021(12)：48-56.

[23] 钟秉林，王新凤. 我国“双一流”建设成效评价的若干思考[J]. 高校教育管理，2020，14(4)：1-6.

[24]刘献君. 学科交叉是建设世界一流学科的重要途径[J]. 高校教育管理，2020，14(1)：1-7+28.

[25] 眭依凡，李芳莹. “学科”还是“领域”：“双一流”建设背景下“一流学科”概念的理性解读[J]. 高等教育研究，2018，39(4)：23-33+41.

[26] 周光礼，蔡三发，徐贤春，等. 世界一流大学的建设与评价：国际经验与中国探索[J]. 中国高教研究，2019(9)：22-28+34.

[27] 陆小兵，王文军，钱小龙. “双一流”战略背景下我国高等教育国际化发展反思[J]. 高校教育管理，2018，12(1)：27-34.

[28] 潘懋元，贺祖斌. 关于地方高校内涵式发展的对话[J]. 高等教育研究，2019，40(2)：34-38.

[29] 钟秉林，方芳. 一流本科教育是“双一流”建设的重要内涵[J]. 中国大学教学，2016(4)：4-8+16.

[30] 洪大用. 在“双一流”建设中大力加强本科人才培养[J]. 中国大学教学，2016(4)：9-16.

[31] 马陆亭. “双一流”建设不能缺失本科教育[J]. 中国大学教学，2016(5)：9-14+26.

[32] 周海涛，胡万山. “双一流”建设背景下中西部高校发展的机遇、问题与对策[J]. 高校教育管理，2019，13(6)：19-25.

[33] 麦可思研究. 重磅！师资最强“双一流”大学揭晓[EB/OL]. 2023-05-15. https://www.sohu.com/a/675685468_121294.

[34] 吴爱芝. 后疫情时代高校图书馆知识服务模式创新探索——以北京大学图书馆为例[J]. 现代情报，2022，42(5)：132-140.

[35] 肖珑. 支持“双一流”建设的高校图书馆服务创新趋势研究[J]. 大学图书馆学报，2018，36(5)：43-51.

[36] 储节旺，张瑜，刘青青. 高校图书馆“双一流”建设的战略思考[J]. 大学图书馆学报，2019，37(1)：6-16.

[37] 张海梅. “双一流”背景下高校图书馆学科服务人才队伍建设探析[J]. 图书馆工作与研究，2018(1)：97-101.

[38] 章薇薇，党跃武. 一流大学建设高校图书馆内涵式学科服务现状与对策研究[J]. 大学图书情报学刊，2022，40(2)：74-86.

[39] 冯晓玉，张秀珍. 图书馆在知识转移中的作用研究[J]. 图书馆学研究，

2007(5)：79-80＋58.

[40] 王晓丹. 国内学科服务研究进展及思考[J]. 图书情报导刊，2020，5(12)：24-28.

[41] 徐健晖. “双一流”高校图书馆技术支持服务调查与思考[J]. 图书馆工作与研究，2021(1)：95-103.

[42] 袁俊. 后疫情时代高校图书馆技术支持服务探析——以天津市18所高校图书馆技术支持服务调查为例[J]. 2021(7)：41-48.

[43] 陈建龙，邵燕，张慧丽，等. 大学图书馆现代化指南针报告[J]. 大学图书馆学报，2022，40(1)：22-33.

[44] 陈建龙. 大学图书馆现代化转型发展刍议[J]. 大学图书馆学报，2020，38(1)：5-12.

[45] 陈建龙，申静. 信息服务学导论[M]. 北京：北京大学出版社，2017：66-105.

[46] 刘承波. 探索新时代“双一流”建设的中国道路[M]. 北京：中国财政经济出版社，2018：19-66.

[47] 胡建华，王建华，蒋凯，等. “双一流“建设与高校学科发展[M]. 南京：南京师范大学出版社，2021：60-73.

[48] 陈建龙. 中国式现代化新征程上高校图书馆事业的高质量发展[J]. 大学图书馆学报，2022，40(6)：5-7.

[49] 娄冰. “双一流”高校图书馆学科服务现状分析及对策研究[J]. 图书馆工作与研究，2021(2)：106-112.

[50] 刘妍，王天泥. “双一流”背景下高校图书馆智慧化学科服务研究[J]. 图书馆工作与研究，2019(10)：5-10.

[51] 刘勇，徐双. “双一流”建设背景下高校图书馆情报服务创新发展研究[J]. 图书馆工作与研究，2020(10)：94-98＋122.

[52] 张群，张以淳，彭奇志. 嵌入“双一流”建设的高校图书馆科学数据服务研究[J]. 图书馆工作与研究，2018(11)：15-19＋31.

[53] 吴爱芝，王盛. 高校图书馆数据素养教育体系设计研究——以北京大学图书馆为例[J]. 大学图书馆学报，2020，38(6)：96-103.

[54] 胡珺，杨鲜琳. 高校知识产权信息服务对科研团队创新绩效的影响研究[J]. 经济研究导刊，2024(5)：137-140.

[55] 徐春，张静，卞祖薇. “双一流”建设背景下高校图书馆专利信息服务现状及发展对策研究[J]. 图书馆学研究，2019(23)：57-64.

[56] 罗文馨，刘秀文，王怡玫. 面向知识产权全流程的高校图书馆在线服务探索——以北京大学图书馆为例[J]. 图书馆学研究，2023(2)：67-75.

[57] 张丽舸，许子媛. “双一流”建设背景下高校图书馆知识产权信息服务探

析[J]. 图书馆工作与研究，2019(6)：115-119.

[58] 吴爱芝，王盛，张春红. 面向“双一流”建设的高校图书馆智库服务研究[J]. 现代情报，2021，41(1)：94-100.

[59] 刁羽，贺意林. “双一流”建设视角下高校图书馆智库情报服务协同创新研究[J]. 图书馆工作与研究，2020(5)：52-57+65.

[60] 张晓林. 研究图书馆2020：嵌入式协作化知识实验室？[J]. 中国图书馆学报，2012，38(1)：11-20.

[61] 吴卫华，高建新，王艳红. 基于创客空间理念的图书馆“知识实验室K-Lab”建设研究[J]. 河北联合大学学报(社会科学版)，2015，15(6)：37-40.

[62] 石乃月，马迪倩，穆祥望. “双一流”视角下国内高校图书馆创客空间建设发展探析[J]. 图书馆工作与研究，2018(3)：10-15.

[63] 吴岩. 加快高校图书馆现代化建设 助力高等教育高质量发展[J]. 大学图书馆学报，2022，40(1)：7-8.

[64] 徐璟，董笑菊，李新碗. 大学图书馆未来学习中心建设的思考与实践[J]. 大学图书馆学报，2022，40(4)：12-18.

[65] 孔智，宋凯. 我国高校未来学习中心研究进展及未来展望[J]. 数字图书馆论坛，2024，20(8)：72-79.

第二章　高校图书馆学科服务创新的理论基础

第一节　基于结构变异分析的高校图书馆学科服务领域的情报感知探索

随着科学技术的飞速发展，客观知识与人类吸收能力之间存在越来越大的差距，并产生知识分裂，原本知识之间存在的潜在关联也因学科之间的差异而难以被发现[1]。情报研究正是根据特定需要对信息进行定向选择和科学抽象，揭示研究对象的本质、规律和联系[2]。借助新的研究方法，这些潜在关联也是能够被发现的[3]，而且，科学发展的足迹可以从已发表文献中提取到相关信息[4]。如 1986 年美国斯旺森（Swanson）教授指出非相关生物医学文献中可能隐含大量不为人知的科学知识，他设计的人机交互软件系统 Arrowsmith 成功发现有关雷诺病和食用鱼油之间的关联、偏头痛和镁缺乏之间的关联关系，使得从具有隐含关联的文献中进行知识发现更为容易[5]。

科学知识本身就是一个自适应复杂系统，网络局部结构的变化可能会引起全局改变或者不改变，网络模块化是对其整体系统结构的一个全局性度量。如果一篇新发表的论文是自适应复杂系统所收到的信号，模块化的改变或不改变都会有助于了解该文章是否具有潜力和信息价值。2012 年陈超美教授提出结构变异理论，并在 CiteSpace 中加入结构变异分析（Structural Variation Analysis，SVA）模块。SVA 的基本思路是将科学知识发展理念体现为知识结构与新发表论文所传达的新思想之间相互作用的过程，在文献共被引网络结果的基础上，关注施引文献给文献共被引网络带来的变化，以探测文献在创新性方面的潜在影响力[6]。本书利用结构变异分析方法，通过计算模块性变化率、聚类连接和中心性散度等指标识别“双一流”建设与高校学科服务领域有潜在影响力的施引文献，对其蕴含的学术价值和可能产生的知识结构变化进行前瞻预判，从文献分析角度帮助提高对“双一流”建设与高校图书馆学科服务创新领域的情报感知与分析能力。

1　结构变异分析的特质及应用

与生物学上的结构变异分析不同，情报学与科学学中的结构变异分析是基于科学创造方面的研究，尤其是新颖性的重组在创造性思维中的作用与影响。这一分析主要基于以下两个验证条件：一是科学发现或创新在很大程度上都具有一个共性，即新思维能够容纳原本看似风马牛不相及的观念，类似于在不同岛屿之间架起一座新的桥梁；二是这座新的桥梁是否具有足够吸引力使其变得车水马龙、来往不绝。结构变异分析的目的在于找出并预测一篇新发表论文的学术潜能或影响力[7]。

能够对某(些)研究领域产生知识影响力的新发表论文可称为潜质性研究，主要通过对原有引文网络结构的改变、研究领域间的新连接，以及节点对该连接的影响力等指标进行衡量。通过引文足迹不仅可以探析潜质性研究的学术贡献，而且可以预测不同学科领域之间的知识融合轨迹[8]。因此，结构变异分析的特质在于探测研究领域的发展变化和创新发展，通过创新性研究方法对现有文献的应用，发现隐含的深层内容，找到学科研究领域的知识结构的变化，具有显著的情报感知功能特质。该方法可以帮助研究者找出具有潜在影响力的施引文献，预判其蕴含的学术价值和可能产生的知识结构变化，从文献角度给予情报感知的帮助。从应用上来看，王婧媛等使用结构变异分析进行研究情报服务领域的情报感知探索，发现信息服务跨类别研究发生在竞争情报、系统应用、云制造、医疗与健康和通信研究领域[9]。

2 结构变异分析的主要步骤

对一篇施引文献进行结构变异分析，主要通过计算其模块性变化率、聚类连接和中心性散度等指标来反映文献是否具有结构变异的潜质性：

指标1：模块性变化率(Modularity Change Rate)ΔM，即由于文献系统增加了某一(些)论文 a 使得原来的文献系统增加了新的连接，并引起文献网络模块发生变化。这种变化会根据连接添加的位置不同而使得模块性增加或减少。计算公式如下：

$$\Delta M=\frac{M(G_{\text{baseline}},C)-M(G_{\text{baseline}}+G_a,C)}{M(G_{\text{baseline}},C)}\cdot 100\%$$

式中，G_{baseline} 为基准网络，$G_{\text{baseline}}+G_a$ 为论文 a 加入后的基本网络，$M(G,C)$ 按照下式进行计算：

$$M(G,C)=\frac{1}{2m}\sum_{i,j=0}^{n}\delta(c_i,c_j)\cdot\left(A_{ij}-\frac{\deg(n_i)\cdot\deg(n_j)}{2m}\right)$$

其中，m 是网络 G 边的总数，n 是网络 G 中节点的总数，$\delta(c_i,c_j)$ 为克罗内克增量，若 n_i 和 n_j 属于相同集群，则 $\delta(c_i,c_j)=1$，否则，$\delta(c_i,c_j)=0$。数值 $M(G,C)\in[-1,1]$。

指标2：聚类连接(Cluster Linkage)ΔCL，即新论文 a 所产生的聚类间新连接与原有连接之间的区别，由于新连接要多于原有连接，故 $\Delta CL>0$。计算公式如下：

$$\Delta CL=\text{Linkage}(G_{\text{baseline}}+G_a,C)-\text{Linkage}(G_{\text{baseline}},C)$$

其中，Linkage(G,C)为连接计量指标，计算公式如下所示：

$$\text{Linkage}(G,C)=\frac{\sum_{i\neq j}^{n}\gamma_{ij}e_{ij}}{K},\quad \gamma_{ij}=\begin{cases}0, & n_i\in c_j\\ 1, & n_i\in c_j\end{cases}$$

γ_{ij} 为边函数，与$\delta(c_i,c_j)$的定义相反。若一条边穿过不同聚类，则$\gamma_{ij}=1$，否则$\gamma_{ij}=0$。与模块性相反，γ_{ij} 主要聚焦于聚类之间的联系。因此，Linkage(G,C)是所有聚类间连线 e_{ij} 被 K 等分之后的权重总和，K 是网络的聚类总数。

指标 3：中心性散度(Centrality Divergence)CD，是根据由于新论文 a 所引起的基准网络节点 v_i 的中介中心性$C(v_i)$分布的分散度来测度的。由于 CD 值不涉及网络的任何分区，探测跨研究领域界线具有参考价值。计算公式如下：

$$CD(G_{\text{baseline}},a)=\sum_{i=0}^{n}p_i\cdot\log\left(\frac{p_i}{q_i}\right)$$

其中，$p_i=C(v_i,G_{\text{baseline}})$，$q_i=C(v_i,G_{\text{updated}})$。对于 $p_i=0$ 或 $q_i=0$ 的节点，为避免出现 log(0)的情况，可将其设置为一个很小的数值 10^{-6}。

结构变异分析的主要步骤如下：

(1) 生成某一研究的共被引知识图谱为基准网络；

(2) 测算施引文献的 ΔM、ΔCL、CD 三个指标的值；

(3) 能够计算出这三个指标的论文就可以定义为潜质性研究，并且将潜质性研究的引用足迹叠加在共被引图谱之上；

(4) 通过共引用足迹在知识图谱中形成新连接，研究知识结构的变化主要发生在哪些聚类网络中。如果一篇文章的引用足迹连接了不同聚类，那么，该研究就具备了可能引发知识结构变革的潜力。

3　学科服务研究的结构变异分析

3.1　数据获取

选择 Web of Science (WoS)作为基础数据库核心数据集，对“学科服务”相关研究进行可视化实证分析。以 TS=(“subject serv＊” OR “disciplinary serv＊” OR “subject-oriented serv＊” OR “disciplinary-oriented serv＊” OR “Subject librarian＊” OR “subject special＊” OR “liaison librarian serv＊”)为检索式，研究数据获取年代截至 2024 年 7 月 10 日，由于学科服务的领域具有多学科特性，因此数据获取选择了所有学科领域文献类别，主要针对英文文献进行检索，得到文献 896 篇。

3.2　阈值设置和图谱效果检验

在制作学科服务结构变异图谱时，使用 CiteSpace 生成文献共被引知识图谱作为底图，采用阈值插值(Threshold Interpolation)(c，cc，ccv)的方法，按照(2，2，20)、(4，3，20)、(3，3，20)进行节点筛选。首先对所有文献进行试验性绘图，发现

1991 年以前被筛选上的节点数量非常稀少，由于阈值设置主要用来反映近些年学科知识结构变化情况和发现潜质性研究，因此将图谱分析的时间阈值设置为 2013 年至 2023 年更为合适。得到 104 个聚类构成的文献共被引知识图谱，共被引知识图谱的模块值（Modularity）达到 0.90，意味着聚类效果较好，划分出来的社团结构是显著的；尽管平均轮廓值（Mean Silhouette）为 0.43，这是由于聚类数量较多造成的，并且规模较大的主要聚类轮廓值均达到 0.83 以上，因此该文献共被引聚类也是可以接受的。

3.3　潜质性研究探测

在文献共被引结构变异图谱中，采用了 Pathfinder 方法，将规模较大的主要聚类边界进行更加细致的划分，更清楚显示研究主题的知识结构变化，以弧线展示重要潜质性研究的共引用足迹，如图 2-1 所示。聚类名称产生于 LLR 方法，从聚类内文献名称、摘要或关键词抽取，在解读中可以根据研究主题重新命名。这些潜质性研究的引用足迹以带被引文献标签的曲线表示，被叠加在文献共被引知识图谱上，共同组成了学科服务在不同学科细分领域间的关联。这些文献的共引用足迹即弧线部分主要分布在 0 号聚类开放获取（Open Access）、1 号聚类学科专家（Subject Specialist）、2 号聚类体裁写作教学（Genre-based Writing Instruction）、3 号聚类新冠病毒（Coronavirus Disease）、4 号聚类指导社区实践（Mentoring Communities of Practice）、5 号聚类就诊管理（Clinic Management）、6 号聚类决策制定（Decision-Making）、7 号聚类服务人员（Service Employees）、和 9 号聚类专业技术（Expertise）间。

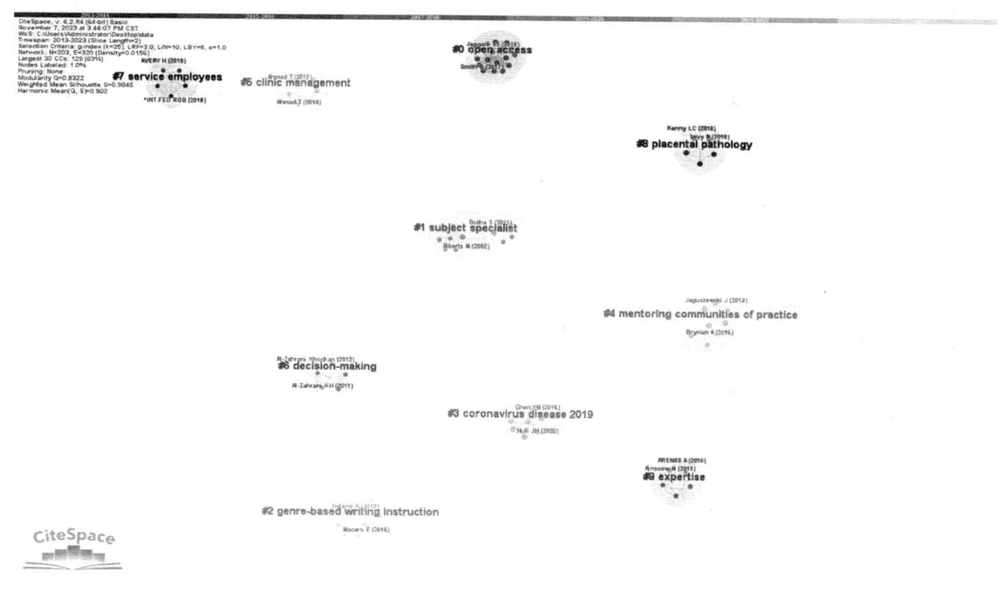

图 2-1　学科服务研究引用足迹跨聚类分布

从图 2-1 中,聚类开放获取、聚类决策制定与聚类指导社区实践之间有跨类别的联系。聚类开放获取和聚类体裁写作教学的研究主题涉及聚类开放获取环境下的学科服务内容研究,如成果发表、数据引用与重用、科研论文的规范写作等;聚类指导社区实践的研究主要面向包含科研小组、学生社群、周边社区等提供各类学科服务;聚类新冠病毒和聚类就诊管理主要聚焦于新冠期间图书馆学科服务的支持、医学知识的传播与信息服务等;聚类学科专家、聚类服务人员和聚类专业技术实际反映了学科服务的实施与运转研究的连接,涉及学科服务的专业研究范畴。

4 小结

使用结构变异分析对高校图书馆学科情报服务领域的研究内容进行情报感知探索,强调在文献数据基础上结合特定情境对事物发展态势做出的相关的演绎、预判和应对。本书借用情报学研究方法,尝试从探索学科服务的开展领域变化和创新的角度,探测文献背后的研究领域在多学科之间的利用和知识结构变化,深化情报感知理念。

从共引用足迹知识图谱可以看到相互连接的学科服务内部因素,包括了机构(图书馆)、人员(学科专家和学科服务馆员)、技术(服务手段和内容)、受众群体(学生、教师和社区),满足这些内容,则达到了开展主动感知学科服务的基础要求:图书馆服务机构和部门不仅要设置多学科、多种形式的服务团队,还要灵活调配资源和内容;借助学科专家的指导与帮助,学科服务馆员对服务内容的深入理解、对服务信息敏感度和专业知识积累是提供高质量、专业化学科服务产品的重要前提;信息化与大数据技术的灵活运用和精准匹配,能够提升学科服务在经济、社会、科技、医疗、教育等多领域的认识效果与评价效果。

第二节 2010 年以来中国高校图书馆学科服务创新发展

国外学科馆员制度建立并大规模发展是在第二次世界大战之后,为了战争需要,美国政府开始资助区域研究并支持建立图书馆馆藏,这些馆员即为学科书志馆员,经过多年发展,建立了完善的学科馆员制度。1998 年清华大学在国内首次建立学科馆员制度,我国高校图书馆历经 30 多年的发展,基本上可分为三个重要阶段:2000 年以前的学科馆员制度引进与学科服务起步阶段、2001—2010 年间学科馆员与学科服务推广阶段、2010 年以来的学科服务创新与改革发展阶段[10]。2010 年以来,许多科研机构和高校图书馆都在策划图书馆学科服务的创新化发展,不断嵌入科研过程,强调新技术、新设施、新理念的实施与应用,以适应用户需求变化、文献载体与获取途径的多元化、社会环境的发展变革等带来的冲击[11]。尤其是“双一流”建设实施以来,高校图书馆学科服务在定制式情报服务、知识产权服务、信息素养教育、开放学术服务、数字学术服务、学科精准服务、科研支持服务等方向进行创新和探索研究。

1 数据来源与研究方法

1.1 数据来源

学科服务的概念和范围随着外部环境与用户需求的发展而变化，从过去以文献检索与借阅为主的基础服务，转向现在服务于教学与科研一线，满足用户的个性化、知识化、智慧化服务。同时，作为支撑学校学科建设与学术发展的服务性机构，高校图书馆服务发展的根本出发点还是围绕学科建设与发展，所以学科服务的范畴也不仅仅局限于带有"学科服务"字眼的服务。本书选择中国知网（China National Knowledge Infrastructure，CNKI）为数据来源，对高校图书馆学科服务的研究进行相关主题的期刊论文检索，限定检索期刊为中文社会科学引文索引（Chinese Social Sciences Citation Index，CSSCI）和中文核心期刊，时间限定为 2010 年以来，检索时间为 2024 年 7 月 10 日，检索策略为：SU%＝（大学＋高校）*（图书馆服务＋学科服务），去掉会议通知、征稿指南、序、快讯、索引目录等与本书不相关的文献内容，共得到 5122 篇期刊文献。

随着内外部环境与用户需求的变化，"学科服务"并不能精准定义服务的内容，取而代之的是学科情报服务、信息服务、智库服务、数据服务等越来越多样化与精准化的服务内容。因此，检索结果具有一定的局限性。进一步将检索范围扩大，检索策略调整为：SU%＝（大学＋高校）*（图书馆服务＋学科服务＋情报服务＋知识服务＋文献服务＋数据服务＋智库服务＋信息服务＋学科评价＋专利服务＋研究支持＋科研服务＋参考咨询＋数据素养），以尽可能全面反映高校图书馆学科服务研究的概貌。经过处理后，最终获得有效论文数据 7035 篇。逐年发表的论文数量如图 2-2 所示。

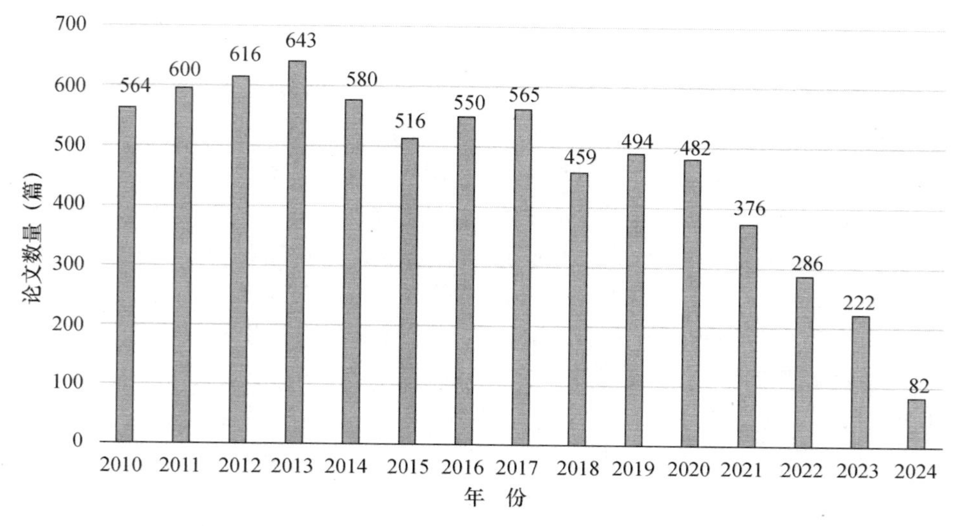

图 2-2 2010 年以来高校图书馆学科服务研究领域年度发文趋势

1.2 分析工具与研究方法

本书基于 CiteSpace 和 VOSviewer 两种分析工具进行文献计量与可视化分析。CiteSpace 着眼于分析科学文献中蕴含的潜在知识，是在科学计量学、数据可视化背景下逐渐发展起来的引文可视化分析软件，可呈现科学知识的结构、规律和分布情况，主要用于探究某一研究领域的研究热点、研究前沿、知识基础（关键文献）、主要作者和机构等，同时帮助预测某一研究领域的未来发展走向。VOSviewer 也是构建和可视化文献计量网络的软件工具，主要基于引文、文献耦合、共引或者共同作者等内容构建关系网络，可提供文本挖掘的功能，用于构建和可视化科学文献提取的重要术语的共生网络。

在进行我国高校图书馆学科服务发展研究的过程中，主要使用了文献计量、可视化分析和文献调研等方法进行研究。本部分使用文献计量方法对主要研究机构、作者、研究主题等内容进行计量分析，了解其研究特征；对论文关键词进行分阶段计量，了解每个时期的新型发展趋势；对中国高校图书馆 2010 年以来学科服务创新发展的相关研究使用文献调研法，来了解该服务创新发展的动源、内容、模式、发展趋势等相关内容。

2 2010 年以来我国高校图书馆学科服务创新发展研究特征分析

“唯创新者进，唯创新者强，唯创新者胜”，在以创新驱动引领高质量发展的外部环境影响下，作为教学与科研的辅助机构，图书馆服务的开展随着内外部环境和用户需求的变化发生重大变化。本部分将利用文献计量方法和可视化分析方法，从研究热点与主题、发文机构、发文作者、研究前沿与趋势等方面来揭示 2010 年以来我国高校图书馆学科服务创新发展的研究特征。

2.1 研究主题词共现网络分析

使用 VOSviewer 软件制作的关键词网络如图 2-3 所示，选择词频大于 5 次的关键词共有 793 个，分为 21 个词簇，主题词较多的词簇主要集中在数据数字化服务发展、智慧化智能化服务、图书馆服务质量评价、图书馆服务对象与绩效、学科建设与科研服务、文献计量与知识图谱分析服务等。除了“高校图书馆”“图书馆”“高校”“大学图书馆”“学科服务”“学科化服务”“图书馆服务”“学科馆员”“服务”等主题检索词外，热点主题词主要集中在信息服务、知识服务、服务模式、服务创新、数字图书馆、读者服务、大数据、嵌入式服务、智慧图书馆、嵌入式学科服务、个性化服务、信息共享空间、移动服务、社会化服务、智慧服务、双一流、知识空间、创客空间、MOOC（慕课）、创新服务、资源共享、服务体系、数字学术、专利信息服务、微信公众平台、科学数据、科研支持、移动信息服务、出版服务、服务转型、数据服务、协同创新、科研数据管理、嵌入式馆员、战略规划、学科建设、学科服务平台、微服务、学习共享空间、服务转型、网络环境等。

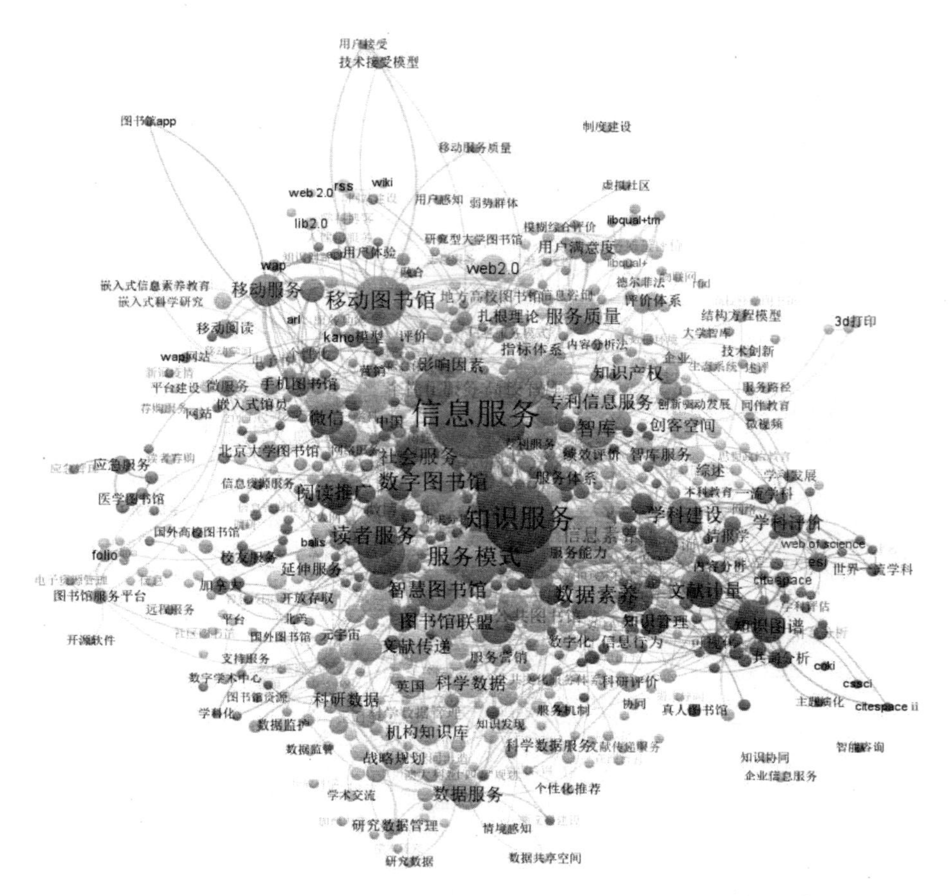

图 2-3　2010 年以来高校图书馆学科服务研究领域关键词共现网络

2.2　主要发文机构

2010 年以来高校图书馆学科服务研究领域主要发文机构，如表 2-1 所示。可以看出，论文发文量不低于 30 篇的机构共有 35 个，其中武汉大学信息管理学院发文量最多，有 144 篇，其次是北京大学图书馆、南京大学信息管理学院、上海交通大学图书馆和吉林大学管理学院分别位居第二到五位，发文量均超过 70 篇。在这 35 个机构中，有 22 个为高校图书馆，占比超过 62%。

表 2-1　2010 年以来高校图书馆学科服务研究领域主要发文机构

序号	机构名称	发文篇数	序号	机构名称	发文篇数
1	武汉大学信息管理学院	144	19	东北师范大学图书馆	38
2	北京大学图书馆	122	20	复旦大学图书馆	38
3	南京大学信息管理学院	120	21	武汉大学图书馆	38
4	上海交通大学图书馆	87	22	浙江大学图书馆	38

续表

序号	机构名称	发文篇数	序号	机构名称	发文篇数
5	吉林大学管理学院	75	23	深圳大学图书馆	34
6	北京师范大学图书馆	68	24	中国科学院大学	34
7	清华大学图书馆	63	25	黑龙江大学信息管理学院	33
8	南开大学图书馆	58	26	天津师范大学图书馆	33
9	燕山大学图书馆	57	27	武汉大学信息资源研究中心	33
10	中国科学院文献情报中心	55	28	广西师范大学图书馆	32
11	北京大学信息管理系	54	29	江苏大学科技信息研究所	32
12	南京大学图书馆	53	30	上海大学图书馆	32
13	中山大学资讯管理学院	52	31	沈阳师范大学图书馆	32
14	重庆大学图书馆	52	32	中国民航大学图书馆	32
15	湘潭大学公共管理学院	46	33	中国人民大学图书馆	32
16	东南大学图书馆	43	34	安徽大学管理学院	31
17	吉林大学图书馆	42	35	南京工业大学图书馆	31
18	武汉工程大学管理学院	39			

2.3　主要发文作者及合作网络

通过对2010年以来高校图书馆学科服务领域主要发文作者进行统计分析，发文量高于15篇的作者共有16位，如表2-2所示。其中，武汉工程大学管理学院的明均仁、燕山大学图书馆的鄂丽君和重庆大学图书馆的杨新涯发文量位居前三位，另有上海交通大学图书馆的郭晶、南京大学信息管理学院的邵波、重庆第二师范学院图书馆的杨文建和南京大学信息管理学院的陈雅，发文量均超过20篇。

表2-2　2010年以来高校图书馆学科服务研究领域主要发文作者

序号	作者姓名	作者单位	文章数
1	明均仁	武汉工程大学管理学院	39
2	鄂丽君	燕山大学图书馆	36
3	杨新涯	重庆大学图书馆	33
4	郭晶	上海交通大学图书馆	32
5	邵波	南京大学信息管理学院	29
6	杨文建	重庆第二师范学院图书馆	25
7	陈雅	南京大学信息管理学院	22
8	张群	江南大学图书馆	19
9	张立彬	南开大学图书馆	19
10	张玲	北京师范大学图书馆	18

续表

序号	作者姓名	作者单位	文章数
11	刘桂锋	江苏大学科技信息研究所	17
12	叶兰	深圳大学图书馆	17
13	李书宁	北京师范大学图书馆	17
14	陈媛媛	黑龙江大学信息管理学院	16
15	黄如花	武汉大学图书馆	16
16	詹庆东	福州大学图书馆	16

从作者合作网络来看，如图 2-4 所示，7767 位作者中，有 406 位作者发文超过 5 篇，有 245 位作者存在合作关系，合作连接数为 529 条。合作网络密集处以各单位内部的作者合作为主，如上海交通大学图书馆的郭晶、杨眉等，北京大学图书馆的肖珑、刘素清等。单位之间的作者合作论文较少，原因在于学科服务的开展主要由图书馆员倾力合作完成。

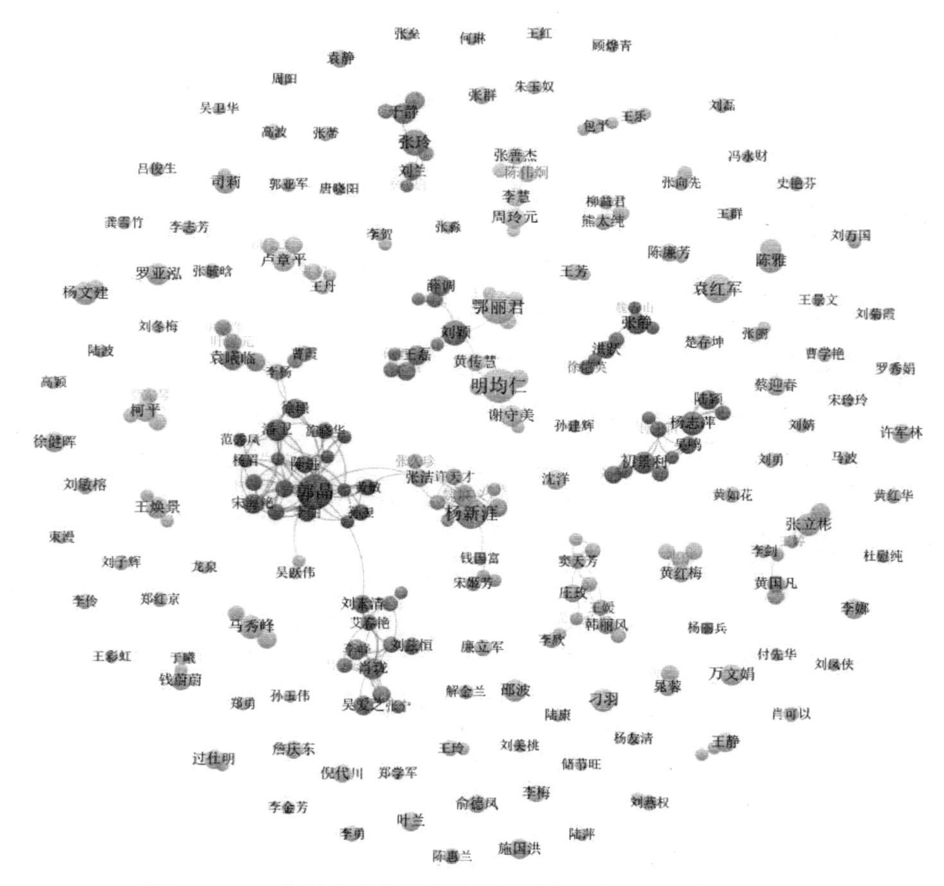

图 2-4　2010 年以来高校图书馆学科服务研究领域作者共现网络

2.4　研究热点与趋势分析

2010 年至今，高校图书馆的学科服务发展经过多轮创新，其发展的原始动力、创新内容和创新模式等均发生了较大变化，以 2015 年国务院发布“双一流”建设总体方案的通知、2019 年新冠疫情暴发为时间节点，将 2010 年以来的时间划分为 2010—2015 年、2016—2019 年、2020 年至今三个时间段，并进行图书馆学科服务创新发展的研究前沿与趋势分析。

除了“高校图书馆”“图书馆”“大学图书馆”“学科服务”“学科化服务”等主题检索词外，2010—2015 年间发表的论文共有 4505 个关键词，词频超过 5 次的共有 379 个，如图 2-5 所示，研究热点主要集中在信息服务、知识服务、服务模式、移动图书馆、读者服务、嵌入式服务、数字图书馆、服务创新、信息共享空间、社会服务等，并开始关注科研团队服务、信息推送服务、重点学科分析、研究热点分析、素养教育、个性化服务、可视化分析与服务等。

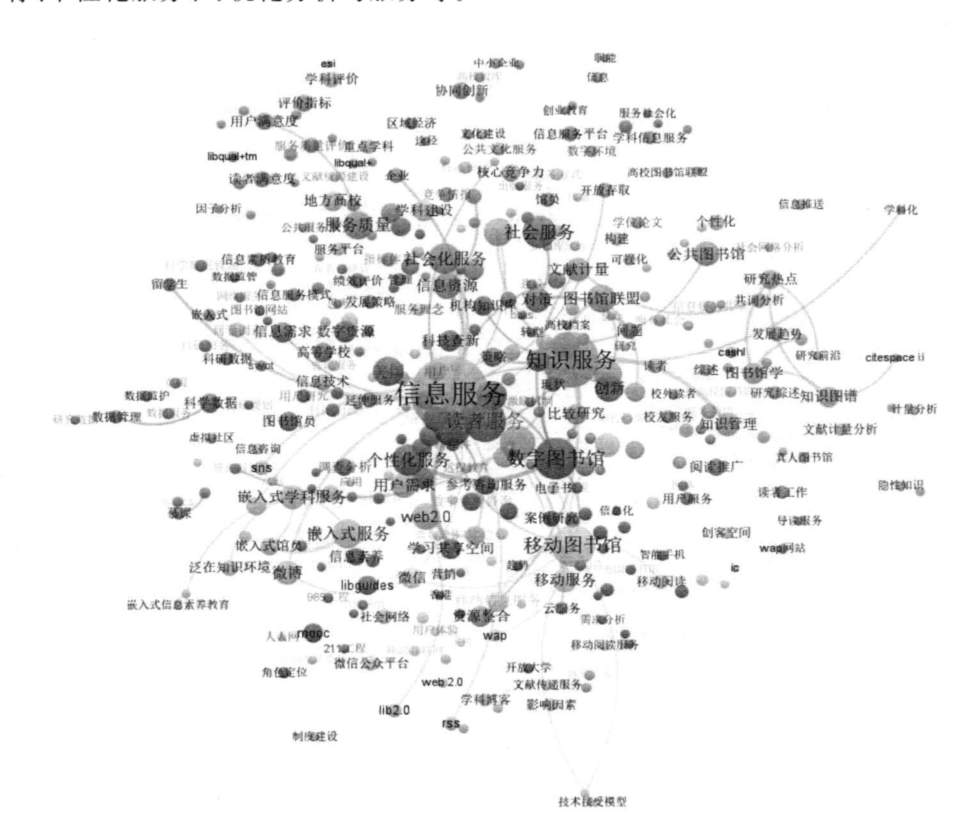

图 2-5　2010—2015 年高校图书馆学科服务研究热点与共现网络

2016—2019 年共有 3490 个关键词，词频超过 5 次的共有 228 个，如图 2-6 所示，热点主题词主要集中在信息服务、大数据、移动图书馆、智慧图书馆、美国、创客空间、知识服务、服务创新、社会服务、阅读推广等，并开始关注共词分析、精准服务、科研数据服务、科研评价与支持服务、自媒体、众创空间、人工智能等。

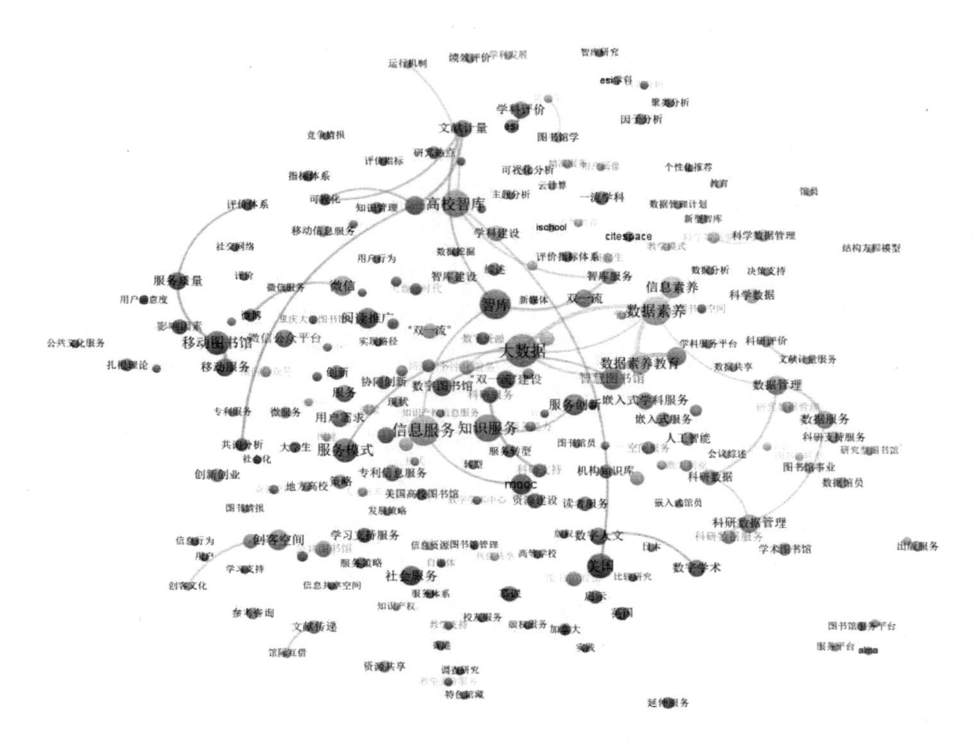

图 2-6　2016—2019 年高校图书馆学科服务研究热点与共现网络

2020 年至今发表的论文共有 2802 个关键词，词频超过 5 次的共有 169 个，如图 2-7 所示，热点主题词主要集中在智慧图书馆、图书馆服务、知识服务、信息服务、服务创新、智慧服务、“双一流”建设、应急服务、数字人文、专利信息服务、知识产权、信息素养、用户需求、空间服务、kano 模型、数据服务、读者、新冠肺炎等，并开始关注微服务、战略规划、健康信息服务、应急服务、服务体系等。

总体来看，图书馆服务的发展紧跟内外部环境和用户需求的变化，服务的内容、模式、深度、广度和专业性不断增强，在内容上由传统的一般性信息服务不断向智库服务、战略服务、数据服务、可视化分析与数字人文服务等高层次知识服务转变，更加强调素养教育和素质培训；在模式上从传统的服务平台、慕课扩展到微信公众号、视频直播、云服务等自媒体媒介或手段，更加强调用户的参与性与馆员的嵌入式，以及资源的系统性整合；在服务深度和广度上，从用户服务到科学研究服务、出版服务等，从信息资源到空间资源，更加关注空间改造和升级、虚拟社区建设带给用户的现代化体验感，注重现代科技手段的利用，进而提升用户对图书馆的信任感。

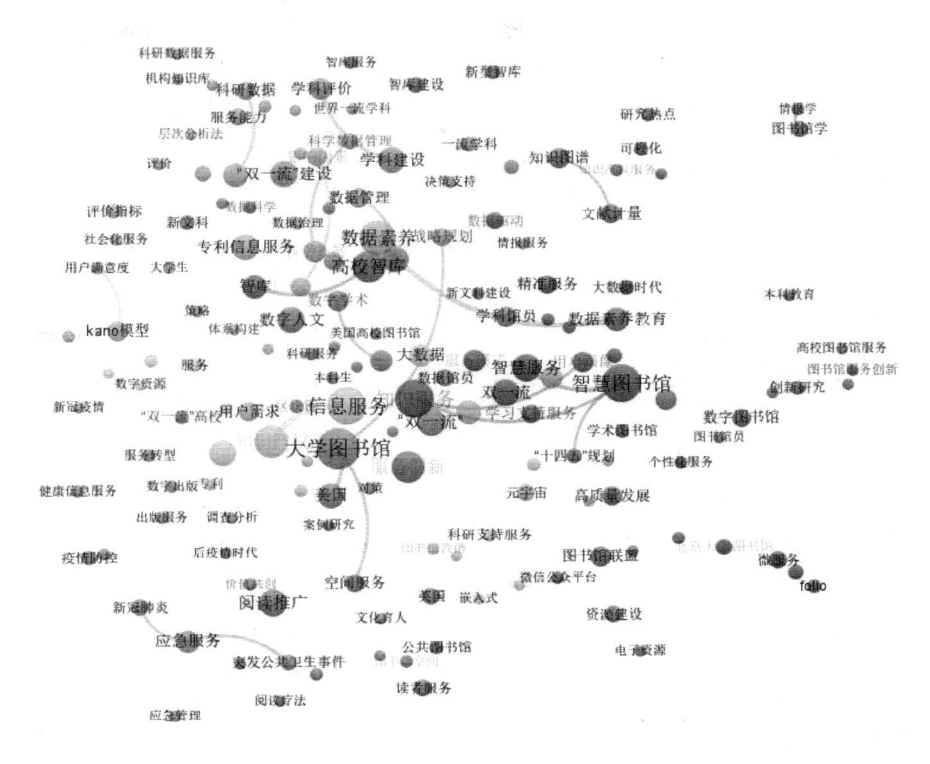

图 2-7　2020 年至今高校图书馆学科服务研究热点与共现网络

3　2010 年以来我国高校图书馆学科服务创新发展的方向内容

学科服务以用户需求为导向，必然也会根据用户的实际需求变化来调整学科服务的内容，并通过用户反馈进行提升，学科服务的内容不断变化、形式更加多样、内涵日益丰富，一直走在创新发展的道路上。价值观、服务转型、精细化为高校图书馆学科服务创新提供了理论基础，现有研究主要从学科服务创新的动源、内容、模式、趋势以及能力提升等角度展开。

3.1　高校图书馆学科服务创新的动源

高校图书馆进行学科服务创新，其外部动力或需求主要有以下几个方面：一是“双一流”建设的压力，高校图书馆需要重新进行战略目标定位，学科服务的创新从科学数据服务、学科情报服务[12]、智库建设服务[13]、空间建设服务、竞争情报服务等方向进行探索[14—16]。二是用户深度参与推动服务创新，清华大学学生读者深度参与图书馆管理与服务创新，优秀研究生参与深化学科服务[17]，上海交通大学图书馆开展 Living library 活动，提出“活人图书馆”的方式并运用到学科化知识服务中，进一步拓宽了图书馆信息交流方式[18]。三是信息技术发展推动学科服务创新，如使用微信公众平台创新学科服务的方式，包括信息推送、互动交流、表单处理、在线课程以及学习小组等[19]；大数据技术有助于构建立体深入的智慧化学科服务体系，推动数据资源提供的精深化、融汇化和个性化等[20]；虚拟数字人技术的快速应用[21]，数智赋能图书馆服务变革与空间再造[22]。四是科研环境的变化，如科研数据的开放和共享有助于打造动态学科数据服务模式，可构建泛在化移动学科服务平台等[23]；图书馆可在推动战略制定、参与知识管理过程、绩效与贡献度评价等方面参与到“政用产学研”协同创新的环节中去。五是疫情等不可控的外部因素，如后疫情时代高校图书馆可在知识产品服务、体验式知识服务与多粒度知识集成服务等方向进行模式创新和探索[24]。

3.2　高校图书馆学科服务创新内容

高校图书馆学科服务主要依托图书馆资源体系、数据分析工具和馆员能力，开展多样化信息服务和知识服务，突破以往局限于文献数量或收录引证等分析，转向文献内容分析，基金资助、人才队伍、机构建设的对比分析，以及学术发表等内容，嵌入式服务产品丰富多彩，如课题跟踪服务、学科竞争力分析、学科信息推送、高质量期刊投稿帮助等[25—28]。清华大学、上海交通大学等高校设立研究型专业图书馆、学科分馆、特色资源馆，搜集学科或专业资源来支撑优势学科发展；北京大学为“区域与国别研究”建立学科资源建设专家咨询组，助力新学科培育；面向“双一流”建设，探讨如何支持协同创新、产学研深度融合，如何作为智库判明学科态势和趋势[29]。

3.3　高校图书馆学科服务创新模式的相关研究

学科服务内容决定高校图书馆服务模式。随着互联网技术、通信技术、大数据环境以及移动终端设备的发展，各高校图书馆不断推出多种服务模式，除了传统的到馆服务、“以馆为营”的被动模式，还包括：① 信息技术支持模式，包括学科服务平台（如机构知识库、学者主页、开放研究数据平台等）、多媒体支持服务、创客空间、数字学术实验室等，其中微信公众平台与学科主页是目前最受欢迎的[30]。经调研，80％以上的高校图书馆通过微信公众号和小程序提供不同程度的学科服务。② 互动增值模式，即学科馆员与院系教授互动，主动将服务送到院系、办公室和实验室；依托院系学科服务基地，快捷响应师生需求；上海交通大学设立“遍访教授”计划，北京大学提供“借书送上门、还书上门取”服务。③ 学科服务产品营销模式，如北京大学图书馆发布《北京大学学科竞争力报告》《北京大学科学研究前沿》、《北京大学学术产出与影响力分析报告》《北京大学专利竞争力报告》等，清华大学结合“双一流”建设将文献计量发挥实效，发布《中国创新创业发展报告》《清华大学信息科学技术学院学科研究水平分析报告》等[31]。④ 服务延伸模式，高校科研以世界一流为导向，凝练学科方向，成立以大学智库建设为导向的跨学科科研机构，除了针对本校专家教授、研究生和本科生，还为学校的科研部、人事部、组织部、学科建设办公室等决策部门提供咨询报告与建议；由信息素养教育服务向数据素养服务延伸等[32—33]。

3.4　高校图书馆学科服务创新趋势的相关研究

一流的大学、一流的学科建设，离不开一流的图书馆，大数据、人工智能、数字技术等手段的发展，有助于加快高校图书馆学科服务创新步伐。高校图书馆应借助先进技术与工具，转型实现创新型知识服务体系，建成满足学校“双一流”建设的高质量学科信息资源保障体系，建成深度支撑科研和管理决策的战略情报分析体系[29]。未来学科服务应是针对问题给出解决方案，基于分析和各种方法工具的内容挖掘、知识发现和知识组织，更多地涉及学科展望、技术预见、异常预警、规划分析、可行性研究、竞争力分析、成果与效益评价等，以及对潜在未知的问题、内容和关系的挖掘分析[34]。

3.5　高校图书馆学科服务创新能力提升的相关研究

图书馆要为学校的“双一流”建设做出更多更大的贡献、提供更加高效优质的服务，必须加强学科服务能力的提升。北京大学、上海交通大学等图书馆进行机构调整，打破以往以“文献流”为核心的部门设置，转向以用户和“信息流”为核心的业务重组；重组跨部门学科服务团队，由学科服务主管、学科服务馆员（包括专职和兼职）、学科咨询专家组成，学科馆员不断提升个人能力和素质，通过介入科研团队、协助开展学科规划评价、构建学科知识环境，提供一站式知识服务[35]；以学科为主线全面组织、整合和优化图书馆各项资源与服务，加强学科馆员能力培养的前提下，完善学科服务团队人才结构，引入评价机制，建设高素质学科服务团队。

4　小结

从目前研究现状与实践开展来看，为推动“双一流”建设，高校图书馆学科服务创新的相关研究取得部分进展。但相比于学科服务的研究还不够全面系统，尤其是在微观、中观、宏观等不同层次提供科学、规范的情报分析服务来支撑学科建设与决策参考方面还没有建立相对成熟的研究框架。同时，鉴于不同高校的学科建设状况，学科交叉与学科融合不断涌现，个案分析也尤为重要，学科分析与评价的指标差异分析有待于深入探讨。本书试图构建高校图书馆助力“双一流”建设的学科服务创新体系框架，并聚焦用户需求、服务能力和服务条件，以提升学科服务的质量与效率、服务学校一流学科建设为导向，从学科建设过程全流程服务、学科建设进展跟踪评估、学科建设管理支撑服务等方面提出相关模式与实践探索，为我国高校图书馆学科服务升级、助力“双一流”建设提供经验依据和决策参考。

第三节　学科服务创新的必要性

21 世纪以来，高校图书馆面临的内外部环境不断发生变化，包括大数据时代与信息技术在图书馆资源建设与服务设施上的深入应用、“双一流”建设对图书馆提供信息资源保障的要求、突如其来的新冠疫情冲击、科研环境变化等等，对图书馆提供服务的内容与模式都产生了重要影响。高校图书馆理应为学生和教师的学习、教学与科研活动提供自身的独特价值，将图书馆资源与师生用户需求紧密挂钩，协同创新，实现学科服务的创新发展。

1 大数据时代与GPT技术快速发展

随着大数据技术走入各行各业，对于科研工作者来说，通过互联网获取到大量科研数据是比较容易的，但清晰掌握一个领域的全息画像，全面掌握研究领域的整体状况、动态变化以及相关关系等依然较为困难。大数据正在改变我们理解和认识世界的思维方式，需要我们能够从数据的即时动态信息中实现对数据的控制和协调，避免进入“大数据混沌”的状态。基于此，高校图书馆应当构建新的应对机制，充分挖掘内外部数据资源价值，提供高附加值和高创造力服务。比如，基于大数据技术，图书馆可以面向用户提供灵活排架服务、基于社交数据提供礼单式服务、基于借阅数据提供图书推荐服务、基于阅读数据提供精准化教育服务等[36]。

同时，随着新媒体技术的广泛应用，知识获取方式和线上线下教学模式迅速推广，图书馆也在借助相关技术来适应新时代科研发展需求，灵活运用微信、微博、网站，甚至是直播和VR等新旧媒体形式，借助数据实时分析进行信息资源采购与宣传等服务。图书馆转型是图书馆发展研究的永恒话题，也是图书馆事业健康顺利发展的重要动力之一。高校图书馆理应抓住当今最好的发展时期，借助新技术、新手段、新服务，以用户为导向提供深度知识加工服务，不断提升情报分析能力，向精准化知识服务方向发展。

2022年11月30日ChatGPT一经发布，立即引起全球轰动。作为人工智能技术驱动的自然语言处理工具和通用人工智能发展进程的里程碑，ChatGPT通过理解和学习人类的语言来进行对话，通过上下文进行互动聊天交流。因其具有强大的语义理解能力、高质量的真实数据和基于PPO算法的强化学习能力，可以帮助用户完成撰写邮件、视频脚本、文案、翻译、代码，写论文等多重任务[37]。以ChatGPT为代表的人工智能生成内容（Artificial Intelligence Generated Content，AIGC）技术也将推动知识生产角色的多元转化，催生人机深度融合的新型知识生产模式[38]。2023年6月5日，香港科技大学（广州）正式上线GPT服务，成为国内率先在校内全面启用GPT服务的高校。类GPT人工智能系统在图书馆服务中的智能问答、情报分析、内容创作、数据分析、论文阅读等方面的发展与文献情报工作有巨大的融合空间，必将对学科馆员的工作方式和服务模式产生深远影响[39]：改变文献情报数据组织方式，实现对文本、图片、视频等数据的语义建模，支撑不同模态间的语义关联组织；改变文献情报知识获取模式，用户可以直接基于问题、观点、技术等语义级知识元进行提问；改变文献情报分析方法，超强的文献综述、观点提炼、语义分析等能力可以帮助提高工作效率；影响用户阅读习惯，用户输入待阅读的文献资料后，智能技术可以自动实现知识抓取并展开多维分析，形成人机辅助阅读的新模式。在此技术的深刻影响下，高校图书馆学科服务馆员的能力重点将不仅仅是数据库内容和利用方式，而是如何问出好问题，图书馆不仅仅是学习中心，而且也将成为新的问题解决中心和方案提出中心，提供从信息、知识到智慧等服务；学科信息素养的重要内容将转换为 AI 素养和计算素养，馆员充当 AI 代理，提供付诸行动、解决问题的能力和手段，培养用户的批判性思维能力和学习能力。

2 对“双一流”建设和新时代人才强国战略的支持需求

“双一流”建设是建设高等教育强国、实现党的十九大提出的“实现社会主义现代化和中华民族伟大复兴”总任务的必然选择和重要举措。高校图书馆应紧紧围绕学校“双一流”建设的核心任务和立德树人的根本任务，从图书馆实际出发，挖掘内部潜力和智慧，提供从学习到科研、从开学到毕业的全方位知识服务体系，完善融入人才培养核心使命的知识教育服务，形成线上线下立体化和全媒体格局；开展融入学科建设与发展的学科竞争力分析、学科前沿追踪服务，建设学科信息平台，深挖基础知识服务业务、拓展知识服务边界，提升对教学与科研的协同支持服务。

习近平总书记在 2021 年第 24 期的《求是》杂志中发表题为《深入实施新时代人才强国战略 加快建设世界重要人才中心和创新高地》的文章，提出要加快建设国家战略人才力量，大力培养使用战略科学家，打造大批一流科技领军人才和创新团队，造就规模宏大的青年科技人才队伍，培养大批卓越工程师。要走好人才自主培养之路，加大人才对外开放力度，用好用活各类人才。结合中国共产党第十九届中央委员会第六次全体会议通过的《中共中央关于党的百年奋斗重大成就和历史经验的决议》，高校图书馆也要深入学习领会习近平新时代中国特色社会主义思想的相关内容，从中感知图书馆的使命与任务，不忘初心，创新图书馆服务与管理，领悟中国特色高校图书馆现代化发展的努力方向[40]，为“双一流”建设和新时代人才强国战略提供决策支持。

3 科研环境变化与疫情时代的冲击

大数据带来了科学研究的第四范式，即“数据密集型科研”，数据驱动科研发现，基于研究数据的知识管理与服务应运而生，数据挖掘将取代传统意义下的科学方法[41]，形成由大数据、计算处理、用户服务组成的科研模式。海量数据的出现，大大超出了普通大众的理解和认知能力，尤其是在研究具体问题时，面临的最大困境不是缺乏数据，而是不知道如何处理和分析庞大的数据。密集型数据和人工智能为科学界带来了新的思维方式和研究方法，也对科学研究的基本模式产生冲击和挑战，科研人员需要思考如何获取更加全面的数据、如何察觉相关关系、如何做出更加科学的预测和判断。高校图书馆以用户需求为导向，增强用户、资源、教学、科研等需求模块的联动开发，创新图书馆服务，以数据管理为依托，加强机构知识库、开放研究数据、数字人文等平台建设，提供科研数据检索、共享、出版与传播等服务，实现科研数据资源的有序化汇聚、结构化管理、程序化开发、系统化服务[42]。

2019 年 12 月暴发的新型冠状病毒肺炎疫情使得许多高校的师生无法正常返校，网络和搜索引擎成为用户最常用的获取信息的方式，线上服务也成为高校图书馆当时应对这一挑战的主要模式，快速、便捷地在网络上获取图书馆知识服务依然是目前高校师生的首要和最先乐于接受的选择。高校图书馆理应借此机遇，借助数字化、网络化、智能化技术和手段，实现价值创造与服务方式的双重转型，促进图书馆从资源能力向服务能力的变革发展[43]，深入到用户的研究内容与研究工程中，形成能及时有效支持用户知识需求的高层次服务，以促进知识服务的可持续发展与创新路径优化。

4 精细化管理催生高校图书馆服务创新

信息技术的发展使得图书馆服务的内容和方式发生了巨大的变化，为了能够紧跟用户的需求，需要把馆藏资源与用户、馆员、服务、管理、技术等进行系统化整合，高校图书馆往往使用精细化管理理念和技术手段，完成图书馆服务的升级与转型发展，提高战略决策能力、信息服务与分析水平、资源组合与协调程度，加强图书馆的整体服务质量和效率。

精细化管理是一种管理理念和文化。一般而言，精细化管理就是落实管理责任，将管理责任具体化、明确化，是一个对战略和目标进行分解、细化和落实的过程，不断提升组织的整体执行和把控能力，降低组织运行成本[44]。对用户的借阅数目、进出馆时间、科研方向、学习课程等用户数据进行精细化管理，深入揭示用户的个性化需求、行为习惯和价值取向，进行图书馆资源的精准推荐和空间设计，推出灵活排架服务、图书推荐服务和研修专座预约服务等。精细化管理馆藏特色资源与开放平台数据，根据学校学科建设规划与用户需求，有计划地推出专题文献展览，揭示馆藏的内容与形式特征，引导用户检索与定位文献，挖掘文献中的重要与关键知识点。精细化管理用户需求，根据学校“双一流”建设的发展战略与决策、院系具体学科的建设路径与需求、教师与博硕士在科研热点与前沿预测上的资源及查找方式等角度，挖掘战略情报服务的内容，分析学科情报服务的急难痛点，完善个性化、定制化服务体系。图书馆实现精细化管理，可以规范管理制度、提供有效服务资源、提供个性化服务、提高用户满意度，进而实现管理创新和服务创新[45]。

第四节 学科服务的未来发展趋势

大学图书馆的未来需要科学合理的规划，更需要执着的追求和不断的创新。图书馆员应在创新型国家和“双一流”建设中推进高校图书馆现代化，在信息化生态和时空穿越中携手善行[46]。在高校图书馆的未来发展中，数据与资源的开放共享驱动创新发展，系统与管理的智慧升级催生运转效能，用户与服务的柔性变化提升精准聚焦，战略与规划的蓝图设计擘画未来美好[47]。由于服务对象、教育信息资源、新型学术出版与交流模式的多样化，高校图书馆应致力于形成对更广泛领域信息资源的存取能力、打造便捷的支持知识创新的信息环境[48]。为了满足不同学科的科研需求，高校图书馆需要做好科研情报的及时、深入和精准服务，同时注重学科交叉情报搜集[49]，就关键领域提供科研态势分析、就关键核心技术提供知识发现服务。

与此同时，通过对文献梳理和实践调研，可以发现，北京大学图书馆、上海交通大学图书馆等很少使用学科服务这个词。或许我们不必纠结是不是要用学科服务或者其他名称，因为不管图书馆提供什么样的服务，它毕竟是为学校的教学与科研需求和问题展开的，而学科的教学与科研工作的基础单元仍是学科。不管是提供人才评估服务、科研绩效评价还是信息素养教育推广等，不管是参考咨询、宣传推广、情报服务还是智库建设，依托的仍是学科建设。我们未来的目的仍然是要着力于怎么服务以及如何深化服务内容与模式上，能够切实帮助科研用户与学校解决实际问题[50]。

用户导向、服务至上是根本。随着内外部环境的变化，高校图书馆围绕用户需求不断创新和优化服务内容，从最开始的学科化服务、泛学科化服务、嵌入式学科服务再到学科竞争情报服务、科研支持服务、数据支持服务、战略情报服务等，学科服务的内容越来越细化和专业化。高校图书馆学科服务的未来前景需要有良好的发展基础，更需要依托用户需求不断发展与创新；需要有科学合理的规划，更需要坚定不移的追求与执行；需要充分利用网络与通信技术，更需要及时探究科研用户的需求变化。

学科服务需要坚持内涵式发展。高校图书馆学科服务内涵式发展要树立和巩固核心理念，贯彻落实国家新发展理念和“双一流”建设理念，反映大学图书馆学科服务的专业特征与优势特色。在未来发展中，核心理念主要由创新、协同、服务、用户、资源、馆员、技术等基本概念及其操作定位的关联而形成。在创新、协调、绿色、开放、共享的新发展理念指导下，图书馆学科服务应坚持以服务学校学科建设和科研创新为宗旨，以用户导向、服务至上为导向，淬炼学科馆员服务团队，实现资源与服务一体化、馆员与用户协同化、技术与手段优质化，加快融入学校“双一流”建设人才培养体系，将图书馆服务布局与学校发展相统一，实现内涵式发展。

学科服务智慧化发展势在必行。智慧主要体现在“问题——数据——情报——知识——智慧”这一过程中产生的“知识增量”，即为用户针对问题及其解决方案所提供的情报[51]。智慧化发展是学科服务在信息化、智能化发展中的更高进阶，既有深度学习、边缘计算等前沿技术的融入加持，也有学科馆员不断加强学习和能力升级，在学术交流和学术进步中充当领域专家和合作伙伴，与用户协同应对科研范式的变化和数字技术发展的冲击。

参 考 文 献

[1] Swanson D. R.. Fish oil, Reynard's syndrome, and undiscovered public knowledge[J]. Perspectives in Biology and Medicine, 1986, 30(1): 7-18.

[2] 包昌火，包琰. 中国情报工作和情报学研究[M]. 北京：科学出版社，2014：60.

[3] Gell-Mann M.. The quark and the jaguar: Adventures in the simple and the complex[M]. New York: St. Martin's Griffin, 1995: 6.

[4] Kuhn T. S.. The Structure of Scientific Revolutions[M]. Chicago: University of Chicago Press, 1962: 57-62.

[5] 马明，武夷山. Don R.. Swanson 的情报学学术成就的方法论意义与启示[J]. 情报学报，2003，22(3)：259-266.

[6] 李杰，陈超美. CiteSpace：科技文本挖掘及可视化[M]. 北京：首都经济贸易大学出版社，2022：238-244.

[7] Chen C M. Predictive effects of structural variation on citation counts [J]. Journal of the American Society for Information Science and Technology, 2012, 63(3): 431-449.

[8] Chen C M. Science mapping: A systematic review of the literature[J]. Journal of Data and Information Science, 2017, 2 (2): 1-40.

[9] 王婧媛，王延飞，徐清白. 结构变异分析：信息服务领域的情报感知探索[J]. 情报杂志，2019，38(5)：57-64.

[10] 吴爱芝. 大数据时代高校图书馆智慧化学科服务研究[M]. 北京：海洋出版社，2018：8-13.

[11] 王新才，谢鑫. 图书馆服务创新的目的、动力源与制度设计[J]. 大学图书馆学报，2018，36(5)：17-22.

[12] 张春红，吴爱芝. 新一轮“双一流”建设背景下学科情报服务的模式与方法[J]. 情报理论与实践，2023，46(3)：134-140.

[13] 吴爱芝，王盛，张春红. 面向“双一流”建设的高校图书馆智库服务研究[J]. 现代情报，2021，41(1)：94-100.

[14] 徐健晖. “双一流”建设背景下高校图书馆学科服务创新研究[J]. 大学图书情报学刊，2017，35(2)：55-58.

[15] 刘妍，王天泥. “双一流”背景下高校图书馆智慧化学科服务研究[J]. 图书馆工作与研究，2019(10)：5-10.

[16] 储节旺，张瑜，刘青青. 高校图书馆“双一流”建设的战略思考[J]. 大学

图书馆学报，2019，37(1)：6-16.

[17] 韩丽风，王媛，刘春红，王云. 学生读者深度参与图书馆管理和服务创新的实践与思考——以清华大学为例[J]. 大学图书馆学报，2013，31(4)：26-30.

[18] 徐璟. Living library:高校图书馆学科化知识服务的创新点——以上海交通大学图书馆为例[J]. 2010，54(1)：58-61.

[19] 杜辉，刘晓，袁百成. 基于微信公众平台的高校图书馆学科服务创新[J]. 图书情报工作，2015，59(6)：41-45.

[20] 刘江红，赵桂荣. 大数据时代高校图书馆个性化学科服务创新探究——以黑龙江大学图书馆为例[J]. 农业图书情报学刊，2016，28(12)：166-170.

[21] 毕丽萍，王颖慧，牛艺珂，赵蕊菡. 虚实相融与价值共创：虚拟数字人技术赋能图书馆智慧服务[J]. 图书馆理论与实践，2024(3)：78-86＋95.

[22] 刘皎. 数智时代图书馆服务变革与空间再造研究[J]. 图书馆，2024(3)：77-80＋96.

[23] 杨咏梅. 科研数据开放驱动下高校图书馆学科服务转型研究[J]. 图书馆工作与研究，2019(3)：73-77.

[24] 吴爱芝. 后疫情时代高校图书馆知识服务模式创新探索——以北京大学图书馆为例[J]. 现代情报，2022，42(5)：132-140.

[25] 刘素清，艾春艳，肖珑. 学科服务的多维拓展与深化——北京大学图书馆学科服务聚焦与思考[J]. 大学图书馆学报，2012，30(5)：18-22.

[26] 初景利. 嵌入式图书馆服务的理论突破[J]. 大学图书馆学报，2013，31(6)：5-9.

[27] 肖希明，尹彦力. 服务于“双一流”建设的高校图书馆信息资源建设[J]. 图书馆建设，2018(4)：79-84.

[28] 张云. “双一流”背景下高校图书馆服务创新研究——基于“2017年中国高校图书馆发展论坛”获奖案例的分析[J]. 国家图书馆学刊，2018(2)：50-58.

[29] 陈进，郭晶. 一流大学图书馆建设之关键[J]. 大学图书馆学报，2018，36(5)：28-32.

[30] 李剑，陈俊杰，张广钦，陈萌宜. 基于“微信＋学科主页”的学科服务探讨——以厦门大学为例[J]. 大学图书馆学报，2017，35(2)：69-74.

[31] 李津，赵呈刚. 情报分析服务支撑高校“双一流”建设的实践与思考[J]. 图书情报工作，2018，62(24)：18-26.

[32] 陈媛媛，柯平. 高校图书馆科研数据服务研究综述[J]. 图书馆工作与研究，2017(10)：17-23＋30.

[33] Koltay T. Data literacy for researchers and data librarians[J]. Journal of Librarianship and Information Sciences，2017，49(1)：3-14.

[34] 张晓林．颠覆性变革与后图书馆时代——推动知识服务的供给侧结构性改革[J]．中国图书馆学报，2018，44(1)：4-16.

[35] 肖珑．支持“双一流”建设的高校图书馆服务创新趋势研究[J]．大学图书馆学报，2018，36(5)：43-51.

[36] 张连分．数据驱动的图书馆服务创新研究[J]．图书馆工作与研究，2021(1)：104-108+123.

[37] 王树义，张庆薇．ChatGPT 给科研工作者带来的机遇与挑战[J]．图书馆论坛，2023，43(3)：109-118.

[38] 刘智锋，吴亚平，王继民．人工智能生成内容技术对知识生产与传播的影响[J]．情报杂志，2023，42(7)：123-130.

[39] 刘宇初，任国华，李君，等．教育数字化与未来图书馆发展——2023 年高校图书馆发展论坛综述[J]．大学图书馆学报，2023，41(5)：5-11+32.

[40] 陈建龙．贯彻“两个结合”，开拓高校图书馆服务创新[J]．大学图书馆学报，2021，39(6)：5-6+9.

[41] Gary J.. 2009. Jim Gray on e-Science：A Transformed Scientific Method[C]. in T. Hey，S. Tansley，K. Tolle. The Fourth Paradigm：Data-intensive Scientific Discovery. Redmond：Microsoft Research：xvii-xxxi.

[42] 吴爱芝．充分发挥高校图书馆作用，全力助推北京国际科技创新中心建设[N]．中国城市报，2022-08-08(20).

[43] 初景利，赵艳．图书馆从资源能力到服务能力的转型变革[J]．图书情报工作，2019，63(1)：11-17.

[44] Yan J. X.. The influence of delicacy management on the development direction in minor enterprises[J]. Modern Management Forum. 2020，4(1)：4-8.

[45] 刘群．基于读者满意度的图书馆精细化管理研究与分析[J]．图书馆工作与研究，2013(7)：59-61.

[46] 陈建龙．大学图书馆的本来、外来和未来——以北京大学图书馆为例[J]．大学图书馆学报，2018(6)：7-12.

[47] 张晗，郭晶，李新碗．擘画图书馆“十四五”蓝图 共话新时代高质量发展——第十三届图书馆管理与服务新论坛综述[J]．大学图书馆学报，2020(6)：43-48.

[48] 符绍宏，武莹．E-learning 时代高校图书馆的未来发展——ACRL《学术图书馆员的未来思考：2025 年的高等教育》的解读与思考[J]．图书情报工作，2012，56(3)：34-38.

[49] 李振玲，徐萍．浅谈高校图书馆的未来发展[J]．图书情报工作，2014，

58(S1)：39-41.

[50] 陈建龙."十四五"时期图书馆发展七问[J]. 大学图书情报学刊，2021，39(5)：3-6.

[51] 张晓林，梁娜. 知识的智慧化、智慧的场景化、智能的泛在化——探索智慧知识服务的逻辑框架[J]. 中国图书馆学报，2023，49(3)：4-18.

第三章　助力“双一流”建设的学科服务创新内容体系

在“双一流”建设的背景下，高校图书馆要以一流学科发展、一流教学与科研为服务开展的基础，以用户需求为导向，制定合适的服务方案，从图书馆信息资源的提供者向教学与科研的协作者转换，围绕学科建设构筑多维度、高质量的学科服务体系。学科馆员在服务的过程中，也找到自己的成就感与价值感。

本次调查以线上问卷和线下调研的形式展开，汇集了86位来自北京大学、清华大学、中国人民大学、中国公安大学、西北工业大学、山东大学、兰州大学、新疆大学等众多高校的教师和硕、博士研究生对于“面向‘双一流’建设的高校图书馆学科服务创新”的见解及选择。调查内容主要包括利用图书馆的方式、图书馆学科服务内容及作用、得到的帮助与服务、未来服务开展等部分(具体见附录I和II)，参与问卷调查的人员来自经济学、管理学、医学、化学、环境科学等多个学科领域，他们对图书馆学科服务目前的状态较为熟悉，能够从用户需求的角度进行思考并提出自己的观点。统计分析以上各位用户对高校图书馆学科服务发展现状以及未来创新的看法和建议，有助于我们提出新时期面向“双一流”建设的高校图书馆学科服务创新的发展方向。

第一节　学科服务创新的需求分析调研

1　对图书馆的使用方式及了解程度

随着大数据技术的迅速发展与利用，用户利用网络工具获取文献资源的方式和途径日益多样化和便捷化，图书馆的物理空间和学科服务发生了很大的变化，但可以肯定的是，图书馆在用户的教学、科研和学习生活中的地位与作用是无法忽略和至关重要的。就这一问题的调查结果，如图3-1所示，98%以上的用户会使用图书馆，其中，77.9%的用户会借阅图书馆的文献资源、62.8%的用户通过浏览图书馆网站使用电子资源、60.5%的用户进馆查阅需要的相关文献资源，另有62.8%的用户使用图书馆自习。多数参与调研的师生都表示，图书馆是整个求学生涯中的“学习圣地”和精神力量的来源。

借阅图书馆的文献资源	67	77.9%
浏览图书馆网站，使用电子资源	54	62.8%
进馆查阅需要的相关文献资源	52	60.5%
使用图书馆自习	54	62.8%
不使用图书馆	1	1.2%

图 3-1　用户使用图书馆的主要方式

“巧妇难为无米之炊”，图书馆丰富的文献信息资源和信息素养讲座，以及与时俱进的学科情报服务，可为师生科研创新奠定坚实的基础。就调研的用户而言，仅有 14.0%的用户表示非常理解图书馆的学科服务，74.4%的用户表示对图书馆的学科服务有所了解，11.6%的用户表示不太了解，如图 3-2 所示，这说明图书馆的学科服务仍需要进一步做好宣传与推广工作。

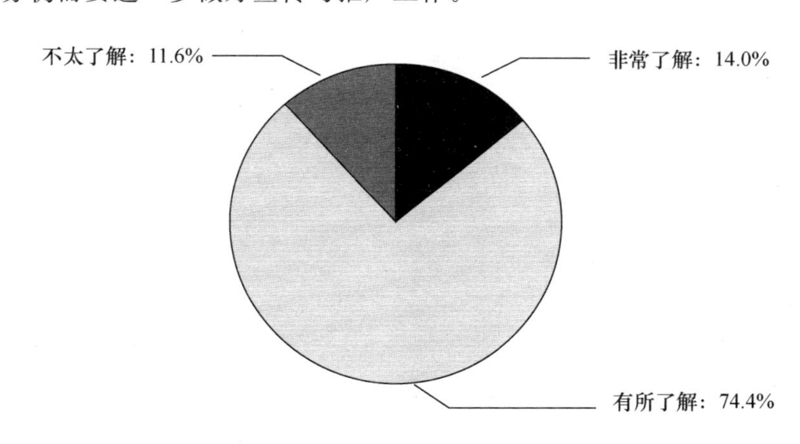

图 3-2　用户对图书馆学科服务的了解程度

2　图书馆学科服务内容及作用

2.1　用户使用过的服务内容

“图书馆是我学术的起点，也是我学术的底气”“徜徉于学海中，学科服务恰是我扬帆远航的那支船桨”，图书馆帮助用户提高了科研学术的效率。从用户在图书馆使用的服务内容来看，排在前三位的是论文查收引(64%)、学科资源推荐(47.7%)和课程参考书服务(44.2%)，其次是开题文献推荐(29.1%)、学科前沿分析(29.1%)、科技查新(19.8%)、知识产权咨询与专利服务(11.6%)和学科竞争力分析(4.7%)，如图 3-3 所示。

选项	人数	比例
论文查收引	55	64%
科技查新	17	19.8%
学科资源推荐	41	47.7%
开题文献推荐	25	29.1%
学科前沿分析	25	29.1%
课程参考书服务	38	44.2%
知识产权咨询与专利服务	10	11.6%
学科竞争力分析	4	4.7%
没使用过任何服务	10	11.6%

图 3-3 用户曾使用过的图书馆服务

2.2 图书馆学科服务在用户心中的地位

对于图书馆学科服务在用户科研学术中的地位，如图 3-4 所示，51.2%的用户认为用户与学科馆员之间可以互相交流，成为合作伙伴；分别有 83.7%、76.7%和 73.3%的用户认为图书借阅、讨论培训和日常咨询等服务也应该包含在学科服务的内容范畴。

选项	人数	比例
提供图书借阅	72	83.7%
可以相互交流，成为合作伙伴	44	51.2%
满足日常咨询	63	73.3%
提供讨论培训	66	76.7%
不需要学科馆员	1	1.2%

图 3-4 图书馆学科服务在用户心中的地位

3 用户期待得到的帮助与服务

3.1 期待在科研过程中得到的服务

相比于其他，用户对在图书馆获得科研方面的帮助更为青睐。如图 3-5 所示，没有一个调研用户拒绝该项服务。87.2%的用户表示期待在多源数据获取与处理、可视化分析等方面获得帮助，86%的用户期待在图书馆学科资源获取与检索等方面获得帮助，74.4%的用户期待在科研论文发表与投稿方面获得咨询服务，68.6%的用户期待从文献计量角度获得文献分析，55.8%的用户期待在申请科研奖项或课题时获得查新分析，40.7%的用户期待在知识产权与专利申请等方面获得咨询与培训服务。

选项	人数	比例
从文献计量角度获得文献分析	59	68.6%
在图书馆学科资源获取与检索等方面获得帮助	74	86%
在多源数据获取与处理、可视化分析等方面获得帮助	75	87.2%
在科研论文发表与投稿方面获得咨询服务	64	74.4%
在申请科研获奖或课题申请时获得查新分析	48	55.8%
在知识产权与专利申请等方面获得咨询与培训	35	40.7%
不需要	0	0%

图 3-5　用户在科研过程中期待得到的帮助

3.2　期待在课程学习中得到的服务

课程学习是学校教学活动的核心。有 80.2%的用户期待图书馆能够为课程所需数据库等资源提供嵌入式讲座,73.3%的用户期待能够为课程提供电子参考书加工,另有 68.6%的用户期待能够为课程所需数据分析提供嵌入式培训,如图 3-6 所示。

选项	人数	比例
为课程提供电子参考书加工	63	73.3%
为课程所需数据库等资源提供嵌入式讲座	69	80.2%
课程所需数据分析提供嵌入式培训	59	68.6%
不需要	0	0%

图 3-6　用户在课程学习中期待得到的帮助

3.3　期待在日常学习中得到的服务

用户在日常学习过程中也十分期待图书馆的学科服务能够派上用场。如图 3-7 所示,82.6%的用户希望图书馆能够推荐最新的优质书籍资源,77.9%的用户期待提供图书馆文献资源检索培训,72.1%的用户期待图书馆能够提供安静舒心的学习空间,69.8%的用户期待图书馆告知用户新购买的数据库资源、提供学术规范与投稿指南培训和数据分析与处理培训讲座等,另有 61.6%的用户期待图书馆提供开题文献推荐。

选项	人数	比例
推荐最新的优质书籍资源	71	82.6%
告知用户新购买的数据库资源	60	69.8%
提供安静舒心的学习空间	62	72.1%
提供图书馆文献资源检索培训	67	77.9%
提供开题文献推荐	53	61.6%
提供学术规范与投稿指南培训	60	69.8%
提供数据分析与处理培训讲座	60	69.8%
不需要	0	0%

图 3-7　用户在日常学习中期待得到的帮助

3.4 期待机构知识库的推送服务

机构知识库作为高校学术研究的基础设施，收集并保存本机构教师和科研人员的学术与智力成果，有助于快速了解与熟知本校的学术研究状况与方向，便于学术交流、寻求校内合作、联系导师等，也便于及时了解自身科研成果的收录引用状况等。如图3-8所示，66.3%的用户期待图书馆能够将自己的学术论文被SCI/SSCI/A&HCI/CSSCI/CSCD实时收录状况进行推送告知，52.3%的用户期待图书馆能够每年年初推送其上一年的年度发文状况，51.2%的用户期待图书馆告知其成果是高被引论文的即时推送，30.2%的用户期待图书馆能够为其h指数提供定期推送，29.1%的用户期待图书馆能够每年推送其新增专利及专利引用状况。

选项	人数	比例
学术论文被SCI/SSCI/A&HCI/CSSCI/CSCD实时收录状况推送	57	66.3%
成果是高被引论文的即时推送	44	51.2%
为用户的h指数提供定期推送	26	30.2%
每年年初推送用户上一年的年度发文状况	45	52.3%
每年推送用户的新增专利及引用状况	25	29.1%
不需要	13	15.1%

图3-8 用户期待机构知识库提供的推送服务

4 未来希望得到的服务与帮助

4.1 希望图书馆提供的数据素养服务内容

数据素养是当今大数据时代应该具备的一种个人新技能，对数据具有辨别意识并保有敏感性，能够恰当地获取、整理、分析处理、可视化展示等技能，图书馆的数据素养服务可以为用户补齐短板，提升对科研数据的挖掘能力和价值提升水平。如图3-9所示，90.7%的用户希望图书馆能够提供数据搜索与获取培训服务，86%的用户希望图书馆能够提供数据处理与可视化展示服务，62.8%的用户希望数据保存与再利用服务，59.3%的用户希望提供数据伦理与数据意识服务。

选项	人数	比例
数据伦理与数据意识服务	51	59.3%
数据搜索与获取培训服务	78	90.7%
数据处理与可视化展示服务	74	86%
数据保存与再利用服务	54	62.8%
不需要	0	0%

图3-9 用户最希望图书馆提供的数据素养服务内容

4.2　希望图书馆提供的信息素养服务内容

良好的信息素养能力有助于找到解决问题的思路与方法、提升解决问题的效率与质量，并培养终身学习的能力，信息素养服务因其可帮助用户提高基于信息解决问题的基本能力和综合素质，而在师生用户中广受欢迎。如图 3-10 所示，86％的用户期待能够从中了解到资源检索的方法和技巧等，83.7％的用户希望能够熟练使用 EndNote、NoteExpress 等文献管理软件，81.7％的用户期待除了图书馆购买和自建数据库的查询使用外，还能对学科开放数据资源有所掌握。与此同时，80.2％的用户也非常期待能够就学术论文的撰写规范给予理论和方法上的指导，另有 48.8％的用户希望补充信息伦理知识。

选项	人数	比例
了解资源检索的方法和技巧等	74	86%
掌握学科开放数据资源	70	81.7%
熟练使用文献管理软件	72	83.7%
指导学术论文撰写规范	69	80.2%
补充信息伦理知识	42	48.8%
不需要	0	0%

图 3-10　用户希望图书馆提供的信息素养服务内容

4.3　希望图书馆提供的战略情报服务内容

高校图书馆开展学科战略情报服务，可为高校布局学科、体现特色和优势、推进高等教育高质量内涵式发展提供决策参考和依据，同时帮助科研用户从文献计量角度进行引文分析，了解学科发展动态。如图 3-11 所示，77.9％的用户希望能够获得全球科技前沿发展报告，76.7％的用户希望获得某主题（方向）国际经验分析，75.6％的用户希望获得某学科全球发展态势分析，74.4％的用户希望获得某主题（领域）的文献调研分析，72.1％的用户希望获得国际创新战略与政策研究报告。

选项	人数	比例
获得国际创新战略与政策研究报告	62	72.1%
获得全球科技前沿发展报告	67	77.9%
某学科全球发展态势分析	65	75.6%
获得某主题（方向）国际经验分析	66	76.7%
某主题（领域）文献调研分析	64	74.4%
不需要	1	1.2%

图 3-11　用户希望图书馆提供的战略情报服务内容

第二节　学科服务创新发展的内涵特征及内容体系

创新理论自1912年熊彼特在著作《经济发展理论——对于利润、资本、信贷、利息和经济周期的考察》中提出至今，已经在经济学、管理学、社会学、政治学等多学科以及经济社会发展中发挥着极其重要的作用。熊彼特提出创新就是“新的生产要素的组合方式”，即“生产函数的变化”，这种组合或变动包括产品创新、过程创新、市场创新、投入创新和组织创新[1]。创新是经济社会发展的动力，在中国当前经济社会发展运行方式的转变中发挥着积极的作用。党的十八大报告强调要坚持走中国特色自主创新道路、实施创新驱动发展战略，党的二十大报告提出“教育、科技、人才是全面建设社会主义现代化国家的基础性、战略性支撑。必须坚持科技是第一生产力、人才是第一资源、创新是第一动力，深入实施科教兴国战略、人才强国战略、创新驱动发展战略”。创新驱动发展是我国实现高质量发展的前提和保障，以创新驱动发展为主要特征的高质量发展是推进中国式现代化的必由之路。创新也是高校图书馆现代化发展的重要动力，可激发图书馆的发展活力，满足用户不断变化和增长的需求。

在国家高质量发展的大环境下，图书馆进入一个新的发展阶段，“贯彻新发展理念、推动高质量发展是新一轮图书馆事业发展的主基调”[2]，通过高质量资源、服务与管理之间的最优配置，以及社会环境与技术条件的有机契合，完成新一代图书馆的转型升级[3]。图书馆高质量发展应以数字环境、数据管理和智能技术为基础，与知识服务对象通过智慧化手段形成交互认知、知识共建、深度协同、价值共创的整体，通过服务内容知识化、服务手段智能化、服务推广品牌化、服务层级智能化等途径，为用户提供更为精准、便捷、个性和安全的新型服务业态[4]。高校图书馆应精准识变、科学应变、主动求变，完善业务体系、价值体系、理论体系、文化体系、管理体系和生态体系等“六方基本面”，构建“交融式数字图书馆”，深度应用新一代信息技术和揭示自主知识体系，开创高校图书馆的高质量发展站高台、接地气、顶天际的良好局面[5]。

《大学图书馆现代化指南针报告》提出，在高等教育发展理念和“双一流”建设理念指引下，大学图书馆要重点在三个方面着力：① 服务学校学科建设，为优势学科和新兴学科提供资源保障，切实提高学科服务和支撑能力；② 服务学校科研创新，搭建各类融入式创新支撑平台，成为学校科研创新基础设施的一部分；③ 融入学校人才培养体系，创新型人才培养是大学“双一流”建设的核心议题，图书馆应当积极履行教育职能，服务学校专业和课程建设，提高学生的双创能力，成为学校创新人才培养的重要基地[6]。

1　学科服务创新发展的基本内涵

在此背景下，高校图书馆学科服务的创新发展势在必行。“双一流”建设是中国高等教育发展的国家重大战略，图书馆应抓住机遇进行创新发展，探寻学校决策管理部门和广大师生用户的数据资源需求，构建创新型学科服务体系。

依据熊彼特的创新理论，学科服务的创新发展是借助图书馆内外部资源与技术，以及学科馆员的智慧与能力，在服务产品、服务过程、服务对象、服务投入、服务模式等方向加强创新拓展，全面贯彻新发展理念的同时树立自身发展理念，勇于担当和深度了解学校发展使命与战略，在内涵式发展的道路上不断突破自身服务发展局限，成为学校建设和发展中无法忽略的重要部分。

1.1　服务产品创新

学科服务经过20多年的发展，服务产品从“文献流”扩展到“信息流”和“知识流”，从最初的书本到信息情报产品与知识加工（如学科竞争力分析报告、学科前沿报告、知识图谱分析等），从最初的参考咨询到讲座培训（如系统讲座、专题讲座、主题讲座等），从最初的资料查阅到软件、工具、辅导培训（如SPSS（Statistical Product and Service Solution）、EndNote、Python等），从最初的到馆借阅到官网、平台、小程序内容的浏览下载，从面向校内师生的服务产品到面向国家战略与区域经济社会发展的服务产品（如行业发展报告、学科态势分析等），从面向科研产出的服务产品到面向科研成果转化与宣传的服务产品……随着需求与环境的变化，学科服务的产品也将产生更多变化和创新。

1.2　服务过程创新

服务过程创新是一种管理方式，即为了更有效地降低成本、提升品质和服务等，从根本上重新审视传统服务过程并进行重新设计[7]。在最初的学科服务过程中，以被动输出为主要特点。随着学科服务的深入发展，学科馆员融入教学与科研一线，与用户建立持续稳定的协同合作关系，通过连接、融入、嵌入等方式，获得用户的认可与支持[8]。如清华大学图书馆学科馆员结合相关院系的特色培养计划，以信息共享、提升信息素养为主要目标，挖掘在信息素养、数字素养等方面的领先用户组成“信息达人”团队，在本校师生中开展了一系列灵活、互动的信息素养能力和信息共享能力提升活动，学科馆员也通过活动的策划和开展与用户群体构建了长期的合作共赢机制，借“领先用户”智慧来服务其他用户[9]。在信息化时代，交融式数字图书馆可线上实现人（用户和学科馆员）、机器（计算机和智能终端等）、信息（数据、知识等）的交互融合[5]。

与此同时，用户体验也被引入图书馆服务领域，成为服务过程中的创新亮点之一。用户在与图书馆资源、服务、环境的交互过程中，增加用户使用图书馆服务的需求满足感和体验评价感，是图书馆服务的试金石[10]。哈佛大学、麻省理工学院等图书馆设立用户体验相关的部门或小组来推动图书馆用户体验研究与实践。北京大学图书馆探索了一种以全体馆员作为用户体验主体，开展“换位体验，发现不足——馆员探馆活动”，主要聚焦服务不足与解决对策，覆盖服务各环节与全流程，不仅推动了服务的高效优化，也引导馆员进行换位思考，内化更主动的服务意识，且形成系列活动品牌[11]。

1.3 服务对象创新

“双一流”建设不仅要推动学校建设和学科发展，还要服务国家发展战略与区域经济社会发展，服务于国家高水平对外开放合作。随着“双一流”建设的深入贯彻落实，学科服务对象已从校内教职员工和学生扩展到已毕业的校友，再到校外的其他个人、群体或组织。为了保持与学校发展目标和学科建设目标一致，学科馆员要服务于学校决策者、各职能部门及其院系；为了与业内行业发展加强沟通交流，学科馆员要服务于其他高校图书馆、公共图书馆以及行业学会协会等；为了推动资源建设，学科馆员要关注数据库商、出版商以及网络平台媒体运营商加强沟通与交流；为了更好地服务国家发展战略与区域经济社会发展，学科馆员要服务于科技部、教育部以及各级相关政府部门的相关需求；为了更有效地推进科研成果产业化，学科馆员要服务于企业行业部门，为行业产业与科研工作者之间架起协同合作的桥梁。

1.4 服务投入创新

创新尤其是颠覆性创新的发生，往往离不开大量资金与资源的投入。“双一流”建设推动学科服务的投入发生了诸多变化。除了每年花费大量的金钱用于购买图书、数据库等文献信息资料和打印机、软件等软硬件设施，在管理、组织、宣传、制度制定等方面的投入更加丰富与多样化。为了在预算有限的前提下最大限度地推进创新，图书馆投入人力、智力建立评估创新指标的服务框架，设立相应的评估程序推动创新评估；将创新定位为图书馆的战略发展举措并写入愿景规划；馆领导者创新管理理念，给予图书馆创新引领和决策支持；推进组织结构的优化调整和组织文化创新氛围的建设。为促进组织结构优化，北京大学图书馆在 2015 年打破以“文献流”为核心的机构设置，成立以用户和“信息流”为核心的机构设置；2019 年调整为以自有资源为基础和以问题解决为目的两种类型的服务机构；2022 年再次调整为资源与服务基础保障机构、新型服务机构和管理类机构三种类型，希望借此实现图书馆不同部门之间以及资源、服务、馆员等要素之间的协同耦合，激发图书馆服务创新发展的新活力[12]。

1.5 服务模式的多种组合及其创新

学科服务模式用于描述学科服务的组成要素及其相互关系。学科服务的组成要素包含用户、学科馆员、服务内容和服务路径，四者之间的相互关系会产生不同的服务模式[13]。图书馆资源信息以书籍、拓片等纸本，影印本，设备仪器等实体形式提供服务是一种传递模式，如图书资料借阅服务、3D 打印设备租用服务等；以学科馆员对文献信息资源进行加工分析，并以满足用户某种需要或解决某种问题而形成报告或产品的服务是一种诉求解决模式，如查收查引服务、科技查新服务、查考咨询服务、战略情报服务、智库服务、文献推荐服务等；以大语言模型和 AI 技术为支撑，就用户关心的重要情报进行监测是一种事前预警服务模式，如基于 AI 的战略情报服务平台建设等。

从学科服务的过程来看，学科服务的内容在流动过程中发生协同创新，知识的价值得到提升的服务是一种协同——增值模式；学科服务的内容以官网主页、微信公众号、小程序、微信群或QQ群、邮件、微博等网络媒体进行分享和交流的服务是一种自助——利用模式；学科服务的内容以特定馆员对接特定院系、行业或企业用户，并提供特定服务是一种固定——承包模式，如带班馆员服务。助推“双一流”建设的学科服务创新要灵活运用以上模式进行组合，甚至在某些机遇条件下产生新的服务模式。

2　助推“双一流”建设的学科服务创新内容体系

助推“双一流”建设的学科服务创新性发展应以推动“双一流”建设的需求为导向，以大数据技术和智能化技术为基础，学科馆员与文献信息资源通过智慧化服务手段实现交互认知、深度加工、知识增值等，遵循服务内容知识化、服务手段智慧化、服务产品品牌化[4]、服务模式协同化等原则，为学校决策与科研用户提供贯穿学科建设过程、学科建设进展、学科建设管理等方面的更为精准、便捷、特色和科学的新型服务内容体系，包括学科建设过程的全流程服务、学科建设进度的跟踪评估、学科建设管理的支撑服务，如图3-12所示。

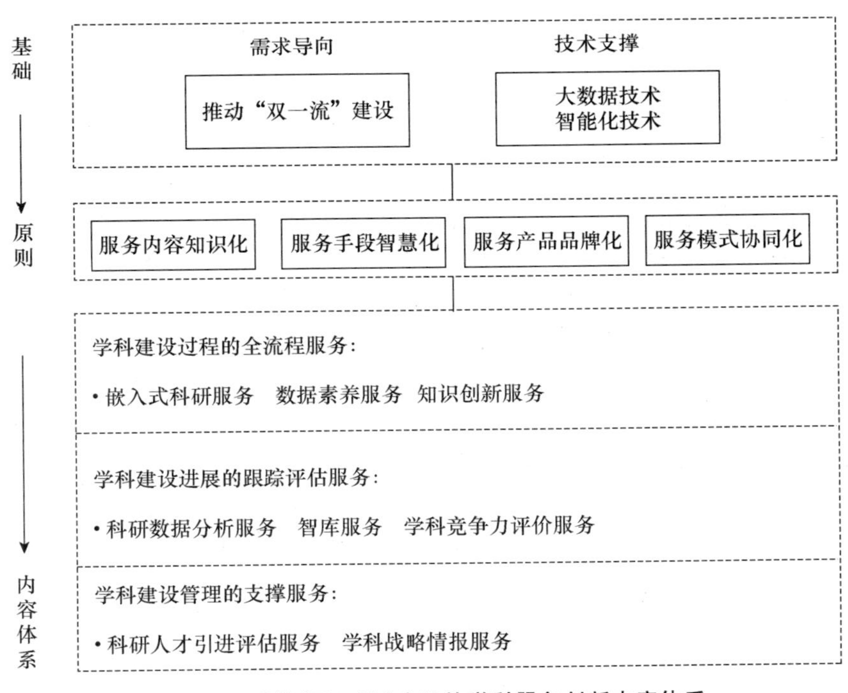

图3-12　助推“双一流”建设的学科服务创新内容体系

学科建设过程的全流程服务即从高校教师的教学与科研服务需求出发，基于科研生命周期理论，探究高校图书馆如何在科研课题申请、论文写作、科研奖项申报以及教学过程中提供全流程的嵌入式学科服务，更好地辅助教学与科研工作。为助推“双一流”建设，图书馆可结合自身资源和人力，提供嵌入式科研服务（包括面向科研项目的全程跟踪服务、面向科研过程的知识加工服务、面向科研团队的科研支撑服务、面向科研人员的个性化服务）、数据素养服务、知识服务等。

学科建设进度的跟踪评估服务则是针对学科在建设过程中取得的成绩、存在的问题与短板，探讨如何综合运用文献计量和模糊综合评价等方法及时动态评估各高校和各学科的建设进度和在国内外的竞争力，科学评判学校内部的优、劣势学科，潜力学科和重点（扶持）学科等。为助推“双一流”建设，图书馆可提供科研数据分析服务、智库服务和学科竞争力评价服务。

学科建设管理的支撑服务即通过对学科办、科研部、社科部、研究生院等学科管理部门的调研分析，研究图书馆学科服务如何在科研人才引进、科研人员考核评估、学科建设规划等方面提供决策支撑服务。为助推“双一流”建设，图书馆可开展科研人才引进评估服务、学科战略情报服务等。

参考文献

[1] 熊彼特（Schumpeter, Joseph Alois）. 经济发展理论——对于利润、资本、信贷、利息和经济周期的考察[M]. 何畏，易家详，等译. 北京：商务印书馆，2022.

[2] 吴建中. 贯彻新发展理念 推动高质量发展——新一轮图书馆事业发展的主基调[J]. 图书与情报，2020(6)：73-76.

[3] 柯平. 图书馆高质量发展的赋能机制[J]. 中国图书馆学报，2021，47(4)：48-60.

[4] 陈益君，王丽杰，朱丹阳，等. 图书馆高质量发展的战略着力点与实现路径探讨[J]. 大学图书馆学报，2022，40(5)：5-10.

[5] 陈建龙. 中国式现代化新征程上高校图书馆事业的高质量发展[J]. 大学图书馆学报，2022，40(6)：5-7.

[6] 陈建龙，邵燕，张慧丽，等. 大学图书馆现代化的前沿课题和时代命题——《大学图书馆现代化指南针报告》解读[J]. 中国图书馆学报，2022，48(1)：17-28.

[7] 孙明贵. 过程创新：一种新型的管理理论[J]. 经济学动态，2017(2)：50-53.

[8] 初景利. 学科馆员对嵌入式学科服务的认知与解析[J]. 图书情报研究，2012(3)：1-8.

［9］刘敬晗，韩丽风．基于领先用户的学科服务创新实践探索——以清华大学图书馆“信息达人”分享计划为例[J]．图书馆杂志，2022，41(5)：39-45.

［10］冯国权．互联网思维下图书馆服务变革探讨[J]．图书情报工作，2015，59(2)：25-30＋16.

［11］及桐，赵飞，周春霞．基于馆员换位体验的高校图书馆服务优化创新实践[J]．大学图书馆学报，2022，40(6)：50-54.

［12］刘宇初，李峰，刘素清．高校图书馆创新能力提升策略研究——以北京大学图书馆创新实践为例[J]．大学图书馆学报，2023，41(1)：87-93.

［13］陈建龙，申静．信息服务学导论[M]．北京：北京大学出版社，2017：69-75.

第四章　学科建设过程的全流程服务

从高校教师的教学与科研服务需求出发，基于科研生命周期理论，探究高校图书馆如何在科研课题申请、论文写作、科研奖项申报以及教学过程中提供全流程的嵌入式学科服务，提供数据素养教育服务和知识服务，更好地辅助科研与教学工作。

第一节　嵌入式科研服务①

随着信息技术和网络环境的快速发展，“大数据”对图书馆的未来发展方向与趋势提出了越来越高的要求；同时，科研环境的变化使得科研人员对图书馆的需求变得多样化和专业化。调查显示，图书馆是用户发现知识的第一场所，但并不是科研工作者开启研究的最好场所[1]；图书馆信息门户的作用不断弱化，不少研究机构或个人质疑图书馆对教学与科研的深度支持能力[2—3]。许多高校的决策部门开始重新审视图书馆的价值、作用乃至预算份额，同时，高校图书馆在发展过程中也意识到自己面临的挑战和局限。解决问题的关键，应回归到高校图书馆的本职任务上来，辨析目前的发展瓶颈并提出行之有效的解决方案[4]，为高校科研人员创造更高的知识服务价值，为图书馆及其馆员的发展前景提供光明的未来。

在大数据时代，文献传递的内容及方式较以前发生了很大的变化。身居高校的科研人员可以很容易地从开放获取平台、机构知识库或专业知识库、大规模数字化馆藏(包括 Google Scholar、百度学术等搜索引擎产生的资源)，以及其他网络平台来获取免费资源。但也催生了科研用户的许多需求，主要包括具体的科学数据、统计数据、关于人物(或机构、事件、国家、地区)等的特定事实、关于某些具体知识的总结等。与此同时，学科交叉与学科融合不断增强，学科界限日益模糊。因此，高校图书馆的文献传递服务有必要升级为知识传递[5]，并提供嵌入式科研服务。嵌入式科研服务也为科研工作者和研究生的科研实践及成功带来诸多益处[6]。在明确嵌入式科研服务的概念与定义的基础上，从科研项目、科研过程、科研团队、科研个体等 4 个维度阐述嵌入式科研服务内容，总结目前国内高校图书馆嵌入式科研服务特点，不仅可为图书馆转型、开创学科服务的新途径提供决策参考依据，而且有助于加深科研工作者对图书馆服务的认识与了解。

---

① 吴爱芝，王婧媛. 大数据时代高校图书馆嵌入式科研服务模式与内容研究[J]. 现代情报，2018，38(12)：97-102.

1 嵌入式科研服务的概念界定及解读

20世纪90年代,嵌入式科研服务实践已经不同程度地出现在图书馆服务中,但对其进行理论与实践研究却开始于2007年[7]。在最近几年常常被提到,但尚未有一个官方的定义,比较接近的概念有"嵌入式知识推送服务"[8]"嵌入式学科服务"[9—13]"嵌入式学科情报服务"[14]等。邓仲华等给出的嵌入式知识推送服务即"根据目标科研用户的研究情景和需求特点""形成与科研用户稳定协同互动的关系,及时了解和跟踪用户在科研过程中的知识需求和瓶颈问题,主动并适时地组织和提供知识服务"。针对嵌入式科研服务,有学者从科研项目的角度进行解读,认为"图书馆员参与用户科研团队",融入到用户的科研全过程"提供全程式的知识信息服务"[15],或从资源整合角度出发,"为科研团队和研究人员提供论文资源整合、主题热点揭示、课题选题申报及成果转化与评价等环节的知识服务"[16]。

康奈尔大学图书馆在其"2011—2015年战略规划"中明确提出,图书馆要在科研生命周期的每个阶段对师生提供学术支持,促进研究与学术交流[17]。例如:在科研初始阶段开展信息素养培训、促进科研合作,科研进行阶段提供课题咨询和各种研究工具的应用,成果产出阶段提供学术出版服务,全程提供数据管理与监护服务等[18]。康奈尔大学图书馆通过为学术研究提供全流程、全方位的支持,希望改变其作为服务者的单一角色,逐渐成为科研工作者不可或缺的合作伙伴。中国科学院国家科学图书馆通过开展一线知识化服务项目,为科研团队搭建各种信息服务平台,用来存储科研团队个性化的资源、情报分析方法与学科馆员的个人专业知识,并将其作为长期的知识资产。在这一过程中,学科馆员的能力能够在科研团队中持续发挥自身的作用,并且通过制度约束与责任明确,保证科研团队能够快速开展满足自身需要的学科化产品需求[19]。

综上所述,嵌入式科研服务与嵌入式学科服务的概念比较接近,两者既有区别又有联系。嵌入式学科服务的适用对象是"学科服务",是为了促进学科建设和发展,嵌入学科建设与决策一线的信息资源推介、提供和加工服务,服务对象除了全校师生,也包括学校的决策部门和领导部门,而嵌入式科研服务重点强调"科研服务"。"科研服务"可以看作是一种具体形式的"学科服务",是更加直接和明确的服务路径,而"学科服务"内涵更广且抽象。将"学科服务"锁定到"科研服务"的范围,体现了"嵌入式科研服务"是"嵌入式学科服务"的一个子集。与"嵌入式学科服务"相比,"嵌入式科研服务"更加面向科研人员的服务需求,是"嵌入式学科服务"的深化和提升。

研究认为,嵌入式科研服务是针对高校科研人员和研究生(包括高年级本科生)在科学研究过程中产生的需求与问题,具有复合学科背景的学科馆员利用自己在图书情报领域和服务领域的专业知识和信息处理技巧,在文献资料查阅、科研数据管理、文献计量分析等方面提供服务,成为科研人员和研究生重要的合作伙伴。

2 嵌入式科研服务的国内开展状况及特点

嵌入式科研服务在20世纪90年代提出,借助网络信息技术与科研环境的变化,图书馆通过大数据分析、知识发现与挖掘等方式主动嵌入科研过程而得到不断推广,如康奈尔大学图书馆的"A Day in the Life of a Researcher"项目。但目前"嵌入式科研服务"这一概念尚未规范化或标准化。在CNKI的期刊论文库中,以"嵌入式科研服务"进行题名检索仅有8篇,进行主题检索则不超过212篇(截至2024年5月28日)。通过网上调研,国内高校图书馆一般在2000年以后才开始大规模的学科服务实践,嵌入式科研服务是其中的重要组成部分。在对国内高校图书馆调研的基础上,将嵌入式科研服务的开展状况进行总结,发现主要有以下特点:

第一,相对完善的学科服务团队和体系。图书馆应组建一支善于学习、注重创新、服务质量高、有一定专业知识及科研能力的学科馆员服务团队,成员都应具有一定的学科专业知识背景、熟悉图书馆馆藏结构和资源利用手段、具有敏锐的信息意识和较强的信息组织加工能力、具有丰富的实践经验和业务基础、具有良好的外语水平及对外交流能力。如北京大学图书馆组建跨部门跨院系的、专兼职一体化和专业化的学科服务团队,面向院系开展全方位、多层次的服务,为院系的学科建设、人才培养和科学研究提供支持;为了加强图书馆与各院系的联系,建立起通畅的"需求"与"保障"渠道,帮助教师、学生充分利用图书馆的资源。清华大学图书馆的每位学科馆员负责联系某一院系,主要针对教师、研究生层面开展工作,并配备教师顾问和学生顾问来共同推进学科服务[20]。

第二,对数据库科研分析工具的依赖性较大。上海交通大学图书馆在课题申报、课题前沿追踪、同行对比与跟踪、学科发展态势分析、科研绩效评估等方面提供服务时,主要是利用数据库和分析评价工具提出建设性建议。北京大学图书馆在进行学科信息门户、学科前沿追踪、学科课题咨询、学科竞争力分析[21]等服务时,是在多年积累的多维文献计量和情报分析基础上,运用科学研究评价分析工具完成的。

第三,培训讲座和推介资源是主要形式。根据对39所"985"高校图书馆学科服务的调研,发现学科馆员服务主要是参与学科资源建设、院系联系、提供学科情报服务等内容[22]。国家科学图书馆的馆员负责联系和服务相应学科和科学院所,针对用户学科信息的需求提供文献咨询解答、学科资源推介、信息利用培训等服务[23]。上海财经大学图书馆的研究支持服务主要集中在嵌入式培训、信息素养教育、数据库利用、论文写作协助、文献管理工具等方面。上海交通大学图书馆提供的服务从课题申请阶段的文献调研、前沿追踪,到课题研究过程中的同行对比与追踪、学术信息定制,再到成果产出阶段的期刊分析、科研绩效评估,依托丰富的学科资源为科研人员提供嵌入科研全过程的支撑服务[24]。

3　嵌入式科研服务的提供模式与内容

学科馆员要提供精准、高效的嵌入式科研服务，不仅可以嵌入到科研项目的全流程提供需要的学科知识服务，还可以就科研工作者在科研过程中产生的即时需求提供内容服务，为不同类型的科研人员提供科研支撑服务，也要为科研人员提供个性化服务，如表 4-1 所示。

表 4-1　高校图书馆嵌入式科研服务的主要模式与内容

<table>
<tr><th>服务内容</th><th>服务模式</th><th>具体服务内容(或要求)</th></tr>
<tr><td rowspan="4">嵌入式科研服务</td><td>面向科研项目的全程跟踪服务</td><td>● 科研项目申请阶段
文献检索
文献计量分析
创新性分析等
● 科研项目进展阶段
协助制定科研数据管理计划
文献跟踪检索
成果深度挖掘分析
知识产权相关服务
● 科研项目结题及成果转化阶段
提供查新报告
科研数据管理服务
科研成果宣推等</td></tr>
<tr><td>面向科研过程的知识加工服务</td><td>● 博与专的知识结构和知识面
● 熟练的跨库检索或搜寻能力
● 专业的知识解读与辨析能力
● 快速的信息提取与加工能力</td></tr>
<tr><td>面向科研团队的科研支撑服务</td><td>● 实验室
服务内容的高价值与专业性
研究领域的热点信息推送
领域期刊的自动监测及统计
● 本科高年级和硕士研究生
学术论文写作指导
馆藏资源检索与利用
嵌入式课堂与讲座
● 博士研究生
学科前沿与热点探析
科研数据处理与分析
可视化工具使用技巧等</td></tr>
<tr><td>面向科研人员的个性化服务</td><td>● 个性化数据信息追踪推送
● 个性化知识服务门户
● 个人图书馆等</td></tr>
</table>

3.1 面向科研项目的全程跟踪服务

嵌入整个科研项目的所有阶段，需要学科馆员与项目组的成员具有非常密切的科研合作关系和专业的学科背景，或者具有课题组成员不具备的处理文献情报信息的能力即独特的竞争优势，以此促进科研工作人员对图书馆科研支撑能力的信任和理解[15]。在整个合作阶段，学科馆员借助对项目所在领域的认知和了解，在科研项目申请、进展、结题、成果转化等阶段，探索每个阶段的服务模式和内容[25]，给予嵌入式科研支持服务。

在科研项目申请阶段，学科馆员可提供文献检索、文献计量分析、创新性分析等服务。学科馆员应充分了解科研项目的技术要点，对相关数据库及网络资源进行检索，从检索策略核定，到数据来源以及数据筛选标准，再到数据分析框架、趋势分析来源/工具/结果呈现等方面建立专业标准和科学规定；对项目主题进行研究前沿、研究热点、关键文献计量分析，并对项目相关技术的发展趋势进行预测，得出项目在必要性、创新性和前瞻性等方面的结论，提供完整分析报告，为项目申请书的书写提供一定比例的内容。

在科研项目进展阶段，学科馆员协助课题组制定科研数据管理计划，明确数据管理的流程步骤、遵循的法律法规、各课题组间的职责权等，方便科研人员在项目期间和之后高效处理自己的数据；加强与科研人员合作，提供相关文献的跟踪检索结果，以便于对项目的研究方向、技术路线进行调整完善；或对已有研究成果进行深度分析挖掘，分析科学发展态势和热点，凝练研究发展方向，为课题组未来课题延伸提供科学的参考资讯。针对涉及专利等知识产权方面的项目，学科馆员还应及时提醒用户对新生成知识产权的保护，研究科研成果的最佳保护方案。

在科研项目结题及成果转化阶段，科研数据管理和科研成果转化是学科馆员服务的重点及难点。首先，学科馆员可以根据项目的创新点与相关文献信息进行比较分析，做出新颖性判别后，为课题组提供查新报告；其次，利用学校的机构知识库，向课题组提供开放、发布和共享科研数据的服务，产生正式的数据引用，通过SPSS和STATA等统计工具对数据进行定制化分析，帮助科研人员增加业界认可度，并可下载结果；第三，学科馆员可为项目成果搭建宣传和推广平台，向国内外政府、高校和企业宣传科研成果，吸引潜在合作者和知识产权受让人的关注。

3.2 面向科研过程的知识加工服务

科研工作者可以邀请学科馆员全程参与科研项目，并就科研过程产生的需求，即时寻求帮助与服务，可称之为面向科研过程的知识加工服务。图灵奖获得者詹姆斯·加里(James Gary)认为大数据带来了科学研究的第四范式，即“数据密集型科学发现”，海量科研信息迅速产生并通过网络进行即时传播[26]。在大数据环境下，既有即时传播的便利性，也会有即时需求的特殊性。

科研工作者可以借助强大的网络搜索能力和丰富的图书馆藏书资料来满足自己对文献的需求，但在浩瀚如烟的数据中快速找到准确的具体信息则需要学科馆员的参与，比如偃师邢渠孝父画像石拓片、加拿大风力资源分布地图等，这就要求学科馆员熟悉数据库或工具书，具有对纸质与数字资源元数据整合后的一站式检索能力，同时能够对内容进行明确解读、构建准确的检索式、鉴别与整理搜索结果等，实现知识碎片化重组与知识加工服务。

要做好这一服务，学科馆员需要在一定时间内向用户提供准确的信息而非简单的文献，需要快速反应如何帮助用户获得信息内容、如何查找到各种类型的文献或非文献的信息来源。这对馆员的知识面、文献熟悉程度、专业能力都有极大的挑战。为此，需要创新学科馆员的晋升机制与鼓励机制，比如允许馆员在图书情报专业之外的另一个学科有自己的研究方向或与科研服务对象进行科研合作；需要创新资源采购机制，比如建立有偿付费购买知识加工服务；改造优化检索系统，比如对馆藏资源进行数字化加工和内容集成，提高信息发现与提取的效率。与此同时，需要注意的是，科研过程中出现的知识加工服务本身的内容会千变万化，学科馆员应把自身工作和图书馆服务系统乃至用户需求进行有机结合，充分挖掘利用专业学科服务能力，构建专与博的知识结构，提升服务质量与效率。

3.3　面向科研团队的科研支撑服务

除了全程参与科研项目，解决科研过程中的即时需求，高校图书馆会面对各种类型的科研群体，比如实验室、高年级本科生、研究生群体等，每个群体会有差不多相似的科研需求。以实验室为例，作为内部知识结构构建相对完备的学术团体，学科馆员的嵌入式科研服务相对较为困难，因为更加强调内容的高价值和专业性。学科馆员需要了解该实验室的研究方向和领域，收集和推送对标机构、科研实验数据和学术会议信息等，嵌入图书馆已经成熟和专业的数据库介绍课件；根据实验室关注的国内外期刊，在图书馆服务平台建立期刊数据统计功能，供实验室实现自动监测与统计，节省科研人员浏览与筛选信息的时间。在整体服务过程中，重点把握两个原则：① 统筹考虑实验室需求与研究方向，谨慎选择服务与推送内容的准确性与可靠性，服务产品具有较高的参考价值；② 加强与实验室成员的交流沟通，积极参加课题研讨会，激发用户产生新需求，不断拓宽服务空间、深化服务内容[27]。

针对大学本科三、四年级的学生和硕士研究生，主要是在书写课程论文、期刊论文和毕业论文等方面提供支持服务，包括如何选择研究课题、如何查找相关文献、如何对文献质量进行鉴别和筛选、学术规范与如何投稿等。他们对图书馆馆藏资源和数据库资源的认识和了解还不够深入，对文献查找方法也有些茫然，学科馆员可以深入学院系所，对不同专业的学生群体进行学术论文写作指导和讲座培训，如图书馆藏书检索与高效利用、专业数据库介绍、图书馆学术搜索引擎使用技巧、开题前的文献调研、文献管理软件的功能介绍、学术规范与论文写作、常用软件的高级使用技巧等讲座。根据专业与课程需要，集成图书馆的数据库、藏书、学位论文、软件工具、图像视频等信息资源，制作学科（或课程）研究指南，帮助学生解决常见的文献信息问题，培养学生优先登陆指南和查询学术资源导航来获取答案与服务支持的习惯。借助虚拟学习环境(Virtual Learning Environment),提供注册课程、获取课程学习资源、课程考试、与教师和其他学生互动交流等内容,延伸教学空间与交流空间,培养学生终身学习的能力[28]。

针对博士研究生,主要是在对文献资源的深度了解与挖掘、如何快速准确查找相关研究主题或方向的文献、如何查找学科研究热点与前沿、科研数据处理技巧等方面存在一定的认知和操作困难,学科馆员应该利用自身在文献资源和专业学科领域的专业技能,对研究生、博士尤其在开题阶段进行分学科或研究方向的“一对多”甚至“一对一”指导和帮助,主要内容涵盖如何利用 Web of Science、SciVal 等科研工具进行学科热点解析、如何使用 CiteSpace 进行研究热点与研究趋势分析、如何使用 Arc GIS 等工具进行空间相互关系的可视化展示等。

3.4 面向科研人员的个性化服务

从科研人员的信息行为特征来看,不同学科之间存在巨大差异[29];从科研人员的行为习惯来看,思维习惯与模式影响到服务的类型和模式。因此,个性化嵌入式科研服务是拓宽学科科研服务的重要渠道。在大数据时代,个性化数据信息追踪推送是比较常见的形式,但在推送之前,要注意划分用户群体,而不是给全体教学与科研人员带来信息资源通知的“狂轰滥炸”而背离个性化服务定制的原始初衷。学科馆员要依据不同用户的研究主题,进行文献资源数据的检索、整理与打包,定期通过电子邮件或信息通知等形式发送给用户;在服务过程中注重反馈信息的收集,调整检索策略与推送内容,提高服务满意度和有效性。

个性化知识门户是图书馆借助信息化技术为用户构建的新型、实用的智能信息推送模式。在与科研用户沟通交流的基础上,服务器可以按照预设的发送要求与频率,在满足条件时自动发送到用户的邮箱、网页空间、微信空间等。如学科信息门户就是针对某个特定学科,或者跨学科、交叉学科领域,建立学术信息门户,整合该领域的文献资源(期刊、图书、数据、会议)、研究热点、动态资讯、研究机构和自有学术成果等信息,以及学科态势分析报告、资源推荐、科研学术评价等服务,为学科科研人员提供一站式的学术内容服务。北京大学图书馆已经为北京大学海洋战略研究中心定制海洋学术信息门户、为数学科学学院定制数学学术信息门户、为教育学院定制教育学信息门户、为信息管理系定制信息管理学信息门户、为经济与管理学部定制经济与管理学信息门户等。

个人图书馆也是个性化服务的重要体现,如 1996 年耶鲁大学医学院图书馆提出了个人图书馆员项目的设想,目前已成为耶鲁大学图书馆的一项个性化学科服务。耶鲁大学图书馆为每位学生都配备一位图书馆员,学生在利用图书馆的过程中有任何问题,都可以联系该馆员。个人图书馆员的主要工作内容有: ① 信息通报服务: 定期通过电子邮件告知学生图书馆最新购买的资源、举办的活动等,以及最新消息(如延长开放时间)等。② 回答学生的咨询: 如图书馆各项服务的内容、规章制度等基本知识。③ 为学生学术研究的信息查找提供帮助: 如何确定研究主题、确定资料的最佳来源、检索策略和技巧、利用文献管理软件创建个人图书馆等。④ 如何通过馆际互借和文献传递获取图书馆没有的资料。⑤ 其他贴心服务：解决学生使用 VPN 时遇到的问题，甚至帮助不在学校的学生获取他需要的文献。耶鲁大学图书馆的个人图书馆员项目体现了精细化、个性化的服务理念和无微不至的人文关怀，通过与学生建立直接的联系，使得图书馆的资源与服务嵌入用户环境中，有效地扩大了服务范围[30]。

4　小结

总体来看，国内高校图书馆的嵌入式科研服务处于快速发展和业务拓展阶段，面向科研项目的全程跟踪服务和面向科研过程的知识加工服务的提供难度较大，面向科研团队的科研支撑服务和面向科研人员的个性化服务的提供比较常见，即时服务和短期任务十分考验学科馆员的学识能力和应对水平，学科馆员的工作压力较大。大多数高校图书馆已经组建相对规范、完善的学科服务团队和体系。在服务过程中，除了培训讲座和资源介绍等常见形式，学科馆员应从文献计量方法、知识加工与重组、数据资源搜索技能、大数据发现与挖掘等方面加以提升，提供高质量的嵌入式科研服务。

学科馆员提供高质量的学科服务与服务边界的界定，是高校图书馆嵌入式科研服务要考虑的重要问题。在整个服务过程中，充当的角色是文献情报方面的知识发现者、科研工作者的合作伙伴。提供优质、高效的嵌入式科研服务是一项艰巨的系统工程，一方面，学科馆员不仅需要有卓越的图书情报领域的专业知识与科研数据处理技能，还应该具有经过系统科研训练的研究生（最好是博士）学位，从研究者的角度给出解决方案；另一方面，高校图书馆应改革创新学科馆员晋升和激励机制，为学科馆员提供较为弹性的工作机制，鼓励学科馆员从事与服务领域一致的科研工作。在未来，高校图书馆进行服务升级和调整，应将嵌入式科研服务作为一个重要突破口和任务，培养一批学术实力雄厚、业务技能熟练的知识加工技师和科研支撑馆员，成为学科师生和科研人员的高效合作对象。

第二节　数据素养教育服务①

数据创造、分析和开发的大数据时代已经到来，信息技术使得科研环境发生巨大的变化，科研过程基于数据，更加关注数据使用、再利用的嵌入环境以及消除数据与信息的差异性[31]。除了理工学科，人文社会学科也对大数据产生浓厚的兴趣，“数字人文”在各学科中的地位日益显著。数据获取、数据存储、数据分析与可视化展示、数

---

① 吴爱芝，王盛. 高校图书馆数据素养教育体系设计研究——以北京大学图书馆为例[J]. 大学图书馆学报，2020，38(6)：96-103.

据管理与共享、数据伦理等需求逐渐产生，成为新时期科研人员必须了解和掌握的技能[32]。与此同时，拥有丰富馆藏资源的高校图书馆能够便利地接触数据[33]，学科馆员与各院系、专业的科研工作者交流合作的机会日益增多，他们熟悉师生用户的科研数据需求，了解数字咨询服务和专业信息服务，有能力成为科研人员应对数据驱动型科研范式的最佳合作伙伴[34—36]。提供数据素养教育是研究型图书馆未来重要的发展方向[37]，构建规范完整的数据素养教育体系成为重要的研究方向。

1 文献综述

数据素养概念的出现，较早可追溯到2004年，与信息素养和统计素养存在一定的区别与联系[38]。随着大数据时代的到来，学者对数据素养的研究逐年增加，有从理论上分析数据素养的内涵或基于科研生命周期的理论基础[39—40]；也有从实践角度给出数据素养概念的内涵，更加强调数据管理或数据使用技巧[41]。到目前为止，数据素养尚未有一个统一界定，比较接近的术语有数据信息素养（Data Information Literacy）[42—43]、科学数据素养（Science Data Literacy）[44]、研究数据素养（Research Data Literacy）[45]、数据科学素养（Data Science Literacy）[46]等，数据素养可分为关注数据管理和关注数据利用两种类型[47]。目前学者对数据素养的定义主要分为两类：一类观点认为数据素养是大数据时代信息素养的泛化或延伸，如“数据素养”是“信息素养”的一个子集或者核心内容[48]，“信息素养”是信息时代大众群体应具备的能力，而“数据素养”指科研人员开展科学研究时应具备的能力[49]；或者“数据素养”是“信息素养”在大数据时代的延伸与深化[50—51]，信息素养的概念和内容正在泛化[52]。另一类观点则强调理解和应用数据的能力，除数据意识与道德外，还包括数据处理、数据分析、数据共享、数据再利用等内容[53—55]。本书认为，高校图书馆数据素养教育应以提高用户使用和分析科研数据的能力为主要目的，帮助用户解决在数据发现与收集、数据转换与融合、数据处理与可视化分析、数据解读等过程中面临的困难，并在数据质量评价、数据引用与道德等方面提高认识。

随着出版文献与研究数据的界限越来越模糊，图书馆员借助自己的专业知识进行信息资源整合[56]，借助技术进步和专业技能成为知识创造的合作伙伴[57]，图书馆完全有能力提供数据素养教育服务。美国、英国高校图书馆在数据素养教育方面积累了较为丰富的实践经验，围绕科研生命周期开展数据发现与收集、数据处理与存储、数据发表与共享等全过程[58]，建立起比较完善的数据素养教育体系，满足不同层次需求。例如美国普渡大学为不同学科与基础的学生开设多样化的数据素养课程，其中针对人文学科的研究生开设“数字伦理”课程，学习基本的数据道德理论并将其应用于互联网、算法和人工智能等领域；“地理信息系统和人文社科研究”课程重点介绍地理数据的采集、管理、可视化和空间分析技术；“健康科学系统评价”课程帮助医学专业的学生掌握对医学领域相关文献检索下载后管理和系统评估的技能；为有意愿从事科研活动的本科生开设“研究实验”课程，教授如何进行研究数据的收集、演示和交流[59]。英国剑桥大学在2019年6月由数字人文学科的研究人员和计算机专业的博士组成数据学院教学团队，课程围绕数据的生命周期进行构建，涉及数据伦理、数据收集、数据提取、数据结构化、数据清洗、数据验证和社交网络可视化分析等方面，内容可量身定制[60]。美国雪城大学的“研究数据培训”帮助研究者思考如何有条不紊地高效处理数据，包括规划研究、处理变量、记录研究、收集数据、清洗数据和分析数据，引导学生思考每个操作的目的[61]。美国斯坦福大学图书馆的数据素养教育涉及查找和使用数据、制定数据管理规划、指导数据共享等基本方法和理念以及使用 Cytoscape、GitHub、Python、R、Tableau 等工具进行文本分析、数据组织和可视化以及机器学习[62]。

我国高校图书馆数据素养教育的研究主要集中在2010年以来，涉及概念的认识与理解[63]、需求调研分析[64]、教育模式[65]、评价体系[66]、模型构建[67]、对策及发展路径等，服务群体分为大学生、研究生、学科馆员和教师等。目前对数据素养教育体系的研究相对较少，大多是对国外高校图书馆数据素养实践案例的介绍，或在此基础上与国内实际发展状况相结合给出发展策略或经验借鉴[68—73]。整体来看还处于理论研究层面，无法满足当今大数据时代和科研范式变化的需求，在数据素养教育的完整科学体系设计上仍需要进行深入研究。

2　国内高校图书馆数据素养教育实践调研

本部分选择国内10所“双一流”高校图书馆进行网上调研，其数据素养教育的主要目的是帮助全校师生充分利用图书馆购买或开放获取的数据资源，提高对大数据发现、整理、分析和可视化表达能力，进而提高科学研究工作效率。数据素养教育的形式主要有专题讲座、嵌入式讲座[74]、在线微视频[75—76]、在线课程、公共课程、竞赛活动和第三方培训[77]等，如表4-2所示。

表4-2　国内10所高校图书馆的数据素养教育形式

高校	专题讲座	嵌入式讲座	在线微视频	在线课程	公共课程	竞赛活动	第三方培训
北京大学	√	√	√	√	√	√	√
清华大学	√	√	√	√	√		√
中国人民大学	√	√	√		√		√
北京师范大学	√	√	√	√	√		√
复旦大学	√	√	√	√	√	√	√
上海交通大学	√	√	√		√		√
南京大学	√	√	√	√	√		√
浙江大学	√	√	√	√	√		√
武汉大学	√	√	√	√	√		√
中山大学	√	√		√	√		√

数据来源：根据各高校官方网站数据搜集整理。

尽管数据素养教育形式多种多样，但仍以讲座最为常见，包括专题讲座、嵌入式讲座、在线微视频、第三方培训等均以讲座的形式开展。专题讲座是国内高校图书馆常见的数据素养教育形式，时间上多为 1～1.5 小时，已经形成品牌和特色的是北京大学图书馆的“一小时讲座”。其次是课程，形式包括在线课程和公共课程。与讲座相比，课程的设计主要以通识教育为主，实用性强，设计更加体系化，精品在线课程往往被放入多所高校的图书馆网站链接中方便师生学习和交流，但大多是在信息素养的框架下设计的，部分内容与数据素养相关，如北京师范大学肖明等老师主讲的“网络信息计量与评价”课程可帮助学生对互联网大数据进行有效地分析、评价与利用[78]；清华大学图书馆的“信息存取原理与技术”课程有助于让学生掌握检索和管理数据的技能，提高自身的数据素养[79]。

在调研的 10 所高校中，只有北京大学和复旦大学开展竞赛活动。北京大学图书馆等单位主办的面向高校、研究院（所）在读学生的“数据驱动创新研究大赛”已经举办两届，第二届大赛共吸引了全国 199 所高校 600 支队伍 17C4 名选手参赛报名，涉及应用经济学、计算机科学与技术等 48 个学科领域。在竞赛之前对参赛人员进行数据预处理、开放数据、数据平台和数据库等方面的讲座培训[80]。2019 年 4 月，复旦大学联合多家单位，面向上海高校师生举办了“慧源共享”上海高校开放数据创新研究大赛系列活动[81]。

如果将高校图书馆的数据素养教育分为线上和线下两种模式，2019 年 12 月以来爆发的新冠疫情使得全国乃至全球的众多师生无法正常返校，线上讲座或视频课程就成为高校图书馆数据素养教育的主要形式。通过对国内 10 所“双一流”高校图书馆的调研发现，国内数据素养教育仍处于起步阶段，在深化服务内容和构建课程体系方面仍需要完善，目前主要问题与不足如下：

（1）数据素养教育尚处于起步阶段，多为信息素养教育的组成部分。“数据素养”虽然与“信息素养”有着密切的关系，但前者更注重科研数据的处理能力。国内高校图书馆开设的讲座或者公共课程均以信息资源的检索与利用为主要内容，数据素养仅仅是信息素养教育的一个组成部分，缺少关于数据发现与收集、数据清洗与处理、数据挖掘与可视化、数据管理与存储、共享等内容的系统化服务。大数据时代科研工作者的数据意识和需求大幅提升，但高校图书馆尚未将完整的数据素养课程体系纳入教学规划。

（2）缺少系统性的内容设计。与国内高校图书馆相比，中国科学院文献情报中心在数据素养教育方面走在国内前列，自 2014 年起已推出 6 期数据馆员培训班，主要围绕“数据权益、数据共享、安全保护、获取数据、分析数据、运用数据”等主题展开数据专业知识和技能的实践操作讲座[82]。国内各高校图书馆鲜有如此系统的数据素养教学体系设计，往往是介绍数据素养的某些理论或数据分析的某种工具。需要根据数据生命周期的各个阶段，设置不同的数据素养课程教育，或者定制个性化教育方案。

3　数据素养教育体系及内容设计

数据素养教育是推动数据素养必不可少的部分，也是未来高校图书馆服务的发展方向之一[83]。本部分以北京大学图书馆为例，结合本校实际与资源，对高校图书馆数据素养教育体系及内容设计进行探索性研究。

3.1　服务对象与设计原则

在课程体系设置前，首先要明确服务对象，一般为在校的研究生或高年级本科生。同时，课程体系设计应遵循以下原则：

(1) 促进图书馆的数据资源利用。北京大学图书馆通过购买和自建等手段拥有众多电子资源数据库，是为用户提供服务的重要资源保障。充分发挥数字资源的作用，使用户能够及时和高效获取所需资源进行科研活动，是开设数据素养教课程的基本任务之一。

(2) 区别于本校信息管理系的开课内容。北京大学信息管理系的前身为图书馆学系，主要研究与开设课程中的信息资源管理与知识管理，信息存储、组织、检索、传播与数据挖掘，图书馆学理论，图书馆管理，数字图书馆，网络技术与应用，情报分析与咨询等内容与图书馆紧密相连，为避免资源浪费，图书馆数据素养教育课程应有别于信息管理系开设的课程。

(3) 紧跟大数据时代和科研数据环境的发展需求。大数据时代孕育了科学研究“第四范式”——数据密集型科研范式，核心是对海量数据的挖掘，因此对开放科学、数据科学和可视化分析等领域的专业技能要求越来越高，高校图书馆应在科研数据的收集、整理、分析与可视化解读等方面提供专业化指导与帮助。

(4) 强调科研数据的发现、甄别和利用能力。从自然学科到人文社会学科，每个科研工作者都要接触到大量的数据，需要对数据的真实性、科学性进行分析与甄别，对数据整理后进行探索性数据分析。因此，数据素养课程的开设应强调对科研数据的发现、甄别与利用能力。

3.2　数据素养教育的内容设计

新冠疫情期间，为了帮助师生在家科研与学习时能够高效发现和利用数据资源，北京大学图书馆每周使用微信公众号推送数据素养专题讲座的图文精简版，如“解锁数据库”“经济商业类统计数据的查询与获取”“数据获取与合理利用”；推出“Paper 诞生记”“软件达人成长记”等系列在线讲座[84—85]，分享常用数据库的检索技巧，介绍文献调研与文献管理软件，讲解数据透视与图表设计的技巧方法，演示 SPSS、CiteSpace 和 Photoshop 等软件操作，12 场讲座的线上参与达到 2500 多人次，接近线下一年的讲座参加人数。仅关于“数据透视”讲座的参加人数就高达 288 人，占线上总参加人数的 11%，说明参加者对数据素养的需求和意识比较高。本书从师生用户需求角度出发，在数据意识与伦理、数据发现与获取、数据处理与展示、数据保存与管理、数据评价与引用等方面构建数据素养教育的内容体系，如

表 4-3 所示。

表 4-3 数据素养教育的基本内容框架

用户需求	所需技能或素质	数据素养教育服务内容
对大数据了解不够 数据保密安全隐患 …	数据意识与伦理	● 相关概念讲解 ● 讨论数据产权与安全 ● 案例演示
如何快速搜索 图书馆数据资源有哪些 某学科开放资源 …	数据发现与获取	● 搜索引擎介绍 ● 数据资源推介 ● 数据检索技巧
文本信息如何转换 不会数据透视表 可视化软件 …	数据处理与可视化	● 数据格式与类型转换 ● 数据处理与透视分析 ● 数据可视化展示
免费的数据保存平台 如何保护数据安全 图书馆数据管理服务 …	数据保存与管理	● 数据保存技术 ● 数据保存工具 ● 数据管理知识介绍 ● 数据共享
数据质量衡量标准 如何引用他人数据 …	数据评价与引用	● 数据质量评价 ● 数据引用规范

3.2.1 数据意识与伦理教育

大数据时代面临的首要问题是大数据意识，很多学生不习惯通过数据进行科研写作，这一观念的转变需要时间，也需要引导。高校图书馆数据素养课程首先对大数据概念、大数据知识、大数据获取与利用等环节进行整体介绍，提升用户对大数据在科研工作中重要性的认识，使其意识到数据是科学研究的核心因素之一，认识数据是科学数据生命周期的首要环节。与此同时，了解数据知识产权的发展、隐私和保密问题，解读共享和管理数据过程中的道德准则，指导如何确认外部数据，避免提供数据时表述模糊。数据伦理的教学内容包括：① 数据伦理和政策相关的概念，数据科学的伦理问题；② 讨论解决数字记录和数据管理带来的产权、安全政策和伦理问题的策略；③ 借助案例，理解多元文化背景下大数据时代的道德挑战。

3.2.2 数据发现与获取教育

数据素养教育有责任和义务向科研工作者介绍图书馆所购数据资源和信息，指导学生了解数据收集方法和传播渠道[86]，善于挖掘、发现和甄别开放获取数据，使用数据满足不同的信息需求。同时，针对同一数据的不同数据源进行数据对比，剔除错误数据。高校图书馆拥有丰富的馆藏与数据资源，数据素养教育课程一方面要指导学生熟练获取和利用图书馆的各类数据资源；另一方面是介绍开放数据的获取途径或数据库,并就典型数据的检索、发现与获取能力进行案例演示和解读。具体来说,数据发现与获取教育应包括以下两部分内容:

(1) 介绍数据发现的重要性和搜索引擎工作的基本知识。讨论搜索引擎设计如何影响商业、生活与科研;对主要的检索工具、检索平台,包括常用网络搜索引擎,如百度、谷歌和必应等,及其检索功能进行示范说明。比如,如何搜索广告、拍卖信息或各种排名,如何进行本地搜索与“点对点”搜索,如何搜索博客和在线社区等内容;介绍科学研究常用数据库,如中国知网、WoS、Elsevier、Scopus、ProQuest和 WorldCat 等。

(2) 讲述数据发现与检索技巧。包括:了解开放数据及数据存储库;开放数据的标准,GIS 数据集等;数据发现和获取的方法、工具和技术;网络信息检索方法和技巧。数据检索方法包括布尔逻辑检索及其逻辑运算符、邻近检索、截词检索等,讲解检索式的构造以及不同数据库的特殊检索命令。检索技巧包括调整检索策略,控制检索范围,改变检索式构造或规范检索词等。同时,探究“数据”和元数据之间的关系,描述元数据的功能与内容结构,探究元数据方案的开发、互操作性、标准化等问题。

3.2.3 数据处理与展示能力培养

(1) 数据转换与处理。应讲解如何识别元数据的价值、类型和格式,如何将大量数据进行概念抽象和数据推理,如何将数据转化为可计算和可建模的格式,如何将不同来源、不同类型的数据进行整合统一等。数据类型分为包含大量(或很少)元数据的表格数据、地理数据、文本数据、数字图片数据、数字音频数据、数字视频数据、脚本文档等,举例讲解数据类型转换的技巧与方法。

(2) 统计分析软件讲解。数据有助于形成观点和做出判断,但对数据的灵活使用需要复杂的专业知识和对多种数据来源的处理[87—88]。目的主要是培养学生利用软件对数据进行统计分析与可视化展示,并结合文献与实际对统计分析结果做准确的解释。内容包括大数据分析的基本原理、作用及问题,调查和批判性分析数据,重点介绍数据分析方法、模型、结构和工具,如 SPSS 和 Stata 等。SPSS 以强大的统计分析功能、灵活的表格式分析报告和精美的图形、可以直接读取 Excel 和数据库文件(Database File, DBF)展示等优势受到众多科研用户的喜欢,数据素养教育应重点讲述描述性统计分析、均值比较、一般线性模型、相关分析、回归分析、对数线性模型、聚类分析、时间序列分析等功能,帮助学生提高数据管理与统计分析水平。Stata 是用于分析和管理数据的实用统计分析软件,具有数据管理软件、统计分析软件、绘图软件、矩阵计算软件和程序语言的特点,可重点讲述参数估计、T 检验、方差分析、协方差分析、交互效应、随机效应、正态性检验、变量变换等内容。

(3) 可视化软件的介绍,如 Tableau、CiteSpace、Gephi 和 ArcGIS 等。与 SPSS 不同,Tableau 专注于结构化数据的快速可视化,通过自动编码的地图呈现一个或两个数据源，数据素养课程将重点讲述如何连接文件和数据库、如何创建单变量和多变量图形、如何创建地图，以及其他高级操作等。CiteSpace 则是将知识的宏微观计量相结合的用于认识和跟踪研究领域演变的引文可视化软件分析，可就研究热点分析、研究前沿解读、关键文献挖掘、国家/机构/学者分析等内容进行案例展示。Gephi 也是图数据可视化比较好用的软件，可重点讲述如何进行探索性数据分析、社会网络分析等。ArcGIS 可用于获取、存储、查询、分析和显示地理空间数据，数据素养课程应重点讲述 GIS 数据获取、空间数据准确度分析、属性数据管理、数据显示与地图编制等内容。

3.2.4 数据保存与管理

(1) 数据保存与再利用。大数据的价值不仅在于它的基本用途，更在于二次或多次重复利用，数据保存与再利用能力的培养极其重要。首先应介绍数据保存的技术、资源和组织组件，帮助用户理解并清楚阐释数据的长期和潜在价值，确定适当的保存方法与时间；然后介绍百度网盘、云存储等数据保存工具与技术。数据再利用能力则包括熟知数据质量和数据清理的基础知识，探讨用于检查和改进数据质量的特定技术和方法；数据再利用的编程语言、技术和工具；数据驱动的分析问题，如何设计方案和应用程序来解决问题。

(2) 数据管理。数据管理包括普适性和专业性两种，普适性数据管理主要是介绍科研数据管理的目的、意义、基本途径、一般技能、相关法律政策、计划制定等一般性知识；专业性数据管理教育则是学科化数据管理，以课堂讨论和案例论证的形式开展，让用户选择某一领域主题，介绍所在院系或实验室科研数据管理模式和方法，图书馆可在软硬件基础设施和人员上进行协同服务指导[29]。

(3) 数据共享。数据共享可以提高已有数据的利用率，减少数据资源的重复收集与整理，但由于不同来源的数据内容与机构千差万别，必须建立统一、科学的数据交换标准。首先需要介绍国内外在数据共享方面的实践进展，然后介绍科学数据共享服务的关键环节与技术，如智能检索、数据交换标准、数据使用管理与机制、数据共享平台建设等。

3.2.5 数据评价与引用

数据质量受到多方因素的影响，数据评价主要从数据的信任度和真实性两方面进行讲解说明。信任度来自使用者对数据真实性、可接受度和适用性的主观判断，以及学科特点、数据提供者的权威性和数据评价者的判断等；真实性则反映在数据收集工具与方法的可靠性，基础理论支持的科学性，数据的完整性、正确性与有效性等方面[39]。

数据的引用规范也是极其重要的，有助于促进研究人员分享和发布数据，帮助识别、复制和验证已发表研究成果[89]，尽管目前尚未有统一的规范，但可对国内外文献引用数据的标准进行介绍，有助于推动和提高数据的共享性。

3.3 数据素养教育的支撑体系

要保证数据素养教育的顺利开展，必须构建科学合理的支撑体系，包括数据素养教育的服务开展模式、教育团队建设、评估与考核机制等内容，提高高校图书馆数据素养教育的可操作性与可实施性。

3.3.1　数据素养教育的开展模式

设置系列讲座和专业必修、选修课可以成为数据素养教育的主要开展模式。如北京大学图书馆与数据素养相关的“解锁数据库”讲座模块的“统计数据的查询与获取”“科研常用开放数据资源的查找与获取”帮助学生在大数据时代有效搜集、甄别和分析数据，在教学与科研中打开数据视野、激发数据活力提供有力支持；“软件达人”模块帮助听众掌握 Excel 和 SPSS 等统计分析软件、NoteExpress 和 End-Note 等文献管理软件，以期更好地对数据进行分析和管理；“沉迷学术”模块开设了数字人文系列讲座，包括“数字人文与大数据中的人物社会网络关系分析”“数字人文与大数据中的文本分析”“数字人文与 GIS 空间分析”“数字人文与网络爬虫”帮助学生掌握数据获取和可视化方法。此外，讲座“利用专利资源进行创新性选题”则主要讲解如何检索和分析专利数据，洞悉某行业或研究方向的创新态势[90]。

随着师生用户对数据采集、数据存储、数据挖掘、数据可视化分析等需求的不断上升，数据素养教育应以通选课的形式进行开展，可以是一门课程或一系列课程，针对本科生和研究生设置不同的教授内容，主要涉及图书馆常用数字资源综合利用、开放科研数据资源收集与获取、数据处理软件介绍、数据可视化分析、数据保存与管理、数据评价与引用等内容，成绩考评采取考勤、作业与考试相结合的方法，重点考察其在数据资源检索、数据可视化分析、数据质量评价、数据管理与保存等方面的学习成果。

3.3.2　数据素养教育团队建设

数据素养教育团队成员应具备扎实的数据资料与统计分析能力，掌握数据服务的相关知识与技能，能够开展数据素养教育与数据服务，帮助学员通过数据收集、解读、客观评估、管理与使用等将数据转换为可利用的信息；具备硕士学位以上或副高级职称以上，熟悉科学研究流程和科研数据生命周期，具备一定的信息技术知识和数据平台建设经验。团队成员与组织结构固定统一，有明确的服务目标与对象，能够高效完成教学任务。

3.3.3　数据素养教育的评估与考核机制

为促进数据素养教育的顺利开展，必须建立相对合理、科学的绩效评估与考核体制。数据素养教育团队成员的考评采用定量和定性相结合、自评与互评相结合的方式，重点关注数据素养教育的广度与深度、创新程度与效果、专业性与贡献率等内容，以绩效评估为手段提高数据素养教育的专业化水平。

4　小结

数据发现与获取、处理与展示、保存与利用等能力已经逐渐成为高校科研人员进行学术研究与交流必备的重要能力，对学生继续研究甚至获得更高学位都具有重要作用[42]。因此,数据素养教育一定会成为高校素质教育必不可少的新内容,高校图书馆构建数据素养教育体系应早日提上日程。为适应不同学科、不同研究方向的需求,高校图书馆的数据素养课程体系的服务对象应涵盖到高年级本科生、研究生和需要帮助的科研人员,根据其科研需求制定分阶段、定制化和层次化的内容体系。同时,加强对图书馆数据素养服务馆员的培训与学习,制定相应的考核体系与奖惩机制,鼓励数据服务馆员不断创新与探索数据素养教育的内容与方法,推动数据素养教育的规范化与规模化发展。

第三节　知识服务①

大数据时代催生科学研究的第四范式,即“数据密集型科研”,数据驱动科研发现,基于研究数据的知识管理与服务应运而生[26],形成由大数据、计算处理、用户服务组成的科研模式[28]。随着 AI 技术、机器人技术在科学研究过程中的应用,“AI+算力”促进科研智能化快速发展,多源、多学科互联共通知识体系成为跨学科研究成功的基础和关键[91]。AIGC 在自然语言和图片等内容生成方面的迅猛发展,加快了知识生产与传播[92],并在图书馆知识服务过程中逐渐发挥越来越重要的作用。图书馆资源能够被人、机器和算法进行准确挖掘与分析的需求亟待解决[93],图书馆如何利用新的知识分析技术与手段对文献信息与数据情报进行深度加工?如何结合用户个性化需求提供高质量的科研情报服务?如何从集中、孤立的服务逐渐转向与科研人员协作的嵌入式模式,从科学研究的服务者转换为科学研究的合作者?高校图书馆理应抓住当今这个最好的发展时期,借助新技术、新手段、新服务,以用户为导向提供深度知识加工服务,不断提升情报分析能力,向精准化知识服务方向发展。

1　高校图书馆知识服务的相关研究

国外对知识服务的研究,最初起源于企业的知识管理[94],进入知识经济时代后,在管理领域出现知识管理,在服务领域则出现知识服务。美国专业图书馆协会(Special Libraries Association,SLA)在 1997 年开设专栏探讨知识管理,前会长盖伊·圣克莱尔(Guy St. Clair)认为专业图书馆的最新发展趋势就是为用户提供创新知识与获取知识的服务[95],强调知识型组织要紧密依靠图书馆员和其他知识工作者提供准确及时的知识服务[96]。我国的理论研究则开始于 20 世纪 80—90 年代,有学者提出知识和知识服务是图书馆学和图书馆工作的核心与永恒追求[97],应抓好以知识存储、知识重组和知识配送为内容的知识服务[98]。张晓林在 2000

① 吴爱芝.后疫情时代高校图书馆知识服务模式创新探索——以北京大学图书馆为例[J].现代情报,2022,42(5):132-139.

年提出知识服务是新世纪图书情报工作的生长点，帮助用户解决问题并提供知识应用和知识创新[99]，在图书馆界引起热烈讨论和关注。目前学界对知识服务的概念尚未形成统一认识[100]，国外学者主要从管理学入手，将知识服务看作是知识管理的延伸，侧重于对用户需求的关注；国内研究主要来自高校的信息管理学院和图书馆，以及出版社[101]，基于对信息和知识的搜索、组织和重新利用的能力，更加强调情景化的知识关联、交互计算和产出[102]。图书馆知识服务是图书馆馆员运用知识资源和智慧开展的高层次信息服务[103]或者以知识单元为产品形式的信息服务[104]，追求信息与知识的使用价值和用户利用知识的效用，是面向知识内容的贯穿于用户进行知识捕获、分析、重组、应用过程的增值服务，是信息服务的高层次阶段[105]。要实现真正意义上的知识服务，应致力于提升知识服务内容的知识再生价值[106]。

从高校图书馆知识服务内容与路径来看，图书馆知识服务实践主要分为文献资源的深层次开发、专业知识库建设、学科资源导航库建设和专业信息服务中心建设等[107]，是学科服务的重要组成部分[108]。2016 年起北京大学图书馆面向本校、业界及社会发布知识服务产品，面向学科提供细粒度、数据化、动态化、第三方特点且具备高附加值的知识服务[109]。山西大学图书馆对 100 多万册无法流通的图书进行回溯编目[110]，对隐性知识进行显化和利用[111]。有研究者使用知识图谱对文献数据库挖掘 COVID-19 领域重点关注的主题及趋势演化[112]，向科研工作者提供论文与基金资助、专利和研究单位等信息之间的关联，为科学研究"全面画像"和科研投入产出等分析提供关键数据；将政策与科研文本数据平台进行实时监测，了解某些风险性、不确定性医疗技术的应用[113]；利用基于文献的知识模式(Literature-based Discovery, LBD)构建开放式知识发现架构，结合医学术语、组学数据对 PubMed 数据库中阿尔茨海默病进行基因—疾病关联挖掘，来捕捉潜力研究方向[114]。面对科研用户对智慧健康等内容的委托，从本体库构建粗粒度匹配、多种知识融合的细粒度匹配、用户画像等方面建构服务流程[115]。

从高校图书馆知识服务创新来看，技术变化与用户需求是其主要动力[116]。嵌入式为知识服务模式创新提供了新思路[117]，在情境化、技术化、精细化、智慧化等方面进行探索[118]。面对用户日益精准与个性化的多粒度、语义化信息需求，图书馆提供基于多粒度的一站式知识检索服务、基于可视化展示的知识导航服务和基于用户动态需求的知识推荐服务[119]。在交互创新视角下，通过挖掘服务对象价值来实现服务对象需求，在既定框架内共同工作、联合行动[120]。面向跨媒体资源，图书馆在集成性跨媒体知识检索、全景式跨媒体知识导航、情境化跨媒体知识推荐、深度嵌入式跨媒体知识咨询、个性化跨媒体知识推送、自动化跨媒体知识问答等方面进行拓展[121]。知识是流动的[122]，知识环境的迅猛发展常给人无力感，新时代的知识服务更加强调智能知识检索、知识挖掘分析和知识发现[123]。行业环境从信息服务到知识服务的变化也决定了图书馆转型，图书馆服务将嵌入到知识的场域与情境[124]。随着国家创新驱动发展战略的实施以及数字化、网络化技术的深入应用，高校图书馆的知识服务实践日益多样化，以需求为驱动、以知识为内容、以创新为主导的立足于科研创新与管理的深层次知识服务，是知识服务的创新发展[125]。

应对内外部环境的突然变化已经成为图书馆工作的重要组成部分[126]。新冠疫情期间，信息通信技术助推高校图书馆的知识服务由线下转为线上[127—128]，纷纷开设在线信息素养教育服务，全流程助力用户提升信息素养[129]，协同馆内外所有资源提供及时、专业、到位的战“疫”服务，如积极融入在线教学、快速升级服务平台、奋力打造全能“客服”、定向开展“新冠”专题信息研究等[130—131]，保障知识服务一站式个性化开展和信息服务八精准全面化实施[132]，在助力科研工作者疫情防控中发挥了重要作用[133]。清华大学图书馆从资源保障、用户服务和互联共建等方面推进“韧性协同资源服务体系”建设，在实践中不断历练应对突发事件的能力和水平[134]。医学类图书馆员为管理者、卫生专家和公众提供有效、及时的卫生信息服务[135—136]。

从目前研究现状来看，为应对当今技术发展和环境变化，高校图书馆知识服务的相关研究取得部分进展，从微观、中观和宏观等不同视角提供科学、规范的知识服务。同时，学科交叉与学科融合不断涌现，个案分析也尤为重要。本书试图构建高校图书馆知识服务创新模式框架，聚焦用户需求、服务内容与案例实践，以满足科研用户需求和服务“双一流”建设为导向，从知识产品服务、体验式知识服务、多粒度知识集成服务等方面提出相关模式与实践探索。

2 新时期高校图书馆知识服务新模式

为了跟上时代发展，Crawford T 等在阮冈纳赞“图书馆五定律”的基础上，于1995年在其著作 *Future Libraries: Dream, Madness, and Reality* 中提出“新图书馆五定律”，指出图书馆应利用智能化技术提升服务，确保知识的自由存取[137]。随着周围环境变化与技术发展，图书馆的知识服务应进行转型发展，顺应知识经济的发展与科技创新国家战略的实施，进行服务内容的创新探索与路径优化，提高服务质量与效率。

知识服务是知识加工的螺旋式上升，是将图书馆的显性知识（包括馆藏资源、数据库、网络信息等）和隐性知识（包括馆员的经验、专业技能、态度、价值观，以及图书馆的服务理念、服务文化、价值体系等）转变为师生用户所需新知识的过程。图书馆知识服务创新，首先要判断科研用户的需求和目前图书馆的服务水平，然后是确定创新的方向与类型、明确该项服务的竞争优势及其来源，并及时反馈用户体验[138]。新时期高校图书馆知识服务创新，理应分析与识别所处知识环境，强调用户导向，立足于科研人员的常规与个性化需求、入校新生的特定需求、所有知识用户的一般需求等，借助现代信息技术整合集成，通过线上、线下全覆盖的服务方式提供适用于不同场景的知识产品服务、体验式知识服务、多粒度知识集成服务，为高校图书馆知识服务的创新发展与管理提供参考，如图 4-1 所示。

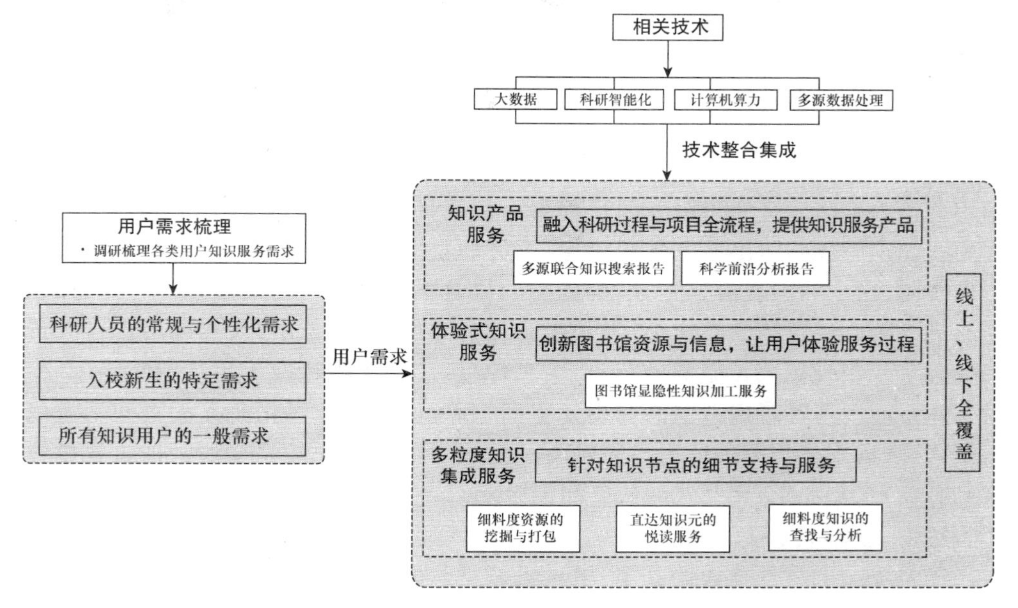

图 4-1　新时期高校图书馆知识服务新模式

2.1　知识产品服务

图书馆知识产品是通过知识、馆员智慧，结合图书馆资源的投入与加工而产生的满足用户需求的创造性成果，包括硬性知识和软知识。硬性知识是有形的、可以看见的，比如图书馆盘活馆藏资源的借阅规则，由馆员送到用户手中的书与资料；软知识则主要是图书馆提供的咨询服务，以某种形式的服务报告来呈现，如科学前沿分析报告、多源联合知识搜索报告等。本着融入科研过程与项目全流程的原则，图书馆员与科研人员保持长期合作与交流，提供多种形式的知识产品服务。比如，在科研项目立项阶段，图书馆员应充分了解科研项目技术要点与研究重点，根据用户需求，与课题组成员一起对相关数据库及网络信息资源进行联合检索，就国内外研究进展和项目相关发展趋势进行知识图谱加工与分析，对项目开展的必要性、创新性和前瞻性等方面提供研究报告。在科研项目开展阶段，馆员保持与科研人员的密切合作，提供最新相关文献的跟踪检索结果，协助用户调整完善项目研究的视角与方法、技术路线等，与课题组成员一起就研究成果进行研究论文的书写；及时提醒用户对新知识与专利的产权保护，研究科研成果的最佳保护方案。在科研项目结题及转化阶段，馆员可为项目成果搭建宣传和推广平台，利用搜索技术需求信息、利用数据库调研上下游企业等方式，主动为项目组提供潜在合作者和知识产权受让人的信息。

2.2 体验式知识服务

知识服务不单体现为单一内容的提供，还体现为不同内容的关联，基于计算的、动态交互的、灵活融入问题情境以及合作协同的知识加工[139]，满足用户更有深度、更加丰富、更为挑剔的精神需求。体验式知识服务是图书馆应对体验经济而产生的新型服务模式，强调用户接受服务的过程及心理，目标则为用户营造难忘且有正向作用的体验[140]。体验式知识服务重在盘活图书馆资源与信息，让身在图书馆的用户体验到高质量知识服务的过程与人文关怀，实现用户的美好体验。图书馆体验式知识服务一般由多方共同协作，馆员的主动意识、领导的支持协调、部门的工作协同、用户的配合与感受等，馆员突破被动服务的惯性思维，针对用户的知识需求进行耐心讲解和精心加工，进一步实现引导用户、服务用户、实现用户自我价值提升[141]，展现图书馆服务的"温度"与"深度"。利用现代技术再造智慧空间，借助实体空间改造升级虚拟空间和感知空间，利用过程服务优化业务流程和资源组织模式，强调用户与图书馆之间的连接程度，让用户在图书馆享受服务的过程中体验到沉浸式、多场景、交互式的便捷知识服务。

2.3 多粒度知识集成服务

面对庞杂的信息与数据资源，用户很容易陷入"淹没于知识海洋、面临着知识饥荒"的两难境地，快捷、可靠、科学地获取到需要的知识成为科研用户现在的新需求。多粒度知识集成服务则是针对用户在某一研究主题下的粗粒度(如以文献为单元)、细粒度(如以知识元为单元)和中粒度(介于粗粒度和细粒度之间)，或多粒度混合的知识服务。面对用户日益精准与个性化的多粒度、语义化信息需求，图书馆应该提供基于多粒度知识集成服务[119]。如直达知识元的悦读服务，面对图书馆浩瀚如烟的馆藏资源，知识服务对其揭示的角度从题名延伸到章节、段落等知识元，利用大数据技术为知识点的出处论证提供即时定位和传递服务，从普通目录检索具体到内容如段落、文句、图片等的检索与提供。图书馆员利用海量学科信息资源、文献计量分析方法和工具，提供基于研究主题和知识点的学科文献资源检索、推荐，不仅可以挖掘到最新、最老、最经典的文献和研究热点，就目前的研究进展和发展趋势进行文献资源的全面推荐，还可以研究过程中需要的某些章节、段落、句子、公式、图表、数据等进行知识元的搜索与组织，从知识资源的文献层面服务深入到知识点、知识元服务，探寻细粒度资源的搜索方法，提高科研用户的检索效率和图书馆资源的利用效力。

3 北京大学图书馆知识服务模式创新案例

北京大学图书馆服务坚持以用户服务为导向，努力为学校的教学与科研提供文献信息与知识保障，全面了解师生学习方式、教研模式、科研范式的新变化，努力在知识服务实践的创新发展中不断探索。

3.1　北京大学科学研究前沿——知识产品服务

2015年，国务院印发的《统筹推进世界一流大学和一流学科建设总体方案》的通知提出，高校要“提高基础研究水平，争做国际学术前沿并行者乃至领跑者”“推动加强战略性、全局性、前瞻性问题研究，着力提升解决重大问题能力和原始创新能力”[142]。学科前沿分析对于学科设置、学科发展和科研工作者的学术研究均具有重要参考价值[143]。北京大学图书馆先后完成的《北京大学经济学研究前沿(2020年版)》和《北京大学社会学研究前沿(2020年版)》等报告，主要采用引文分析、热度分析、关键词分析和成果追踪等研究方法。其中，以北京大学学者发表的高被引论文和使用的高下载量论文为依据进行关键词词频和共现分析，以北京大学用户在图书馆搜索系统中的热门搜索词为依据进行热度分析，以国家自然科学基金项目数据为依据进行成果追踪分析等，致力于学科研究方向的前瞻性分析与预测。

3.2　“送书到楼”和“上门还书”服务——知识流动带来的知识产品服务

新冠疫情期间，北京大学图书馆结合用户需求与实际运营情况，于2020年2月在国内高校范围内首创“送书到楼”服务[144]，馆领导和党委委员带头送书到用户所在的社区门口、办公楼值班台和宿舍楼门口，同时根据线下需求开发和优化线上服务平台，推动书刊文献典藏和借阅服务实现重大变革，知识服务模式实现重大创新。2020年2月3日到2021年8月6日期间，累计实际送书2680单10,361册图书，送书往返里程共计5190.6公里，服务全校63个单位的446名教职工和280名学生，满足率达100%。同时，为应对疫情期间无法到馆还书的困难，馆员轮流到学校周边宿舍区“上门还书”，对不在学校的师生开通邮寄还书服务，共收到700多个包裹和3000多册图书。

阅读是一种生活方式，是高校师生科研生活中不可或缺的一部分，在疫情防控期间，北京大学图书馆创新服务理念、工作方式和规则，主动将服务场所外延，改变教参书、工具书和保存本等不可出馆的旧规定；依据用户以往借书记录等统计数据，向用户推荐图书并提供精准化阅读指导，主动为人找书、为书找人[145]，让图书馆的书籍成为知识流动起来，成为非常时期应对非常状况的知识服务新模式。

3.3　“带班馆员”——融入新生日常学习的体验式知识服务

北京大学图书馆2020年下半年推出“带班馆员”项目，为新生班级配备专属的图书馆员，在未来四年里与学生建立一对一咨询与帮助，目前已覆盖全校具有本科新生的院系。带班馆员熟悉图书馆环境与基本工作流程，将自己作为“真人书”与新生分享图书馆使用的各种经验，在班会上与学生们见面、座谈，带学生们参观图书馆，了解图书馆的馆藏布局和各项服务，推送图书馆资源和服务的最新动态。根据新生需求，自觉学习心理学、社会学等相关知识，将自身经验、学科数据信息等资源进行深度加工与整合，根据学生的专业特点与需求，开设多场专场讲座，进行针对性的一对一专业咨询，服务内容涉及介绍馆藏分布和书刊借阅方法、梳理学科常用的学术资源、讲解数据库检索技巧、指导论文选题、提供期刊投稿指南、解答学生疑问等[146]，用鲜活例证和生动事实向新生传递科研与学习信息，新生在与“真人书”面对面平等交流和咨询答疑的过程中消除了对初入燕园的陌生感、增强了对今后学习与生活的信心和勇气，“带班馆员”项目为新生搭建了互相学习、互相帮助的平台。

北京大学图书馆是国内首个实施“带班馆员”项目的高校图书馆，在服务初期的“破冰”行动、如何与学生建立直接有效的联系、提供哪些符合学生需求的服务等内容上进行了创新与探索。通过直接联系院系学工老师，促使服务尽快落地；关注新生“图书馆焦虑”，注重新生服务的延续性；基于班级开展服务，融入学生的学习社区；拓展服务内容，探索全程融入式信息素质教育等方式推动服务的实施[147]，使得新生在体验和享用馆员知识服务的过程中，增强对未来未知学习旅程的自信心。

3.4　东楼修缮重启——空间再造带来的体验式知识服务

面对知识经济时代与用户多元化需求，图书馆也在发生着变革与重塑，空间再造成为图书馆转型发展的重要抓手之一。北京大学图书馆借东楼修缮，新设“和声厅”多功能室由用户自由使用，可以朗读、唱歌、听音乐、演练 PPT 或小组讨论等，并提供专业放映设备和音响设施进行文艺作品鉴赏，为用户营造全新的阅读空间和视听赏的立体体验模式。新设研讨室和研修专座等，方便师生在安静阅读的环境下，也能进行自由交流讨论，碰撞出思想火花。

在一层新设 600 平方米的展厅，设置“可爱的中国书”常设展和珍稀文献展，让用户近距离接触珍稀藏品，如最古老的《几何原本》、第二版《共产党宣言》、毛泽东向北京大学图书馆借阅的庚辰本《脂砚斋重评石头记》、胡适的博士学位证书、宋刻本《攻媿先生文集》等[148]，凸显特藏、古籍资源的知识服务优势，让用户身临其境，感受实物、照片、解说词带来的文化历史体验；对接和引导用户的文化需要，开展“中国共产党成立 100 周年主题展览”等活动，构筑体验式知识服务的品牌，使高校图书馆也成为滋养师生心灵、培育文化自信的重要文化场所。从隐性知识的管理和运营来看，设计图书馆简史展，向用户介绍北京大学图书馆辉煌历史与深厚底蕴，精心设计简史展参观路线，让用户体验图书馆员“书香迢递、斯文在兹”“价值引领、道隐无名”的淡泊自守之魂。

3.5　开题推荐——多粒度知识集成服务

北京大学图书馆开题文献推荐主要为硕、博士研究生论文的初期写作提供个性化知识服务，聚焦论文写作与开题前的文献调研与数据收集工作，利用文献计量分析的方法和工具，梳理研究课题必读经典文献，包括图书、期刊论文、学位论文等，以及相关的公式、图表和数据等内容，按照科研主题的相关程度进行揭示，帮助研究生从文献、知识单元、知识元等不同角度了解自己的研究内容。

以“技术关联与中国地区制造业创新效率差异研究”论文开题为例，图书馆员首先是充分利用关键词检索、相似文献发现、引文检索、综述论文、关联检索等手段和方法对中外文献进行初步调研，与用户沟通后再次调整检索词和查询数据库。当遇到密切相关文献较少的情况时，图书馆员则帮助用户进行主题拓展检索，比如从最相关的图书/文章/学位论文去查找相关参考文献，或另辟蹊径从代表性的作者和文献入手，查找相似文献、引证文献和综述文献，构筑全面、完整、精准的文献网络。其次是用户对创新效率与技术关联的相关数据和图表资料比较关注，图书馆员则通过一定的技术手段，如主题和关键词检索、数据挖掘和文本分析等，对图书馆数据库、开放数据平台等资源进行搜索与组织。最后对查找到的知识资源进行凝练与集成，形成多维、多层、多粒度知识单元的集成知识体系，受到委托用户的好评。

4　小结

随着知识经济时代和大数据技术的发展，高校图书馆在未来仍面临众多挑战，要满足师生学习方式、教学模式、科研范式的变化带来的新需求，需要不断地发挥优势、调研需求和坚持创新。知识服务创新是应对新时期内外环境变化的重要抓手，应以满足新时代大数据技术和科研环境变化的需求为目标，以创新知识服务内容与模式为突破点，引导高校图书馆资源合理配置，促进图书馆在新时期的服务转型升级。

随着知识的价值日益凸显，高校图书馆创新知识服务，在知识的生产者与使用者之间构筑一道桥梁，使知识流动实现效用最大化。高校图书馆的知识服务无论是在理论还是实践方面仍处于探索阶段，后续应该在知识服务创新的模式与体系，特别是技术工具和典型案例等方面进行深入探索研究，不断丰富高校图书馆知识服务的内容与方法、提高知识服务的实施效果与科学性。

参考文献

[1] Roger C. Schonfeld. Ithaka S＋R US Library Survey 2016[OL/R]. 2017. http://www.sr.ithaka.org/wp-content/uploads/2017/03/SR_Report_Library_Survey_2016_04032017.pdf.

[2] Matthew P. Long, Roger C. Schonfeld. Ithaka S ＋ R Library Survey 2010: Insights from U.S. Academic Library Directions[OL/R]. 2011. http://www.sr.ithaka.org/wp-content/uploads/2015/08/insights-from-us-academic-library-directors.pdf.

[3] James Michalko, Constance Malpas, Arnold Arcolio. Research libraries, risks, and systemic change[OL/R]. 2010. https://www.oclc.org/content/dam/research/publications/library/2010/2010-03.pdf.

[4] 张晓林. 研究图书馆 2020：嵌入式协作化知识实验室？[J]. 中国图书馆

学报，2012(1)：11-20.

[5] 张晓林. 从文献传递到知识传递：面向未来的模式转变？——参加ILDS2009会议有感[J]. 图书馆杂志，2010(2)：2-5，26.

[6] Horn A，Maddox A，Hagel P，et al. Embedded library services：Beyond chance encounters for students from low SES backgrounds[J]. Australian Academic & Research Libraries，2013，44(4)：235-250.

[7] Shumaker D，Tyler L A. Embedded library services：An initial inquiry into practices for their development，management and delivery[C]. Special Libraries Association Annual Conference. Denver，Colorado. Retrieved from http://www.sla.org/pdfs/sla2007/ShumakerEmbeddedLibSvcs.pdf.

[8] 邓仲华，李立睿. 面向科研的嵌入式知识推送服务研究(上)——产生、环节与内涵[J]. 图书馆杂志，2015(7)：19-23.

[9] 刘颖，黄传惠. 嵌入用户环境：图书馆学科服务新方向[J]. 图书情报知识，2010(1)：52-59.

[10] 初景利. 学科馆员对嵌入式学科服务的认知与解析[J]. 图书情报研究，2012，5(3)：1-9.

[11] 杨蔚琪. 嵌入式学科服务——研究型大学图书馆转型发展的新思路[J]. 情报资料工作，2012 (2)：88-92.

[12] 孙坦，初景利. 图书馆嵌入式学科服务的理论与方法[M]. 北京：科学出版社，2015.

[13] 李书宁. 构建分层学科服务体系提供精准化嵌入式服务[J]. 图书馆工作与研究，2017(1)：85-89.

[14] 吴鸣，王丽. 嵌入式学科情报服务实践——以支持国家重大科技专项科研创新为例[J]. 图书情报工作，2013，57(22)：43-49.

[15] 谢守美，李敏，高红，等. 基于嵌入式科研服务的学科馆员与科研人员的协同信息行为[J]. 情报理论与实践，2017，40(1)：88-92.

[16] 徐路路，王效岳. 基于新一代图书馆系统的嵌入式服务分析——以WMS、Alma、Sierra为例[J]. 数字图书馆论坛，2017(8)：52-59.

[17] Cornell University Library. Toward 2015：Cornell University Library Strategic Plan，2011-2015[EB/OL]. [2017-07-12]. https://www.library.cornell.edu/about/inside/strategic-plan.

[18] 范爱红，Deborah J. Schmidle. 学科服务发展趋势与学科馆员新角色：康奈尔范例研究[J]. 图书情报工作，2012(5)：15-20.

[19] 陆颖，杨志萍，曾艺蓉，等. 提升科研团组情报分析能力的学科化服务机制研究[J]. 图书馆理论与实践，2014，(8)：77-80.

[20]清华大学图书馆. 学科馆员[EB/OL]. [2023-11-09]. https://lib.tsing-

hua. edu. cn/kyzc/xkgy. htm.

[21]吴爱芝，肖珑，张春红，等. 基于文献计量的高校学科竞争力评估方法与体系[J]. 大学图书馆学报，2018，36(1)：62-67+26.

[22]陈红艳，章望英，孙晶. 我国“985”高校图书馆学科服务现状调查与分析[J]. 高校图书馆工作，2012，32(3)：85-89.

[23] 中国科学院文献情报中心. 学科馆员[EB/OL]. [2018-10-06]. http://dref. csdl. ac. cn/dref/home. htm.

[24] 上海交通大学图书馆. 科研支持[EB/OL]. [2018-10-06]. http://www. lib. sjtu. edu. cn/index. php? m=content&c=index&a=lists&catid=53.

[25] 程惠兰，胡小华. 嵌入科研过程的学科服务实践研究[J]. 现代情报，2017，37(12)：102-109.

[26] Gary J. Jim Gray on e-Science：A Transformed Scientific Method[C]//T. Hey，S. Tansley，K. Tolle. The Fourth Paradigm：Data-intensive Scientific Discovery. Redmond：Microsoft Research，2009：xvii-xxxi.

[27] 吕俊生，陈炜. 融入科研环境的嵌入式学科服务的个案研究[J]. 图书馆学研究，2013(20)：67-70.

[28] 吴爱芝. 大数据环境下高校图书馆智慧化学科服务研究[M]. 北京：海洋出版社，2018.

[29] 李文文，成颖. 科研人员信息行为分析及其对图书馆个性化科研服务的启示[J]. 情报科学，2017，35(1)：74-77+105.

[30]Yale University Library. About the Personal Library Program[EB/OL]. [2018-10-03]. https://web. library. yale. edu/pl.

[31] Schneider R. Research data literacy[C]. In：Kurbanoglu S，et al. (eds) Worldwide Communities and Challenges in Information Literacy Research and Practice. Cham：Springer International，2013：1-16.

[32] Tony H. The Fourth Paradigm：Data-intensive Scientific Discovery[M]. Redmond：Microsoft Research，2009.

[33] Stuart D. Facilitating Access to the Web of Data[M]. London：Facet Publishing，2011.

[34] The Association of College and Research Libraries (ACRL) Research Planning and Review Committee. Top ten trends in academic libraries：A review of the trends and issues affecting academic libraries in higher education[J]. College & Research Libraries News，2012，73(6)：311-320.

[35] ACRL Research Planning and Review Committee. 2016 top trends in academic libraries：A review of the trends and issues affecting academic libraries in higher education[J]. College & Research Libraries News，2016，77(6)：

274-281.

[36] ACRL Research Planning and Review Committee. 2018 top trends in academic libraries: A review of the trends and issues affecting academic libraries in higher education[J]. College & Research Libraries News, 2018, 79(6): 286-294.

[37] Merrill A. Library+[J]. Public Services Quarterly, 2011, 7(3-4): 144-148.

[38] Shields M. Information literacy, statistical literacy, data literacy[J]. IASSIST Quarterly, 2004, 28(2-3): 6-11.

[39] Koltay T. Data literacy: In search of a name and identity[J]. Journal of Documentation, 2015, 71(2): 401-415.

[40] 陈媛媛，柯平. 高校图书馆科研数据服务研究综述[J]. 图书馆工作与研究，2017(10): 17-23+30.

[41] Carlson J, Fosmire M, Miller C C, et al. Determining data information literacy needs: A study of students and research faculty[J]. Portal: Libraries and the Academy, 2011, 11(2): 629-657.

[42] Shorish Y. Data information literacy and undergraduates: A critical competency[J]. College & Undergraduate Libraries, 2015, 22(1): 97-106.

[43] Maybee C, Carlson J, Slebodnik M, et al. "It's in the syllabus": Identifying information literacy and data information literacy opportunities using a grounded theory approach[J]. Journal of Academic Librarianship, 2015, 41(4): 396-376.

[44] Qin Jian, D'Ignazio J. Lessons learned from a two-year experience in science data literacy education[J]. Louisiana Libraries, 2010, 63(1): 18-20.

[45] Tenopir C, Birch B, Allard S. Academic Libraries and Research Data Services: Current Practices and Plans for the Future[M]. Chicago: ARCL. 2012.

[46] Dichev C, Dicheva D. Towards data science literacy[C]. In: Koumoutsakos P, Lees M, Krzhizhanovskaya V, et al. Procedia Computer Science, 2017, 108: 2151-2160.

[47] 孟祥保，常娥，叶兰. 数据素养研究：源起、现状与展望[J]. 中国图书馆学报，2016, 42(3): 109-126.

[48] Prado J C, Marzal M Á. Incorporating Data Literacy into Information Literacy Programs: Core Competencies and Contents[J]. Libri, 2013, 63(2): 123-134.

[49] 张静波. 大数据时代的数据素养教育[J]. 科学，2013, 65(4): 29-32.

[50] Otto J L. Assessing and improving data literacy: a study with urban and regional planning students[J]. PNLA Quarterly, 2012, 76 (4): 5-24.

[51] 高淑莲. 大数据背景下国外数据素养教育及启示[J]. 图书馆研究, 2015, 45(6): 108-111.

[52] 黄如花, 李白杨. MOOC背景下信息素养教育的变革[J]. 图书情报知识, 2015(4): 14-25.

[53] Stephenson E, Caracello P S. Incorporating data literacy into undergraduate information literacy programs in the social sciences: a pilot project[J]. Reference Service Review, 2007, 35(4): 525-540.

[54] Koltay T. Big data, big literacies? [J]. Information, Communication & Society, 2012, 15: 663.

[55] Herzog D. Data Literacy: A User' s Guide [M]. Missouri: SAGE Publications, 2015: 1-2.

[56] Perry G J, Roderer N K, Assar S. A current perspective on medical informatics and health sciences librarianship[J]. Journal of the Medical Library Association, 2005, 93(2): 199-205.

[57] Tenopir C, Birch B, Allard S. Academic librarians and research data services: Preparation and attitude[J]. International Federation of Library Association and Institutions, 2013, 39(1): 70-78.

[58] 胡卉, 吴鸣, 陈秀娟. 英美高校图书馆数据素养教育研究[J]. 图书与情报, 2016(1): 62-69.

[59] Purdue University Libraries. Fall 2019 Course Offerings[EB/OL]. [2019-07-03]. https://www.lib.purdue.edu/initiatives/fall-2019-courses.

[60] Cambridge University Library. Cambridge Data School [EB/OL]. [2019-07-03]. https://www.cdh.cam.ac.uk/dataschool.

[61] Syracuse University Library. Research Data Services: Research Tutorials[EB/OL]. [2019-07-03]. http://researchguides.library.syr.edu/dataservices/ResearchTutorials.

[62] Stanford University Library. What's on at the Libraries: Workshops [EB/OL]. [2019-07-03]. https://library.stanford.edu/workshops.

[63] 沈婷婷. 数据素养及其对科学数据管理的影响[J]. 图书馆论坛, 2015, 35(1): 68-73.

[64] 黄如花, 王春迎. 面向学科的数据素养现状及需求调查: 以《信息检索》MOOC学生为例[J]. 图书馆论坛, 2016, 36(6): 99-105.

[65] 吴卫华, 崔继方, 宋进英, 赵茗羽. 大数据环境下高校图书馆数据素养教育研究[J]. 华北理工大学学报(社会科学版), 2020, 20(1): 42-46.

[66] 李楣．研究生数据素养评价量表构建及应用研究[D]．江苏大学，2017．

[67] 张群，刘玉敏．高校图书馆科学数据素养教育体系模型构建研究[J]．2016(1)：96-102．

[68] 陈媛媛，王苑颖．加拿大数据素养教育实践及启示——以达尔豪斯大学为例[J]．情报理论与实践，2019，42(6)：166-171．

[69] 张长亮，王晨晓，李竞彤．大数据时代中美高校数据素养教育比较研究[J]．情报理论与实践，2019，42(8)：131-137．

[70] 肖希明，倪萍．中美LIS教育中数据素养教育的调查与比较分析[J]．图书与情报，2018(1)：20-27．

[71] 胡卉，吴鸣．国外图书馆数据素养教育最佳实践研究与启示[J]．现代情报，2016，36(8)：66-74+78．

[72] 胡卉，吴鸣，陈秀娟．加拿大高校图书馆数据素养教育模式[J]．图书情报工作，2016，60(8)：53-58．

[73] 孟祥保，李爱国．国外高校图书馆科学数据素养教育研究[J]．大学图书馆学报，2014，32(3)：11-16．

[74] 上海交通大学图书馆．嵌入教学培训[EB/OL]．[2019-07-04]．http://irsurvey.lib.sjtu.edu.cn/training/embedded.asp．

[75] 北京师范大学图书馆．小图微课[EB/OL]．[2019-07-04]．http://www.lib.bnu.edu.cn/content/wei-ke-cheng．

[76] 武汉大学图书馆．小布微课[EB/OL]．[2019-07-04]．http://www.lib.whu.edu.cn/web/index.asp? menu=v&obj_id=805&r=50487#a5．

[77] 中山大学图书馆．“2019年专利大讲堂”系列讲座 开讲啦！[EB/OL]．[2019-07-04]．http://library.sysu.edu.cn/event/1352．

[78] 网易和高教社．中国大学MOOC[EB/OL]．[2019-07-04]．https://www.icourse163.org/topics/InformationLiteracy/．

[79] 清华大学图书馆．课程教学[EB/OL]．[2019-07-04]．https://lib.tsinghua.edu.cn/xxzc/kcjx.htm．

[80] 北京大学图书馆．第二届全国高校数据驱动创新研究大赛正式启动[EB/OL]．[2019-07-04]．https://www.lib.pku.edu.cn/portal/cn/news/0000001878．

[81] 上海电力大学．关于“慧源共享”上海高校开放数据创新研究大赛的通知[EB/OL]．2019-04-26．[2019-07-04]．https://news.shiep.edu.cn/0a/75/c2679a199285/page.psp．

[82] 中国科学院文献情报中心．关于举办第6期中国数据馆员研讨班的通知[EB/OL]．[2019-07-05]．http://peixun2018.csp.escience.cn/dct/page/70010．

[83] Koltay T. Data literacy for researchers and data librarians[J]. Journal

of Librarianship and Information Sciences，2017，49(1)：3-14.

[84] 北京大学图书馆. 欢迎参加“Paper 诞生记”系列在线讲座[EB/OL]. [2019-07-04]. https://www.lib.pku.edu.cn/portal/cn/news/0000002145.

[85] 北京大学图书馆. 欢迎参加图书馆“软件达人成长记”系列在线讲座[EB/OL]. [2020-05-20]. https://www.lib.pku.edu.cn/portal/cn/news/0000002159.

[86] Wong G K W. Facilitating students' intellectual growth in information literacy teaching[J]. Reference and User Services Quarterly，2010，50(2)：114-118.

[87] Jacobs H L M，Jacobs D. Transforming the one-shot library session into pedagogical collaboration information literacy and the english composition class[J]. Reference & User Services Quarterly，2009，49(1)：72-82.

[88] Mandinach E B，Gummer E S. A systemic view of implementing data literacy in educator preparation[J]. Educational Researcher，2013，42(1)：30-37.

[89] Mooney H，Newton M P. The anatomy of a data citation：discovery，reuse，and credit[J]. Journal of Librarianship and Scholarly Communication，2012，1(1)：1-14.

[90] 北京大学图书馆. 一小时讲座 [EB/OL]. [2019-07-04]. https://www.lib.pku.edu.cn/portal/cn/xxzc/yixiaoshi.

[91] 孙蒙鸽，韩涛. 科研智能化与知识服务：内涵、实现与机遇[J]. 情报理论与实践，2021，44(10)：41-49.

[92] Farrokhnia M，Banihashem S K，Noroozi O，A SWOT analysis of ChatGPT：Implications for educational practice and research[J]. Innovations in Education and Teaching International，2023，61(3)：460-474.

[93] MIT Libraries. Institution-wide task force on the future of libraries [EB/OL]. 2016-10-24. [2021-06-15]. https://future-of-libraries.mit.edu/.

[94] Clair G S. Knowledge services：Your company's key to performance excellence[J]. Information Outlook，2001，5(6)：5-8.

[95] Clair G S，Reich M J. Knowledge services：financial strategies & budget[J]. Information Outlook，2002，6(6)：26-33.

[96] Clair G S，Harriston V，Pellizzi T A. World class knowledge services [J]. Information Outlook，2003，7(6)：10.

[97] 彭修义. 对图书馆工作与图书馆理论的知识文化考察(续完)[J]. 黑龙江图书馆，1987(4)：17-24.

[98] 任俊为. 知识经济与图书馆的知识服务[J]. 图书情报知识，1999(1)：27-29.

[99] 张晓林. 走向知识服务：寻找新世纪图书情报工作的生长点[J]. 中国图书馆学报，2000(5)：32-37.

[100] 李尚民. 图书馆信息服务与知识服务比较研究[J]. 现代情报，2007(12)：33-35.

[101] 徐修德，刘钒. 基于 CiteSpace 的国内知识服务研究分析[J]. 图书情报导刊，2020，5(7)：26-33.

[102] 李晓鹏，颜端武，陈祖香. 国内外知识服务研究现状、趋势与主要学术观点[J]. 图书情报工作，2010，54(6)：107-111.

[103] Pospelova A，Tsurtsumia R，Tsibulnikova M. Embedded librarians as providers of knowledge services[J]. Portal-Libraries and the Academy，2018，18(4)：651-669.

[104] 陈建龙. 论大学图书馆信息服务创新的细分与整合战略[J]. 大学图书馆学报，2018，36(5)：5-11.

[105] 柯平. 新世纪图书馆需要知识管理和知识服务[J]. 新世纪图书馆，2005(6)：13-15.

[106] 王新，陆璇，张萍. 新知识环境下对高校图书馆知识产品服务的思考[J]. 图书馆建设，2019(S1)：29-36.

[107] 周倩，刘勇. 图书馆知识服务理论与实践概论[J]. 情报理论与实践，2005(4)：379-382.

[108] 于卫华，李书宁，于静. 加强图书馆知识服务内容嵌入院系学科服务——以北京师范大学图书馆学科服务为例[J]. 农业图书情报学刊，2018，20(2)：167-171.

[109] 肖珑. 支持“双一流”建设的高校图书馆服务创新趋势研究[J]. 大学图书馆学报，2018，36(5)：43-51.

[110] 肖珑，胡敏. 国际图联知识管理专委会近年工作与知识管理未来思考[J]. 知识管理论坛，2020，5(4)：210-218.

[111] 邱均平，张蕊，文庭孝等. 知识管理学概论[M]. 武汉：武汉大学出版社，2019：270-278.

[112] Porter A，Zhang Y，Huang Y，et al. Tracking and Mining the COVID-19 Research Literature[J]. Frontiers in Research Metrics and Analytics，2020，5：594060.

[113] 杜建. 基于多维深层数据关联的医学知识挖掘研究进展[J]. 农业图书情报，2019，31(3)：4-12.

[114] 王雪，武俊伟，陈观群，等. 阿尔茨海默病基因—疾病关联的知识挖掘[J]. 图书情报工作，2020，64(13)：120-132.

[115] 马费成，周利琴. 面向智慧健康的知识管理与服务[J]. 中国图书馆学

报，2018，44(5)：4-19.

[116] Brundy C. Academic libraries and innovation：a literature review[J]. Journal of Library Innovation，2015，6(1)：22-39.

[117] 汪越男，王君，倪潇，等. 新时代图书馆发展中知识服务模式创新研究[J]. 图书馆建设，2019(S1)：37-40.

[118] 柯平. 后知识服务时代的图书馆服务创新[J]. 高校图书馆工作，2020，40(1)：1-8.

[119] 陈燕方. 基于多粒度的图书馆知识服务创新[J]. 数字图书馆论坛，2018(3)：25-30.

[120] 江中君. 面向交互创新的图书馆知识服务模式研究[J]. 图书馆建设，2020(3)：122-132.

[121] 柳益君，何胜，熊太纯，等. 面向资源的图书馆跨媒体知识服务——特征、路径和创新服务[J]. 图书馆，2020(10)：34-39.

[122] 吴建中. 知识是流动的：出版界与图书馆界的新课题[J]. 图书馆杂志，2015(3)：4-11.

[123] 张晓林. 颠覆性变革与后图书馆时代——推动知识服务的供给侧结构性改革[J]. 中国图书馆学报，2018，44(1)：4-16.

[124] 柯平，邹金汇. 后知识服务时代的图书馆转型[J]. 中国图书馆学报，2019，45(1)：4-17.

[125] 宋海艳，郭晶，董珏. 高校图书馆深度知识服务流程框架与实现路径研究[J]. 图书情报工作，2017，61(5)：6-13.

[126] Singh N. The Pandemic Situation：Impact on Information Services in Indian higher education and digital transformation[J]. Qualitative & Quantitative Methods in Libraries，2020，9(S1)：167-189.

[127] Temiz S，Salelkar L P. Innovation during crisis：exploring reaction of Swedish university libraries to COVID-19 [J]. Digital Library Perspectives，2020，36(4)：365-375.

[128] Guo Y J，Yang Z N，Yang Z S，et al. The provision of patron services in Chinese academic libraries responding to the COVID-19 pandemic[J]. Library Hi Tech，2021，39(2)：533-548.

[129] 李显辉，肖铮，黄国凡. 高校图书馆信息素养教育应急响应在线实施策略——以厦门大学图书馆为例[J]. 图书馆学研究，2020(20)：90-96.

[130] 张志强，张邓锁，胡正银. 突发重大公共卫生事件应急集成知识咨询服务体系建设与实践——以新冠肺炎(COVID-19)疫情事件为例[J]. 图书与情报，2020(2)：1-12.

[131] 王波，周春霞，陈凌，等. 积极融入新冠肺炎疫情防控大局，切实创新

非常时期服务策略——全国高校图书馆疫情防控期间服务创新情况调研报告[J]. 大学图书馆学报，2020，38(2)：5-17+29.

[132] 梁益铭，谢小燕. 高校图书馆公共卫生治理与服务体系研究——以新冠肺炎疫情防控为例[J]. 高校图书馆工作，2020，40(3)：29-36.

[133] Tsekea S, Chigwada J P. COVID-19: strategies for positioning the university library in support of e-learning[J]. Digital Library Perspectives, 2021, 37(1): 54-64.

[134] 张秋，李津. 高校图书馆韧性协同资源服务体系的构建与思考——以清华大学图书馆防疫实践为例[J]. 大学图书馆学报，2021，39(1)：50-55.

[135] Kazempour Z, Soleymani M R, Najafi N S, et al. Identifying the roles of medical librarians in COVID-19 crisis in Iran[J]. Journal of Education and Health Promotion, 2021, 10: 226.

[136] Yuan M, Li D, Rui G, et al. An analysis of university students' health information service needs from academic library in the postCOVID-19 age through Kano model[J]. Library Hi Tech, 2021, 39(3): 711-721.

[137] Crawford W, Gorman M. Future Libraries: Dream, Madness, and Reality[M]. Chicago: ALA Editions of the American Library Association, 1995: 8-12.

[138] Wojcik M. How to design innovative information services at the library? [J]. Library Hi Tech, 2019, 37(2): 138-154.

[139] 张晓林. 重新认识知识过程和知识服务[J]. 图书情报工作，2009(1)：8-10.

[140] 王丽珍. 高校图书馆体验式服务模式的新突破[J]. 大学图书情报学刊，2018，36(4)：48-53.

[141] 刘学平. 图书馆知识服务过程价值体现探赜[J]. 图书馆理论与实践，2020(1)：25-29.

[142] 中华人民共和国教育部. 国务院关于印发统筹推进世界一流大学和一流学科建设总体方案的通知[EB/OL]. 2015-10-24. [2021-11-16]. http://www.moe.gov.cn/jyb_xxgk/moe_1777/moe_1778/201511/t20151105_217823.html.

[143] 张春红，肖珑，贺飞，等. 学科前沿分析的方法与实践——以北京大学图书馆为例[J]. 图书情报工作，2020，64(16)：36-44.

[144] 北京大学图书馆. 图书馆关于开学前调整服务方式的通知[EB/OL]. 2020-1-31. https://www.lib.pku.edu.cn/portal/cn/news/0000002112.

[145] 张海舰. 论高校图书馆阅读服务体系优化——从北京大学图书馆“送书到楼”服务谈起[J]. 大学图书馆学报，2020，38(3)：65-70.

[146] 北京大学图书馆. 带班图书馆员[EB/OL]. [2021-06-21]. https://

www. lib. pku. edu. cn/portal/cn/hdjl/jxypx/dbtsgy.

[147] 刘雅琼，张春红. 个人图书馆员服务的探索与创新——以北京大学图书馆“带班图书馆员”服务为例[J]. 大学图书馆学报，2023，41(3)：73-78.

[148] 王波，支娟，陈建龙. 图书馆现代化新征程上的创新发展——浅析北京大学图书馆东楼修缮重启的新意[J]. 大学图书馆学报，2021，39(1)：33-43.

第五章　学科建设进展的跟踪评估服务

针对学科建设进展中的需求，图书馆可利用自身资源优势，提供科研数据分析服务、智库服务和学科竞争力评价服务，探讨如何综合运用文献计量和模糊综合评价等方法及时动态评估各高校和各学科的建设进度和在国内外的竞争力，为科学评判学校内部的优、劣势学科、潜力学科和重点（扶持）学科等提供数据支撑。

第一节　科研数据分析服务①

科研评价是高校科技管理工作的组成部分，也是正确引导和促进科学研究发展的重要环节。在开放学术环境下，如何构建科学合理的科研评价体系，准确判断科研机构和人员的学术水平，并将之作为制定管理政策、优化资源配置的依据，成为高校科研管理面临的一项重要议题。在大数据时代，科研学术环境以及如何超越"五唯"（唯论文、唯帽子、唯职称、唯学历、唯奖项）[1]使得科研评价成为学界讨论的焦点，重构学术评价体系、重塑学术评价流程[2]将成为学术生态系统规范建设与发展的必要活动[3]。结合北京大学图书馆近年来与科研管理部门合作开展的一系列科研评价服务实践，本部分在科研成果影响力生命周期理论的基础上，建立规范的数据分析范式，就数据分析过程中的数据收集、清洗、统计分析、可视化、结果解读等环节进行研究，以期为高校图书馆科研评价服务提供数据分析参考与借鉴。

1　文献综述

随着科研环境的快速发展和大数据技术的日益进步，科研数据越来越成为现代科研管理与高校学科建设决策的重要基础资源[4]，科研评价服务也成为高校图书馆的重要业务[5—6]，为科学研究生产过程的质量监督与高质量发展保驾护航[7]。国外高校图书馆的科研评价服务以文献计量为主要研究方法，使用WoS、ESI、Scopus等数据源为基础提供科研成果影响力评价，帮助科研工作者提高成果影响力，但凡能提高科研成果评估的内容都在服务之列[8]。如康奈尔大学图书馆与康奈尔社会经济研究所等校内机构合作开展地理信息系统（Geographic Information System，GIS）、文献计量等服务[9]；俄勒冈州立大学图书馆与研究者多次合作，进一步

① 吴爱芝，刘姝，刘雅琼. 高校科研评价服务中的数据分析研究——基于科研成果影响力生命周期理论的探讨[J]. 晋图学刊，2021(6)：31-38.

挖掘科研人员学术影响力的新指标、方法和工具[10]。英国各高校图书馆主要是数据管理计划、存储支持、开放获取和文献计量服务，伦敦政治经济学院图书馆还为专门使用敏感、保密数据的科研工作者提供设施设备，帮助使用者使用离线统计软件[11]。澳大利亚各高校图书馆的科研评价服务除了提供科研影响力评估报告外，还提供影响科研成果评估的行为与因素分析，包括出版物的选择、学术标识符与履历的创建、对以往研究成果评价结果的回顾和反思等，均影响到未来的科研影响力和竞争力[12]。国内则大多顺应学校“双一流”建设需求，调整组织机构或增加服务内容，提供学科发展战略、学科发展态势、学科竞争力分析等科研评价服务。比如，北京大学图书馆基于科研生命周期理论提供一系列服务，其中，基础数据服务主要是收集科研数据，检索咨询主要是科研成果和学科排名，数据分析服务以竞争力分析、人才评估、科研绩效评价、研究前沿探索等[13]；清华大学图书馆长期提供的文献计量分析包括学科发展态势分析、学术影响力评价与科研绩效评估、学科高被引论文检索、论文统计与收录引用检索、中国期刊的国际影响力评价等[14]；上海交通大学图书馆则为特定领域建立数据平台、发布领域前沿快讯、分析领域态势等[15]。

在科研评价服务的数据分析中，数据源一般包括 WoS 数据[16]、Scopus 数据[17]、CNKI 文献来源[18—20]、JCR(Journal Citation Report)数据[21]、CSSCI 数据[22]、网络数据[23—24]等等。从数据类型上包括文本型数据[25]、数值型数据[26]、字节型数据等。从数据产生的方式来看，包括内容数据、行为数据和环境数据[27]。从数据处理的指标来看，包括绝对量化指标、相对量化指标和归一化指标[28]，或者也可分为期刊、作者、论文集合三个维度的指标体系[29]。科研数据的处理主要有文献计量[30]、共词分析、社会网络方法、数据挖掘、云计算功能和深度学习等方法，高校图书馆提供科研评价服务时，往往使用其中的几种方法，目前在图书馆业务中有广泛应用[31]。尽管业界对文献计量在科研评价服务中仍存在争议[32—34]，但仍可以通过启发法获得令科研人员和决策者满意的近似最优解[35]。替代计量学则是在 Web 2.0 环境下新兴的计量方法，目前主要通过补充性指标对学术成果的影响力进行评价[36]。对具体领域的研究热点及演化趋势进行分析的常见方法有共词分析[37]和社会网络分析[38—39]，两种方法可以结合使用[40]。随着大数据技术的普及应用，数据的可视化分析、云计算与机器自学习等也成为科研数据处理的重要方法。有学者利用 CiteSpace、Ucinet、TDA 等分析工具探析国际学术界科学数据管理研究发展的演进过程[41]等。利用计算机深度学习，高效分析获取的图像、文本以及声音等数据进行科学解释[42—43]，Semantic Scholar 免费学术搜索引擎就是基于系统理解科研文献内容的学术影响力评价功能分析[44]工具。

总体来看，国内外高校图书馆的科研评价服务以文献计量方法为基础，充分发挥图书馆购买的 WoS、Scopus 等数据库资源，数据分析主要是从期刊(或图书)、作者、机构等角度对发文数量与引用质量进行评价，并开始出现替代计量学的评价体系。目前文献主要集中在对个案的剖析与介绍阶段，较少系统研究科研评价服务中的数据分析流程与实施方案。本部分依托科研成果影响力生命周期理论，设计科研评价服务中科研数据分析的基本范式，并给出北京大学图书馆在科研数据分析方面的服务实践，为图书馆开展科研评价服务提供实施建议和参考。

2 科研成果影响力生命周期与科研数据分析

科研成果影响力生命周期是2007年由澳大利亚新南威尔士大学图书馆提出，该理论认为研究成果的影响力具有生命周期，贯穿于学术成果的出版、管理、维护、评估以及展示的全流程中[45]，随着网络和社交媒体等技术的发展，该图书馆提供的服务不断优化，包括科研成果的战略性出版（Strategic Publishing）、科研人员主页维护（Researcher Profile Tools）、影响力跟踪（Tracking Research Impact）、社交媒体与专业化展示（Social Media and Professional Presence）等，主要目的是帮助科研人员理解、定量化评价科研产出的影响力，反过来进一步优化研究成果的出版发行、管理和展示等环节，扩大研究成果的传播速度和范围，进而增强研究成果的影响力[46]。

基于科研成果影响力生命周期理论，结合以往北京大学图书馆科研评价服务的实践。对科研评价服务中数据分析的一般流程进行探索性研究。围绕科研成果的战略性出版、科研人员主页维护、影响力跟踪、社交媒体与专业化展示等服务内容，首先是开展数据分析需求调研，以了解服务需求方要达到的目标；其次是明确评价视角与数据来源；再次是制定数据处理方案，确定数据处理方法和使用的工具；最后是实施规范化数据处理基本步骤，包括对标机构选择与学科匹配、数据采集与预处理、数据提取与集合、数据分析与挖掘、数据展示与解读等，并核实是否满足数据分析需求，如图5-1所示。在科研成果影响力生命周期理论中，科研数据分析是基础，贯穿于生命周期的全过程，在这一过程中，图书馆、服务需求方与科研工作者等利益相关方的合作与交流是必需的，有助于全方位提升科研成果的影响力与传播力。

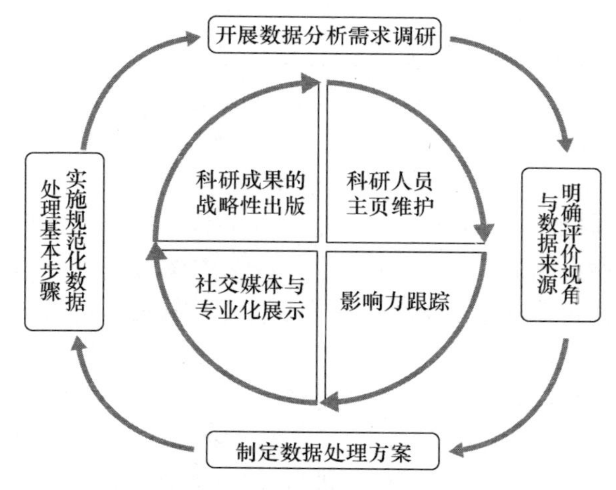

图5-1 基于科研成果影响力生命周期的科研数据服务

3　科研数据分析的一般流程

随着大数据技术和计算分析功能的日益强大，科研数据分析在推动学科建设与决策中的作用也在增强。依据科研成果影响力周期理论，遵循科研数据分析的基本范式进行数据分析是十分必要的。

3.1　开展数据分析需求调研

科研评价服务的目标不同，会对数据来源选取、数据处理方案产生影响。根据服务对象可分为学校管理与决策部门、院系领导与科研管理办公室、科研团队或实验室、个体科研人员等，不同服务对象的委托需求也是多种多样的，比如“双一流”建设、院系学科战略规划制定、科研工作者（或机构）自身评估、人才评价等。调研并明确委托服务的需求与目标是首要的，直接影响后续的数据分析内容与方案设计等工作。

3.2　明确评价视角与数据来源

根据委托需求，明确科研数据评价的视角，比如探索高校各学科的发展以及与国内外兄弟院校的差距及优势、发现国内外某研究方向的重要机构与科研工作者、评估某科研团队（或个体）的产出与影响力、提供研究机构或个体的引文分析、验证研究项目的创新程度、探究学科研究前沿或发展态势等。同时，根据评价视角进一步细化为针对期刊、研究论文、学术著作、基金项目、获奖、发明专利等的科研分析。为此，数据来源不仅包含中文数据库如知网、万方、读秀、人民日报等，英文数据库如 WoS 及其分析平台 InCites、JCR 和 ESI，Scopus 及其分析平台 SciVal，ProQuest 等，以及专利数据库如 Innography、Derwent、智慧芽、国知局专利等，也包括国家自然科学基金委、全国哲学社会科学规划办公室、各部委、各奖项、各高校官方网站数据等。

3.3　制定数据处理方案

明确数据评价需求与数据来源后，接下来需要制定数据处理方案，包括科研数据的采集与处理、数据接收、校对审核、入库、综合应用、汇总、录入数据平台，建立不同学科数据库，数据处理流程图如图 5-2 所示。

在数据采集与处理前，要建立数据处理组，制定不同数据源数据的采集流程和学科匹配标准，根据不同的数据类型使用数据处理软件。由专人负责数据接收、校对与审核，依据审核结果追本溯源，生成固定格式与名称的数据文件。数据处理完毕并审核验收合格后，建立信息管理系统，将各数据文件输入系统以实现数据的定期更新维护与管理，同时实现各学科数据库与报告分析的目标，完成人与人之间的信息互联和信息共享。

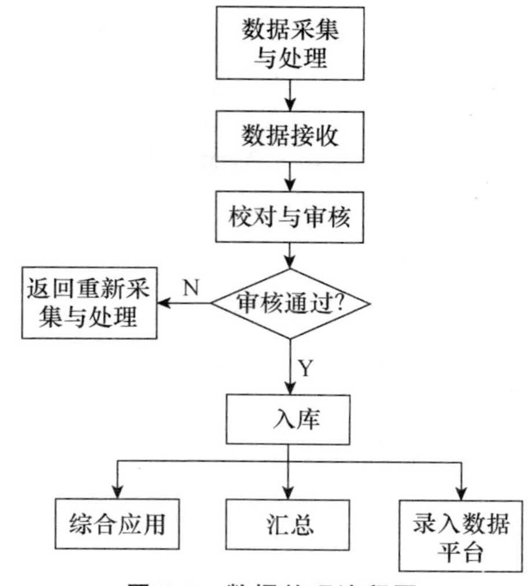

图 5-2 数据处理流程图

3.4 实施规范化数据处理基本步骤

科研评价服务中的规范化数据处理工作基本步骤可以概括为对标机构选择与学科对应、数据采集与预处理、数据提取与集合、数据分析与挖掘、数据展示与解读等步骤，如图 5-3 所示。

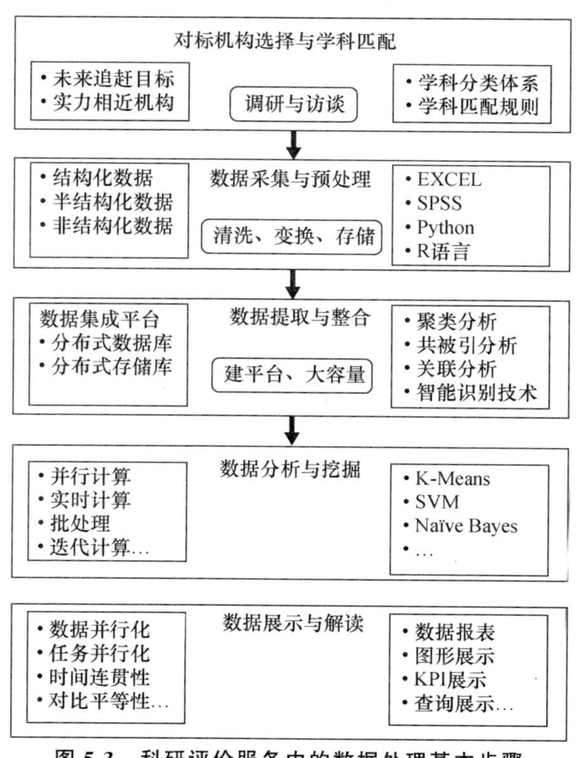

图 5-3 科研评价服务中的数据处理基本步骤

3.4.1　对标机构选择与学科匹配

由于不同机构之间各学科的发展水平存在显著差异，在进行科研评价的初始阶段，应先结合各机构的学科排名选择对标机构。结合QS世界大学排名、软科世界大学学术排名、USNews世界大学排名、泰晤士高等教育世界大学排名、教育部学科评估等最新（或近几年）排行榜，根据各高校排名分数的平均值选择对标机构，同时兼顾区域（或国家）之间的差异。与此同时，还要根据学科特色和院系专家、学者的意见，选择与本学科最具有竞争优势的高校机构进行对比分析。既要包括综合型大学，又要涵盖专业院校，比如《北京大学学科竞争力分析报告》（2018年版）的对标机构选取了20多所国内外一流学校和40多所专业对标院校。

学科匹配也是科研评价服务中的难点之一。每个数据源的学科分类标准不一致，知网数据依据文献分类目录、WOS数据依据WOS分类号、Scopus数据依据其学科类别与科研评价服务学科建立一一对应关系，对于没有学科标注的数据，需要对具体内容进行研究后确定，并借助学科专家进行校对与修正。

3.4.2　数据采集与预处理

利用传感器网络、社交媒体等多数据库，采集多种来源的结构化、半结构化及非结构化数据，并进行简单的查询和处理工作。目前常用的数据采集和处理软件或工具是Excel、SPSS、Python和R语言等；使用的数据库可以是关系数据库（如MySQL或Oracle），也可以是NoSQL数据库（如Redis或MongoDB）。数据预处理即数据清洗、数据变换和数据存储等，数据清洗主要是去掉噪声数据和异常数据，数据变换在于对数据进行归一化处理，数据存储重在防止数据丢失与数据凌乱，方便随时调取与计算，以提高数据分析的效率和速度。

3.4.3　数据提取与整合

进行数据预处理后，提取重要的系统数据进行集成，即把多个数据库的数据整合到一个大型分布式数据库或分布式存储平台，便于数据的集中查询与处理。基础数据类型多样，在数据集成后，需要根据数据特征或者分析需要，利用聚类、关联分析等方法对数据进行抽取处理，将复杂数据转化为单一类型或易于处理的数据。

3.4.4　数据分析与挖掘

数据分析与挖掘是科研评价服务的关键步骤，主要是利用大数据分析的工具对存储在分布式数据库或分布式计算集群内的海量数据进行并行计算和实时计算等，以满足书写分析报告时可随时调取数据的需求。随着大数据技术的发展，以往的串行计算已经无法满足用户需求，在完善与提高CPU编程模型的基础上，指令或进程级别的并行计算能够发挥强大的处理大规模数据的能力。并行计算为同时使用多个计算资源完成运算、多个独立的处理器完成各自任务的工作状态[47]。

数据挖掘是对已经做好统计的数据进行基于各种数据挖掘算法的计算，提取隐含在其中的、具有潜在意义的信息，揭示其规律和结果。比较典型的算法有用于聚类的K-Means（K均值）、用于统计学习的支持向量机（Support Vector Machine，SVM）、用于分类的朴素贝叶斯(Naive Bayes)算法、用于数据挖掘的基于 Hadoop 的 Mahout 等。

3.4.5　数据展示与解读

将数据进行交互式展示，有助于进行关键信息筛选。大规模数据的并行可视化工作主要涉及数据并行化、任务并行化、时间连贯性和对比平等性等。结果展现方式包括基于数据挖掘得出的数据报表(如数据表格、矩阵、图形等)、宏观展现模型数据分布情况的图形(如曲线、饼图、堆积图、仪表盘、鱼骨分析图等)、KPI 展现、查询展现等[48]。巧妙使用 Excel 中的数据透视图、WordArt、PPT 中的制图功能、Tableau、ArcGIS、CiteSpace 等进行图表整合与叠加，可以更加直观、简洁地表现学科发展态势、贡献度分析、学科发展空间布局等内容。

4　小结

科研评价服务已经成为高校图书馆服务创新的重点之一，数据分析在其中的作用日益凸显，其质量体现了图书馆在高校学科建设发展决策制定中的参考价值与科学性，关乎图书馆融入学科科研与管理决策的程度与深度。本书基于科研成果影响力生命周期理论，对科研评价服务中科研数据分析的基本范式进行探索性研究，包括开展数据分析需求调研、明确评价视角与数据来源、制定数据处理方案、规范化数据处理基本步骤等，并就数据分析服务中的选择对标机构与学科匹配、数据采集与预处理、数据提取与集合、数据分析与挖掘、数据展示与解读等环节进行了分析。

与此同时，高校图书馆在数据获取与处理中的认识和能力需要不断提升，需要在工作实践中借助大数据时代的信息技术不断探索新技术、新方法，系统、全面整理科研数据并将其规范化，构建集数据下载、数据清理(包括预处理、清洗与规范整理)、数据计算、数据可视化等功能于一体的科研数据服务平台，提高数据分析服务的效率与准确度。

第二节　智库服务①

“智库”(Think Tank)一般指由一群为政治、经济和社会问题提供意见和建议的专家组成的小组，该词最初源于 20 世纪 40 年代美国军队讨论军事战略与作战计划的保密室[49]，对智库的研究最初也始于美国[50]。近年来，我国高校智库等各类智库机构发展迅速，超前、创新和引领性的学术知识、学术思想和成果是提供现代智库服务的基础。高校图书馆具有丰富的馆藏资源和科研情报研究优势，随着 2014 年 2 月教育部发布《中国特色新型高校智库建设推进计划》，图书馆为顺应高校建设发展需求和功能转型升级，对智库服务的研究与建设得到快速发展，研究重

① 吴爱芝，王盛，张春红. 面向“双一流”建设的高校图书馆智库服务研究[J]. 现代情报，2021，41(1)：94-100.

点涵盖新型智库建设、信息和知识服务、服务模式、服务创新以及智库理念等内容，已成为情报学领域的热点话题[51]。通过论述高校图书馆智库服务开展的必要性和理论基础，对其需求、内容、基础数据来源、成果形式和案例实践进行探索性研究，以期为高校图书馆开展智库服务提供理论与实践参考。

1　高校图书馆智库服务的必要性

图书馆一直承担着情报信息服务的功能，近年来高校图书馆智库建设快速发展，源于信息化背景下图书馆自身转型的迫切需求、“双一流”建设背景下图书馆对高校和学科建设的专业支持和新形势下图书馆对社会文化传播提供决策支撑和规划保障。

1.1　图书馆自身转型与技术发展

大数据、云计算、移动互联网、人工智能等技术的广泛应用，知识获取方式和线上、线下教学模式迅速推广，图书馆要适应新时代科研发展需求。《今日美国》(*USA TODAY*)报纸将图书馆员这一职业列入2030年不复存在的八大职业之首[52]。转型发展一直是图书馆研究的永恒话题，也是图书馆事业健康顺利发展的重要动力之一。当今发展给图书馆带来了诸多挑战与困难，但也带来了最好的发展时期，新一轮转型发展势在必行。图书馆需要利用自身情报服务的经验和研究能力，借助新技术、新手段、新服务，以用户为导向提供深度服务，不断提升情报分析能力，向智库服务方向发展。

1.2　“双一流”建设的支持需求

2015年10月，国务院发布《统筹推进世界一流大学和一流学科建设总体方案》，指出通过建设一流师资队伍、培养拔尖创新人才、提升科学研究水平、传承创新优秀文化和着力推进成果转化来加快建成一批世界一流大学和一流学科[53]。“双一流”建设需要各方共同努力，高校图书馆作为文献数据的存储地、知识智慧的加工地和战略决策的支持地[54]，有责任也有能力在高校的学科建设和人才选拔、科研团队的科研评估和成果转化、研究领域的前沿追踪和热点探测、研究数据的分析挖掘和管理共享、高校智库的成果保存和平台建设等方面提供强有力的智库服务支持。在此背景下，高校图书馆智库服务迎来了重大的历史使命和强烈的战略需求。

1.3　为高校建设与社会文化传播提供保障

目前我国发展仍处于重要战略机遇期，在新形势下推动高校建设、弘扬大学精神、加强社会主义文化传播，有助于提升国家文化软实力和国际影响力。高校图书馆理应扎根于中国大地，融入国家与民族的现代化强国战略，紧跟时代脚步，与祖国需要同行。图书馆掌握着丰富的人类知识和社会文明历史成果，理应努力满足用户履职尽责和全面发展的绩效需要，和高校一起站在社会文化传承创新的最前沿阵地，既为学校使命服务，又为文化传承服务[55]。新时代，政府和高校决策者需要更加专业化和更高精准度的情报保障，图书馆可利用丰富的信息资源、专业的信息管理手段和处理技术、众多特色资源等优势[56]，在文献计量、内容分析、知识图谱等方面的知识服务优势提供专业、科学的智库服务，不断深化服务内容，以文化人，为继承和弘扬人类文化和文明贡献自己的力量。

2 图书馆智库服务的理论基础

2.1 循证图书馆学与协同理论

循证图书馆学(Evidence-based Librarianship)是医学领域的循证实践理论在图书馆领域的应用,循证实践的基本定义是“谨慎、准确和科学应用当前最好的诊断依据,结合医生个人专业技能和临床经验,以及患者意愿,给出最佳治疗方案和决策”[57]。循证图书馆学则基于循证医学理论,通过科学研究与图书馆工作实践获得最佳证据,结合用户需求提出问题解决方案,通过理论与实践的有机结合,提高图书馆服务的质量、效率与科学性[58]。智库服务中的很多数据信息为科研人员的研究成果,为保证证据的有效与充分利用,需要专业人员对证据进行验证和解读,循证图书馆学强调问题研究,遵循证据决策[59],要求对相关信息和数据进行全面总结与深度分析,提供高质量的知识服务[60],可为智库服务的开展提供理论依据,为图书馆服务从文献服务、信息服务向知识服务、智库服务不断发展提供理论支撑。

协同理论(Synergetics)是 20 世纪 70 年代以来研究不同事物共同特征及其协同机理的新兴学科,阐述组织内子系统通过相互作用与协作,如何从无序到有序不断发展的共同规律[61],目前已经广泛应用于各个领域,在图书馆研究中有参考咨询[62]、智慧图书馆[63]、学科服务[64]等方向。图书馆在提供智库服务的过程中,根据用户需求和图书馆实践来明确研究需求,结合可操作、可度量和科学性等原则来明晰服务内容,通过与用户、图书馆员、科研人员、决策机构、数据库商等馆内外资源合作与协同,比较、确定研究方法和数据来源,完成证据收集工作,将情报信息与数据资源进行加工与分析,为用户提供高质量的信息服务产品,如图 5-4 所示。

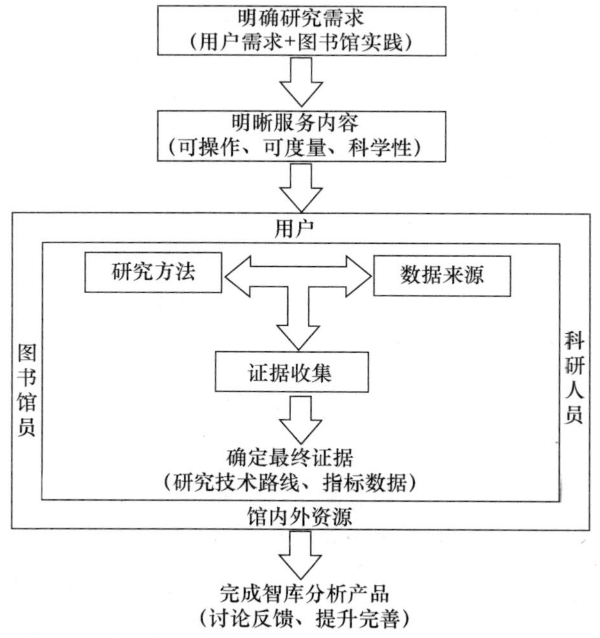

图 5-4 基于循证图书馆学与协同理论的智库服务框架

2.2　高校图书馆智库服务的内涵

高校图书馆智库服务不仅具备智库的典型特征，还将高校的属性和图书馆的馆舍、空间、藏书、设备、人员、用户等几大要素融入其中[65—66]，依托自身在文献资源、人力资源、学科服务方面的优势[67]，深化传统情报和信息服务，为政府部门、企事业单位、学校职能部门或院系机构提供数据支持、平台建设、决策咨询、评价研究方面的服务[68]，帮助决策者制定政策和战略规划。总体来说，其定义一般分为两种类型：一种是图书馆面向智库开展服务，尤其是向本校智库提供空间、文献、数据和平台等服务以帮助其生产决策咨询产品，是为智库服务的“智库”；另一种是图书馆直接进行思想输出，就重要问题发表独立观点和决策建议，以智库的身份参与政策制定和前沿战略规划等[69]。也有学者认为高校图书馆智库不是严格意义上的“智库”，但却可以发挥智库功能或建立专门智库机构[70]。到目前为止，尽管图书馆智库服务尚未有统一定义，比较接近的术语有智库型服务[71]、智库知识服务[72]、智库情报服务[73]等，但智库服务不是“服务智库”。参考咨询和情报研究是图书馆的传统重要业务，是对文献和非文献进行分析、归纳、综合的过程以提供解决问题的线索，但智库服务超越了这一范畴，是参考咨询和情报研究的进一步延伸，要从战略或政策的视角提供深层次的信息服务，为政策制定者提供解决问题的具体方案[74]。就高校图书馆智库服务的模式与内容开展来看，大多数仍然停留在理论探讨阶段，张旭、张向先提出高校图书馆智库信息服务包括主导模式、协同模式和辅助模式[75]。根据胡佛研究所的转型，吴育良认为地方社科院图书馆可以在文献资料收集、智库成果保存、智库项目研究、智库成果评价等方向入手，不断调整其发展定位[76]。马芳珍等将北京大学图书馆的智库服务模式分为围绕学科建设的专题型决策支持服务和以评价和监测为主的周期性研究监测服务[71]。

不同于一般的研究组织，智库是国家、民族、社会发展的咨询建言机构，以政策研究咨询为主攻方向，同样，高校图书馆的智库服务也不同于一般的图书馆信息情报服务，应直接为学校的学科建设、社会文化传播与传承进行建言献策服务；好智库应做到“有远见、有实策、能致用”[77]，高校图书馆智库服务更应聚焦党和国家的迫切重大需求，借助图书情报和文化传播优势，独立、客观地拿出专业化、建设性、切实管用的研究成果；智库成果强调科学评估与预测预判，高校图书馆智库服务应强化多学科知识融合，与院系加强联系与合作，借助数据、技术手段的支撑，从馆员转换到决策者角度提供具有长期性、前瞻性与方向性的战略决策。因此，高校图书馆智库服务是指高校图书馆紧跟党和国家建设发展需要、社会发展新形势与新要求，借助图书情报、数据信息、各种技术手段与多学科专业知识，立足我国国情与多源学术资源平台，对学科建设与发展、文化与文明传播和传承等方面提供具有科学性、时效性与实践性的服务成果，具有长期性、前瞻性与方向性的综合研判和战略决策建议。

3　图书馆智库服务面向“双一流”的内容模式探索

建设世界一流大学和一流学科，是党中央、国务院继“211 工程”“985 工程”以及“优势学科创新平台”和“特色重点学科项目”等重点建设之后的重大战略决策，以提升我国高等教育综合实力和国际竞争力，支持创新驱动发展战略和服务经济社会建设。从用户需求来看，“双一流”建设是高校图书馆面对的最大用户需求合集[13]。随着“双一流”建设的推进，我国高校图书馆顺势利导，积极寻求主动转型发展和内部业务调整，努力拓宽服务领域，对学科建设的服务力度日益增强，不断从文献服务、信息服务、情报服务向知识服务、智库服务发展。

3.1　“双一流”建设的智库服务需求

“双一流”建设的国家总体目标是：到 2020 年有若干所大学和一批学科进入世界一流行列，若干学科进入世界一流学科前列；2030 年有更多的大学和学科进入世界一流行列，若干所大学进入世界一流大学前列，一批学科进入世界一流学科前列；到 21 世纪中叶，一批大学和一流学科的数量与实力进入世界前列，基本建成高等教育强国。“双一流”建设突出绩效导向，采用第三方对高校人才培养、学科水平、办学质量、主要贡献、国际影响力等情况进行评估，动态调整支持力度，增强建设的有效性，每 5 年为 1 个建设周期。

育人是“双一流”建设的根本任务，主要目标是培养德智体美全面发展的社会主义建设者和接班人，形成高水平人才培养体系，注重培养拔尖创新人才。为推动一流大学建设，智库服务要注重对服务重大战略需求能力、学科布局、教师队伍、科学研究水平、国际合作交流和大学文化建设等方面进行重点考察，完善中国特色现代大学制度。为推动一流学科建设，智库服务要在学科建设内涵、学科优势与特色、学科育人功能、学科团队和梯队、学科创新能力、学科组织模式等方面加强关注与研究。

3.2　“双一流”建设的智库服务内容

在新时期注重高质量发展的背景下，图书馆智库服务辅助“双一流”建设决策的责任日益凸显，循证决策理论将决策分析进行科学化，遵循提出问题或需求、寻找证据、评价证据、循证决策、后期评价等流程，强调基于最佳决策证据做出正确判断[59]。从循证决策的视角出发，高校图书馆与用户（包括学科管理与决策部门、院系领导）、科研人员和馆内外资源等进行协同创新，从“双一流”建设需求出发，围绕学科绩效评估、学校学科布局规划、院系学科发展战略、某学科领域的研究态势等内容提供观点明确、具有操作性的决策建议，并辅以详细的数据分析与研究。

3.2.1　学科绩效评估

“双一流”建设每 5 年进行 1 次学科绩效评估，图书馆可在每个建设周期的中间时段和最后 1 年的开始阶段以第三方的身份为学校决策部门和院系领导提供学科绩效评估，为学校和院系的学科建设自检与督查工作提供决策支持。评估内容涉及已入选一流学科或潜力学科的人才培养、学科水平、办学质量、主要贡献、国际影响力等方面，先进行适当的数据分析，再以图形方式显示多个互补维度。决策建议重点探讨如何通过资源配置、体制机制改革等综合政策，实现已入选学科、潜力学科建设发展有关资源的有效配置与分配，有效提升一流学科建设绩效。

科学、合理的学科绩效评估体系是进行"双一流"建设管理工作的重要手段，有助于高校决策部门掌握学科建设和发展的基本状况和取得的成就。高校图书馆可在对国内外学科绩效评估相关文献研究的基础上，结合教育部和国务院对"双一流"建设的要求，就建设任务中的一流师资队伍、拔尖创新人才、科学研究水平、大学文化与精神、成果转化等方面建立评价指标体系，突出人才培养导向。

3.2.2　学校学科布局规划

为满足经济社会的快速发展和国家重大需求，学校学科布局亦在不断调整中。高校图书馆借助自身在文献搜集和情报分析上的优势，立足国情、校情和院情，就学校的优势学科、劣势学科、弱势学科在人才培养、博硕士招生与师资配比、学术影响力、师资队伍、经费投入等方面与国内外对标高校进行比较分析；就培育学科进行全球人才分布、全球国家与机构布局、现有人才储备等方面的定量分析。决策建议重点探讨如何有效调配人力、物力和财力，提升劣势学科、保护弱势学科。

3.2.3　院系学科发展战略

随着"双一流"建设的顺利开展，许多学校将学科建设的自主权下放到院系，院系自主统筹规划建设任务和建设经费使用，建立科学规范、具有可操作性的学科发展战略至关重要。高校图书馆可从科研情报与文献计量角度，为院系提供某(些)学科在学术产出、学术影响力、院系贡献度、师资质量、学者贡献度等方面的科研绩效表现。决策建议重点探讨与对标机构的差距和优势、未来要努力建设的方向等。

3.2.4　某学科领域的研究态势

"双一流"建设要求以国家重大需求为导向，提升科学研究水平。与学科科研管理部门合作，高校图书馆可围绕国家战略需求，对基础学科和交叉学科的重大科学问题和特定主题进行战略研究，为决策部门提供某(些)研究主题(或方向)的国际发展态势、国内外顶尖科研人员表现、国内科研机构表现及与国外的差距、国内外研究前沿与研究热点等。决策建议重点探讨是否重点支持本单位某研究主题(或方向)、发展路径与未来潜力等。

3.3　"双一流"建设的智库服务基础数据与证据

要完成面向"双一流"建设的高质量智库服务成果，研究基础数据来源不仅包含中英文数据库论文信息和专利数据，还要包括国家自然科学基金委、全国哲学社会科学规划办公室、教育部和科技部等部委、各学科重要奖项、各高校等官方网站的相关数据[78]。分析工具不仅包含 Excel、SPSS、Tableau、Gephi 和 ArcGIS 等数据处理和可视化软件，还要善于使用 InCites、SciVal、ESI、CiteSpace 等文献或知识分析软件。研究方法多样，既包括文献调研、科学计量、可视化分析、模糊综合评价、网络分析等方法，也包括对文本内容、共被引和文本挖掘等深度分析方法的使用。所有的原始数据和论据都要出处准确、计算科学与合理，构建学科科研数据平台，根据决策用户的需求与要解决的问题，实施循证决策。

3.4　“双一流”建设的智库服务成果

面向“双一流”建设，高校图书馆的智库服务就是为“双一流”建设保驾护航，为其顺利开展和学校学科建设建言献策。因此，智库服务的最主要成果就是提供切实可行、具有战略决策意义的咨询报告，为“双一流”建设“写折子”、提供具有明确观点和可操作性的实施方案。首先，研究成果要以问题为导向，坚持证据决策，紧抓当前“双一流”建设中的热点、难点问题，既研究国家发展需求、政策决策等宏观问题，又要加强协同创新，深入学校院系与课题组，贴近科研工作者去发现问题，提供解决方案。然后，高质量成果必须坚持实事求是，利用图书情报领域的专业知识和技术优势，敏锐把握时代发展新趋势，通过自己的研究，客观、独立地提出分析和判断，提供解决问题的方案，站在决策者的立场为决策者提供政策选项，辅助决策。

4　“双一流”建设的北京大学图书馆智库服务案例

图书馆参与智库服务的历史由来已久。创立于1919年的胡佛战争、革命与和平研究所(Hoover Institution on War, Revolution and Peace)是美国乃至世界领先的政策研究机构，其前身“胡佛战争图书馆”是一个专门的战争图书资料收集中心[79]。美国的国会图书馆研究服务处是为国会立法和信息服务提供支持的研究机构，提供保密的、权威的、客观的、不涉党争的研究与分析成果[80]。哥伦比亚大学的东亚研究所、哈佛大学的费正清东亚研究中心等很早就提供类似智库服务。国内提供智库服务的图书馆最早当属国家图书馆，从1998年起服务两会，利用数字化技术，打造个性化信息产品[81]，下属机构“海外中国问题研究资料中心”致力于海外当代中国热点问题的研究，服务国家立法与决策机构；“国家图书馆中国边疆文献研究中心”则全面整理和研究中国边疆问题，旨在为我国国防建设、外交政策制定提供切实可行的支撑和保障[82]。

自“双一流”建设以来，北京大学图书馆面向国家和学校学科发展需求，与学校人才培养体系和综合改革进程交互交融，充分利用信息化成果，持续保持和提升信息产品的品质和品牌效应，不断向智库服务方向发展并进行积极探索。

4.1　智库服务产品之一——《未名学术快报》

《未名学术快报》是北京大学图书馆主办的支持科研、服务学术的情报分析快递产品，从客观角度汇集数据，展现北京大学学术成果、佐证专家学术判断、支持学者学术研究、服务于北京大学的“双一流”建设。《未名学术快报》自2016年1月开始发行，每年4～6期，同时发布印刷版和电子版，服务内容涉及学科动态建设、潜力学科前景与对标分析、北大全球表现、科研支持服务。以“潜力学科前景与对标分析”为例,《未名学术快报》不定期发布北京大学进入 ESI 前 1%和前 1‰的学科数量,并就与欧美顶尖高校存在的差距进行分析,洞悉各高校学科研究热点,并就其中的进展和变化进行研究,为学科发展提供决策支持。以“北京大学的全球表现”为例,《未名学术快报》定期追踪 QS、THE、ARWU 和 U. S. News 等排名,洞悉北京大学学科表现,重点分析各学科在各排名中的表现,引导理性看待各大排名,研究学科在不同排名中表现差异的原因。

4.2 智库服务产品之二——学科发展战略支持

在北京大学作为牵头单位承担的教育部科技司重大战略研究项目《基础研究和交叉前沿优先支持方向战略研究》中,学科专家预测和判断基础学科与交叉前沿学科的特定研究主题,北京大学图书馆为这些主题提供“研究前沿”支持。这些主题既有发动机实验、高温材料、催化、高分子等面向国家战略需求的基础研究,也有太赫兹、超导、忆阻器等科学发展前沿领域,和机器人、碳材料、合成生物学等交叉学科领域。

北京大学图书馆与科学研究部合作,基于文献计量方法分析学科主题发展趋势,研究其在国家/地区、机构、学者等层次的研究热度和竞争力[83]。馆员要阅读大量文献,以加强对该热点主题的了解与熟悉,同时加强与学科专家沟通,对研究结果进行修正和完善,最终报告不仅包含完整的数据处理与分析结果、研究主题的发展态势,还对北京大学未来的发展方向、师资力量建构等方面给出决策建议。

4.3 智库服务产品之三——学科未来布局探索

探索学科未来发展布局与方向,是高校图书馆为大学学科建设与发展战略提供支撑的重要体现。《中国高校前沿分析报告》是北京大学图书馆与教育部、学校学科建设办公室合作,从文献计量学视角梳理中国高校各学科研究前沿的现状和分布,判断中国高校基础研究的未来发展态势,为高校“双一流”建设的布局及资源投入提供参考依据。

北京大学图书馆采用了引文分析法、关键词分析法和热度分析法,以中国高校在 ESI 和 SciVal-TOP 中的高被引聚类文献为依据发现各学科前沿、以各学科各个前沿的核心文献为依据进行关键词词频分析、以各高校各学科前沿的参与度为依据进行机构的热度分析,之后由北京大学各学科专家进行审核校验。通过将中国高校研究前沿与全球研究前沿进行对比分析,在学科专家的指导下为中国高校未来的学科发展布局提供决策建议。

5 小结

馆员是图书馆开展智库服务的核心竞争力,需要打造具有智库服务能力的研究队伍。目前很多高校都设立了学科馆员,他们往往有着不同的学科背景且具备一定的研究能力和良好的服务水平,可鼓励他们破除自身角色的局限性,通过参加培训、会议和自身学习,提高智库服务的信心和自身研究能力,转型为“智库馆员”,

打造政治觉悟高、理论功底深、创新意识强的智库馆员团队。通过提升自身沟通与对外联系能力，加强与学校决策部门、院系研究人员的密切联动，熟悉学校决策咨询研究工作，主动加入跨学科、跨院系、跨机构协同研究圈，为推动高校“双一流”建设提供更多具有前瞻性、引领性的新思路、新见解和新方案。

信息化时代的到来，图书馆的用户需求发生了变化，服务转型是未来图书馆发展的必由之路。图书馆具有丰富的馆藏资源、先进的情报分析方法和信息资源平台等优势，在加强高校学科建设布局和加快“双一流”建设的背景下，开展智库服务可以彰显其创新能力，深度服务能力和满足用户需求，进而提升图书馆的服务功能，为高校学科建设、人才培养、科学研究以及社会服务等多方面提供强有力的支撑和保障。

第三节　学科竞争力评价服务

学科建设指高等学校、科研机构结合学校自身实际，对人财物以及教学、科研和人才培养等进行有效组织的过程。学科建设的内涵主要体现在三个方面：学科队伍建设、学科平台建设、学科环境和学术氛围建设。学科建设的目的是提高人才培养质量和科学研究水平，进而提升学校的核心竞争力。2023 年 3 月，教育部会同国家发展改革委、工业和信息化部、财政部、人力资源和社会保障部，印发《普通高等教育学科专业设置调整优化改革方案》，就调整优化高等教育学科专业设置工作做出部署安排。每个学校也针对“双一流”建设制定了各自的建设方案，“学科”“创新”“国际”“人才培养”“培养”“人才”“学术”“特色”均是其核心关键词[84]。

为了推动高校学科建设，图书馆可利用自身资源与情报分析优势，以文献计量为工具，对各学科的建设与发展提供竞争力评价服务。图书馆借助自身在数字资源和分析工具的优势，与院系协同，将院系关注点、学科知识点、对标或赶超机构分析等内容明确后，以文献计量方法为基础，辅以内容分析和指标计算，进行整合分析和综合解读。一方面为国家和高校学科的优先支持方向提供院系层面认可的数据依据和理论支持，推动形成多元化投入机制；另一方面为高校未来学科发展布局、资金投入决策和人力资源配置等方面提供参考依据。

1　文献综述

关于“学科竞争力”的学术研究，既包括评价机构对各大高校学科的竞争力排名，如 QS 世界大学排名（QS World University Rankings）[85]、软科世界大学学术排名（ShanghaiRanking's Academic Ranking of World Universities）[86]、泰晤士高等教育世界大学排名（Times Higher Education World University Rankings）[87]、U. S. News & World Report Best Global Universities Rankings[88]等四大世界大学排名机构，以及武汉大学中国科学评价研究中心[89]、全国第三方大学评价机构

艾瑞深校友会[90—91]等国内评价机构，教育部也开展了五轮学科评估，目的是通过对学科建设成效和质量的评价，帮助高校了解学科优势与不足和发展过程中不平衡、不充分的情况，促进学科内涵建设，提高学科水平和人才培养质量[92]。也有科睿唯安的ESI数据库[93]等通过某些指标进行高校学科排名，以及高校学科研究学者和图书馆使用特定数据和资源对机构学科建设和发展进行评价研究。如王继民老师基于北京大学一级学科数据分析平台（http://scie.pku.edu.cn）的规范数据，对2004—2013年间中国人文社科类17个一级学科（包括中国语言文学、外国语言文学、哲学、社会学、理论经济学、应用经济学、政治学、图书情报与档案管理、马克思主义理论、新闻传播学、法学、教育学、体育学、中国史、世界史、考古学、民族学等）的相关评估数据进行定量分析，包括国内外学科排名、国家社科基金项目、国际论文、中文核心期刊论文、全国优秀博士论文、高校优秀成果奖、重点学科与优秀人才等数据[94]。

从各高校图书馆的评价实践来看，42所“双一流”高校图书馆中有多所开展学科竞争力分析服务，且已形成一定的规模。如北京大学图书馆在2011年开始对北京大学学术论文方面的科研实力完成量化评估，完成《北京大学科研实力分析报告》[95]，2016—2018年完成多版《北京大学学科竞争力分析报告》，不断调整对标机构、分析指标和维度，进一步提高了学科竞争力评价的科学性与公正性[78,96]，为高校图书馆开展学科竞争力分析提供了流程与方法样例[97]。清华大学图书馆基于科学计量方法，对该校院所机构的论文产出、优势学科、专利与学者等进行综合分析，客观评价科研机构的学术影响力[98]。南开大学图书馆针对海量科研文献以及关联数据，运用Incites、Scival等分析工具对该校的理科与文科专业提供《南开大学学科科研产出与学术竞争力分析报告》，寻找学科发展着力点[99]。山西大学图书馆自2019年开始编制发布《山西大学学科竞争力分析报告》，对该校的自然科学（化学、环境科学与工程、计算机、生态学、生物学、数学、物理）和人文社科（法学、管理科学与工程、教育学、经济学、考古学、马克思主义理论、体育学、政治、中国史、哲学、中国语言文学）共18个学科进行学科分析，通过科学的文献搜集、动态跟踪、情报分析、数据分析，多维度分析和展示了相关学科的竞争力[100]。上海师范大学图书馆从2019年开始编制发布《上海师范大学学科竞争力分析报告》，努力针对不同学科特点进行精准对标评价，发挥学科发展第三方的诊断作用[101]。

从数据评价来源来看，以ESI为主要来源的比较多[102—105]，该数据统计规范和完整，包含高被引论文和热点论文等各种计量指标和各学科各年度的国际对标数据[106]，但仅仅使用单一数据源对人文社会科学的评价意义不大。其他数据源包括WoS数据库[107—108]、Elsevier的Scopus数据库、CNKI数据库、CSSCI数据库、万方数据库、专利数据库和网络排名[109]、国家基金[110]和获奖网站等[29,111]，所使用的数据源越多，评价越全面客观。

从竞争力评价的内容来看，既考虑到科研产出，如科研影响力与贡献率、科研创新力[112]，也包括科研投入，如科研人员数量、科研经费投入、师均研究生数量等；哲学、社科类学科评价体系应增加专著和提交上级研究报告数等指标[113]。目前尚未有一个科学系统的内容体系。有从学科资源、学科产出、学科管理、学科环境等方面构建竞争力要素分析[114]，也有从科研生产力、科研影响力、科研创新力、网络影响力等方面构建世界一流大学科研竞争力评价指标体系[115]，或从竞争资源（包括学科带头人、学术队伍、人才培养等）、竞争能力（包括科研创新、经费获取、学术交流、学科运行等能力）、竞争结果（科研绩效、学术声誉等）三个方面构建三级指标体系[116]等。基本的逻辑是从众多指标中选择代表性、可度量、可操作的指标，形成层次化指标体系来度量学科建设中的人、财、物。

从研究方法来看，有研究采用文献分析法、逐级分解目标要素法和德尔斐法构建指标体系，采用综合评分法构建综合评判模型，运用同行评议法进行实证研究中的定性评价[117]；有研究使用层次分析法（Analytic Hierarchy Process，AHP）或数据包络分析（Data Envelopment Analysis，DEA）对高校科研竞争力进行绩效评价[118—119]；使用AHP或熵权法确定各评价指标权重，使用线性加权求和法计算综合评价得分[120—121]等。

总体来看，学科竞争力评价已经成为高校图书馆学科服务的基础工作之一，根据服务用户的需求，选定对标高校、评价数据、指标体系、评价方法等已经形成各自的特色。但也存在诸多不足和需要改进之处，如过度依赖ESI、WoS等单一数据库、仅仅考虑科研产出而忽略投入或人均投入、仅采用单指标进行分析等[122]。在“双一流”建设的新时期，高校图书馆应以自身的资源与信息情报优势，加强与学校决策部门、院系机构的沟通与交流，与学科领域的专家学者加强合作，借用丰富的计量分析指标和定性分析指标，采用综合评价方法对学科建设与发展提供全面综合的评价。结合自身学科发展定位与特色，综合运用多种数据来源，构建全面、科学、客观的可计量的评价指标体系，使用更加丰富的可视化手段，完成学科竞争力评价报告。

2 学科竞争力评价服务的内容与指标

学科竞争力评价服务的主要目的是图书馆学科馆员利用自身在资源情报和文献计量方面的优势，与院系决策者和专家学者协同合作，一起探索本校学科发展建设与对标院校之间的优劣势，为高校一流学科建设的战略决策与资源分配提供重要参考。通过对评价学科的相关评价指标进行文献调研与计量研究，从协作者与第三方的角度研究该学科在国内外的发展现状、趋势，为其优劣势评价以及未来经费资源支持提供数据支撑依据。

2.1 数据来源

学科竞争力分析属于综合性分析，不能仅仅局限于对单一数据库的简单数据计算，除了图书馆拥有的信息资源，还要综合运用多数据源构建多样化层级指标体系。根据学科特色与院系要求，不仅要根据学科特色与院系要求选择使用CNKI（是否只包含CSSCI和北大核心期刊收录的论文）、万方、维普、WoS（是否只包含SCI、SSCI、A&HCI收录的论文）、EI（Engineering IndexCompendexWeb）、Scopus等中英文数据库的文章信息，以及智慧芽、incoPat、Innography、Derwent等的专利数据，而且要使用网络调研数据，如国家自然基金委、全国哲学社会科学规划办公室、各部委等项目资助数据，各学科专业奖项网站、国家知识产权局专利数据，以及各高校院系机构官网的师生及其他信息数据，并将各来源数据进行去重和清洗处理。同时，巧妙使用InCites、SciVal、ESI等数据分析平台或软件，借用CiteSpace、VosViewer等可视化软件提高报告的简洁性与可读性。定性研究与定量分析有机结合，不仅要运用学科历史资料、文献、院系专家座谈、观察等方法对学科建设与发展的历史资料与相关政策进行归纳和演绎推理，还要使用综合分析方法进行数据的比较分析，使得定性研究对象更具体形象，分析结论更具有实施力和操作性。

2.2　指标体系

“双一流”建设提出“强化学科建设绩效考核”，从全面提升高校人才培养、科学研究、社会服务、文化传承创新和国际交流合作等方面作出综合评价。2021年3月教育部、财政部、国家发展改革委联合印发《“双一流”建设成效评价办法（试行）》提出“学科建设评价，主要考察建设学科在人才培养、科学研究、社会服务、教师队伍建设四个方面的综合成效”。为助推“双一流”建设，学科竞争力分析要侧重对机构的学科建设和培养方向的分析，在指标选择上能够通过对各个学科的建设特色、投入产出、影响力和创新能力等方面构建二级、三级评价指标体系。学科竞争力分析可以帮助决策与管理部门了解本机构和对标机构的综合竞争力，明确学科建设发展方向、优势与特色，明确未来建设定位和目标。

如表5-1所示，学科建设特色通过学科发展基础和学科建设优势两方面来体现，围绕其构建三级指标，如学科建设历史，是否有博硕士点，是否入选“双一流”、进入A+、ESI排名前1%、0.1%的学科数或教育部国家一级重点学等；学科建设投入可通过科研经费投入、授课教师、实验室与基地等方面设置三级指标，如每年的科研经费数量，教授、副教授、讲师每学年平均授课学时等。学科建设产出则是从期刊论文、专利发明、学术专著、获资助课题、国际（国家）级奖励、每年培养的毕业生数量以及其他等角度进行三级指标的解析，如每年发表的SCI、SSCI、A&HCI、CSSCI、CSCD收录的论文数量，每年专利的申请与授权数量，高等学校科学研究优秀成果奖（人文社会科学）的获奖著作，每年获得国家自然科学基金、社科基金项目等国家级课题按照重大、重点、一般（面上）、青年等类型课题的资助情况，每年的国家三大奖和学科领域顶级获奖信息，每年培养的学士、硕士和博士的数量等。

学科影响力则从高质量期刊论文、高被引论文、高价值专利、国家标准制定、专家团队、重点实验室及基地、教育部马工程编写等方面设置三级指标体系，如发表在 Nature、Cell、Science（简称 NCS）或各专业学科顶刊上的论文数量，每年的高被引论文篇数，高价值专利件数，是否参与行业的国家标准制定，中国科学院院士、中国工程院院士、文科资深教授、国家长江学者、杰出青年基金获得者等数量，国家级、省部级重点实验室或重点研究基地的数量，是否有教育部马克思主义理论研究和建设工程（简称“马工程”）重点教材编写人员等。协同创新能力则从国际合作论文与专利、横向合作论文与专利、国内跨机构合作论文与专利、科研设施设备开放共享水平等方面评价，科研创新能力则从热点论文分析、新兴前沿交叉领域、国家科学技术奖、科研成果转化等方面设置三级指标体系。

表 5-1　学科竞争力评价指标体系

一级指标	二级指标	指标要点与说明
学科建设特色	学科发展基础	机构的学科发展历史、学科发展特色等
	学科建设优势	是否入选“双一流”、进入 A+等
学科建设投入	科研经费投入	
	授课教师	可按照职称岗位设置不同的权重
学科建设产出	期刊论文	包括 SCI、SSCI、A&HCI、CSSCI、CSCD 等收录期刊论文
	专利发明	
	学术专著	
	获资助课题	国家自然科学基金、社科基金项目等国家级课题按照重大、重点、一般（面上）、青年等类型进行权重赋值
	国际（国家）级奖励	按照等级进行权重赋值
	每年培养的毕业生数量	
	其他	
学科影响力	高质量期刊论文	
	高被引论文	
	高价值专利	
	国家标准制定	
	专家团队	包括两院院士、文科资深教授、国家长江学者、杰出青年基金获得者等
	重点实验室及基地	国家级和省部级重点实验室、教育部人文社会科学重点研究基地
	教育部“马工程”重点教材编写	编写组成员按照作者排序进行权重赋值

续表

一级指标	二级指标	指标要点与说明
协同创新能力	国际合作论文与专利	即为与国外机构或组织合作的研究成果
	横向合作论文与专利	即为与行业产业机构人员合作的研究成果
	国内跨机构合作论文与专利	即为与国内机构或组织合作的研究成果
	科研设施设备开放共享水平	
科研创新能力	热点论文分析	短期内国际关注较高的研究领域
	新兴前沿交叉领域	具有开创性的学科交叉融合领域
	国家科学技术奖	
	科研成果转化	机构科研成果产业化的数量、比重

注：横向合作即为有行业共同作者参加的论文或专利。

2.3　学科竞争力评价方法

学科竞争力评价属于综合评价，需要借助一定的算法将衡量学科竞争力的多个指标进行综合计算。综合评价的方法主要有指数分析法、功效系数法、多元统计分析方法、综合评分法、模糊综合评价法等。指数分析法是分析指标参数变动对总指数的影响方向与程度，反映的是复杂社会现象受多种因素影响的形态和变化趋势，可探究社会现象的成因与规律[123]。功效系数法是根据多目标规划原理，对每一个评价指标确定一个满意值（上限）和不允许值（下限），计算各指标的满意程度，并以此确定各指标的分数，再经过加权平均进行综合计算[124]。多元统计分析方法则是研究多个随机变量间的相互依赖关系及其内在统计规律的分析方法[125]，包括主成分分析法、因子分析、聚类分析和判别分析等。综合评分法则是对不同的技术或设计方案设置多项指标，通过“给分”进行综合评优的方法[126]。模糊综合评价法则是根据模糊数学的隶属度理论将定性评价转化为定量评价，对多种因素制约的事物或对象做出总体评价，能够较好地解决模糊的、难以量化的问题，适用于不确定性问题的解决。当样本数据难以取得一致性评判时，采用模糊综合评价法是一种较好的评价方法[127]。

每种方法有自己的适用条件和标准，鉴于评价方法的先进性与科学性考量，此处选用模糊综合评价法对学科竞争力进行测定与比较。依据表 5-1 中的指标，对 26 个二级指标所包含的三级指标进行分析与比较。模糊综合评价法的基本模式如下：

（1）首先构成原始统计数据矩阵 V：其中 i 为高校机构编号（$i=1,2,3\cdots I$），j 为指标编号（$j=1,2,3\cdots J$）。

$$V=\begin{bmatrix} v_{11} & v_{12} & \cdots & v_{1j} & \cdots & v_{1J} \\ \vdots & \vdots & & \vdots & & \vdots \\ v_{i1} & v_{i2} & \cdots & v_{ij} & \cdots & v_{iJ} \\ \vdots & \vdots & & \vdots & & \vdots \\ v_{I1} & v_{I2} & \cdots & v_{Ij} & \cdots & v_{IJ} \end{bmatrix} \tag{5-1}$$

（2）再将统计数据转换成隶属度矩阵 C_{ij}，第 i 个高校机构第 j 个指标的隶属度定义为：$C_{ij}=v_{ij}\Big/\bigvee_{i=1}^{I}(v_{ij})$，其中分母 $\bigvee_{i=1}^{I}(v_{ij})$ 表示在 J 指标统计数据中，取最大值为分母。

换算后得到评价矩阵 C：

$$C=\begin{bmatrix} c_{11} & c_{12} & \cdots & c_{1j} & \cdots & c_{1J} \\ \vdots & \vdots & & \vdots & & \vdots \\ c_{i1} & c_{i2} & \cdots & c_{ij} & \cdots & c_{iJ} \\ \vdots & \vdots & & \vdots & & \vdots \\ c_{I1} & c_{I2} & \cdots & c_{Ij} & \cdots & c_{IJ} \end{bmatrix} \tag{5-2}$$

（3）征求专家意见，确定各指标权重，构成权重向量

$$B=(b_1,b_2,\cdots,b_j,\cdots,b_J) \quad \sum_{j=1}^{J}b_j=1 \tag{5-3}$$

（4）对评价矩阵作加权平均：

$$A=B\times C^{\mathrm{T}}=(b_1,b_2,\cdots,b_j,\cdots,b_J)\begin{bmatrix} c_{11} & c_{12} & \cdots & c_{1j} & \cdots & c_{1J} \\ \vdots & \vdots & & \vdots & & \vdots \\ c_{i1} & c_{i2} & \cdots & c_{ij} & \cdots & c_{iJ} \\ \vdots & \vdots & & \vdots & & \vdots \\ c_{I1} & c_{I2} & \cdots & c_{Ij} & \cdots & c_{IJ} \end{bmatrix}^{\mathrm{T}}$$

$$=(a_1,a_2,\cdots,a_j,\cdots,a_J) \tag{5-4}$$

得到综合评价隶属度表，将评价高校机构按隶属度降序排列，得到定量统计的某学科综合竞争力评价得分表。

由于不同高校学科的发展情况存在显著差异，在进行各学科科研竞争力评价时，应先考虑各机构的学科排名进行对标机构选择，国外高校的选择参照每个学科的国际排名，国内高校的选择参照教育部的学科评估。由于每所高校都有自己的学科建设使命和发展特色与重点，进行指标权重赋值时，应结合专家建议进行赋值。比如将人文社科类学科被 CSSCI 和北大中文核心期刊收录的论文赋予较高的权重，理工科则是被 SCI 和 EI 收录的论文赋予更高的权重。

2.4 机构内部深度分析

除了进行与对标机构的对比分析外，对机构自身进行深度的内部分析也是极其重要的，可洞察机构内部的学科发展优劣势，为推动“双一流”建设提供易于操作

与实施的具体措施。

首先，进行学科的院系贡献度分析。由于教师的研究成果可能会归属于多个学科，因此，一个学科的发展往往并不是完全依赖某一个学院（系所）的力量，反而是多个学院（系所）的共同努力。比如，北京大学化学学科进入ESI前千分之一，不仅有化学与分子工程学院科研工作者的努力，还包括材料科学与工程学院、工学院、物理学院、医学部以及其他学院的科研人员的贡献。因此，应就某学科的成果进行院系贡献度分析，而不仅仅只考虑某一个院系的科研人员。

然后，学科竞争力分析要强调为基础研究与重大科技突破之间的知识关联提供数据分析。习近平总书记强调，要优化基础学科建设布局，支持重点学科、新兴学科、冷门学科和薄弱学科发展，推动学科交叉融合和跨学科研究，构筑全面均衡发展的高质量学科体系。基础研究事关科技创新根基，而技术创新对重大科技突破起着决定性影响[128]。学科竞争力分析应注重挖掘高被引论文、热点论文、高水平期刊文章，以及国家级重大获奖等来识别各学科表现突出的科研人员，为科研工作者挖掘学科交叉与融合进而开拓新的学科成长点、立足领域关键科学问题进行理论创新、聚焦前沿核心技术进行技术突破提供前沿与热点预测，为高校充分发挥基础研究主力军、重大科技突破生力军的作用发挥[129]提供战略决策的数据支持。

3 小结

学科竞争力评价服务的目的并不是为了给各个机构之间的学科进行等级划分，而是从第三方的视角，从机构学科建设的投入产出等角度对学科建设的成效进行客观评价，以加快推进高校“双一流”建设。因此，学科竞争力分析报告不仅要从发表论文与专著、申请奖励与基金、学生培养与教师头衔等角度来刻画机构的学科竞争力，从数据层面了解各学科科研发展状况及与其他高校机构的发展差距，而且还要为国内高校学科的国际竞争发展提供定位信息，明确自身与世界一流学科到底有多大的差距、从何处着手解决问题、到哪里寻求合作与帮助等问题，为冲击真正的“世界一流”提供抓手，为提升国际影响力和竞争力提供参考依据。

参考文献

[1] 中华人民共和国教育部. 教育部办公厅关于开展清理“唯论文、唯帽子、唯职称、唯学历、唯奖项”专项行动的通知[EB/OL]. 2018-11-07. http://www.moe.gov.cn/srcsite/A16/s7062/201811/t20181113_354444.html.

[2] [美]EMC教育服务团队(EMC Education Services). 数据科学与大数据分析：数据的发现、分析、可视化与表示[M]. 曹逾，刘文苗，李枫林译. 北京：邮电出版社，2016：23-54.

[3] 杨红艳. 大数据时代学术评价的数据化难点及其应对[J]. 现代情报，

2020，40(11)：136-143.

[4] 陈媛媛，柯平. 大学图书馆科研数据服务模型研究[J]. 情报理论与实践，2018，41(5)：120-124.

[5] Corrall S，Kennan M A，Afzal W. Bibliometrics and research data management services：Emerging trends in library support for research[J]. Library Trends，2013，61 (3)：636 - 674.

[6] 陆颖，杨志萍，王春明，等. 基于科学数据的嵌入课题组学科服务策略探索[J]. 图书情报工作，2015，59(22)：56-63.

[7] Hicks D. Performance-based university research funding systems[J]. Research policy，2012，41(2)：251-261.

[8] 叶兰. 国外大学图书馆科研评价服务研究[J]. 大学图书馆学报，2019(1)：105-114.

[9] Cornell University Library. Towards 2015 Cornell University Library Strategic Plan 2011-2015[EB/OL]. [2016-06-21]. http://staffweb. library. cornell. edu/svstemfiles/CULStrategicPlan 2011-2015. pdf.

[10] OSU. OSU Libraries and Press Strategic Plan 2012-2017[EB/OL]. [2016-05-10]. http://osulibrary. oregonstate. edu/flipbook/strategicplan/＃2.

[11] The London School of Economics and Political Science Library. Rooms for using sensitive research data[EB/OL]. [2019-10-30]. http://www. lse. ac. uk/Library/Research-support/Rooms-for-using-sensitive-research-data.

[12] Drummond R. RIMS revisited：The evolution of the research impact measurement service at UNSW Library[J]. Australian Academic & Research Libraries，2014，45(4)：309-322.

[13] 肖珑. 支持“双一流”建设的高校图书馆服务创新趋势研究[J]. 大学图书馆学报，2018，36(5)：43-51.

[14] 清华大学图书馆. 文献计量分析服务[EB/OL]. [2018-01-03]. http://lib. tsinghua. edu. cn/service/docqua. html.

[15] 上海交通大学图书馆. 智库服务[EB/OL]. [2019-10-30]. http://www. lib. sjtu. edu. cn/f/content/detail. shtml? id=6098&lang=zh-cn.

[16] 李远明，余慈爱，王文兵. 高校领军人才发现与评价——图书馆学科服务实践探索[J]. 现代情报，2012，32(11)：34-38.

[17] 陈红，田慎鹏. 如何利用大数据进行选题策划——以大气科学为例[J]. 出版参考，2016(6)：44-45.

[18] 丁志健，王焕景. 基于文献计量的国内高校图书馆知识服务研究现状评析[J]. 图书馆工作与研究，2015(6)：53-58.

[19] 李海峰，徐建民，李军凯. 京津冀协同发展研究领域文献特征与热

点——基于文献计量和共词分析[J]. 河北大学学报(哲学社会科学版)，2019，44(1)：97-106.

[20] 于文超. 国内图书情报领域物联网研究与应用进展[J]. 图书馆工作与研究，2018(6)：71-78.

[21] 张方. 国外医学伦理学合著网络分析[J]. 医学信息学杂志，2017，38(3)：54-58.

[22] 王著. 基于 CSSCI 数据(1999—2015)的国内知识服务研究可视化分析[J]. 新世纪图书馆，2017(9)：86-90.

[23] 党洪莉，孙红霞，图书情报学博客的社会网络分析[J]. 情报杂志，2009，28(1)：180-182.

[24] Mingers J，Meyer M. Normalizing Google Scholar data for use in research evaluation[J]. Scientometrics，2017，112(2)：1123-1124.

[25] Mehri S. Application of word co-occurrence analysis method in mapping of the scientific fields (case study：the field of Informetrics)[J]. Library Review，2016，65(1/2)：52-64.

[26] Lauren M. Visualizing the library as place[J]. Performance Measurement and Metrics，2016，17(2)：165-174.

[27] 林建宁，周忠高. 数据与社会科学发展[M]. 济南：山东人民出版社，2017：43-121.

[28] 张春红，郑英姿. 科研评价服务中归一化指标的应用情境与实效分析[J]. 情报理论与实践，2019，42(9)：64-68.

[29] 刘斐，张玲. 科研评价服务常用工具及指标比较研究[J]. 情报探索，2019(12)：27-39.

[30] 刘植惠. 文献的定量分析研究[J]. 情报科学，1980(4)：7-13.

[31] 吴爱芝. 文献计量学在图书馆业务中的应用现状与前景[J]. 河南图书馆学刊，2016，36(3)：60-63.

[32] MacRoberts M H，MacRoberts B R. The mismeasure of science：Citation analysis. Journal of the Association for Information Science and Technology，2017，69(3)，474-482.

[33] Osterloh M，Frey B S. Ranking games[J]. Evaluation Review，2015，39(1)，102-129.

[34] Gigerenzer G，Marewski J N. Surrogate science：The idol of a universal method for scientific inference[J]. Journal of Management，2015，41(2)，421-440.

[35] Bornmann L，Marewski J N. Heuristics as conceptual lens for understanding and studying the usage of bibliometrics in research evaluation[J]. Scien-

tometrics，2019，120(2)：419-459.

[36] 张雪蕾，邵晶，尹飞，等. 替代计量视角下学术成果影响力评估：NISO AMMP 项目剖析[J]. 图书情报工作，2020，64(2)：94-104.

[37] 李纲，巴志超. 共词分析过程中的若干问题研究[J]. 中国图书馆学报，2017(4)：93-113.

[38] Jiang W.，Jingxuan C.，Miao J.，Ke D.. Embedding funding consultation in library services：A co-occurrences network analysis of knowledge flow in scientific funding [J]. Library Hi Tech，2018，36(3)：378-399.

[39] Paul B.. Social networks and relational capital in library service assessment [J]. Performance Measurement and Metrics，2016，17(2)：134-141.

[40] 刘军. 社会网络分析导论[M]. 北京：社会科学文献出版社，2004.

[41] 李煜，刘虹，孙建军. 多维度视角下国外科学数据管理的研究脉络分析[J]. 图书情报工作，2018，62(13)：111-118.

[42] Bengio Y. Learning deep architectures for AI[J]. Foundations and Trends in Machine Learning，2009，2(1)：1-71.

[43] Hinton G，Osindero S，Teh Y. A fast learning algorithm for deep belief nets[J]. Neural Computation，2006，18(7)：1527-1554.

[44] 谢智敏，郭倩玲. 基于深度学习的学术搜索引擎—Semantic Scholar[J]. 情报杂志，2017，36(8)：175-182.

[45] Drummond R，R Wartho. RIMS：The Research Impact Measurement Service at the University of New South Wales[J]. Australian Academic & Research Libraries，2009，40 (2)：76-87.

[46] 叶兰. 面向研究成果影响力生命周期的科研评价服务体系构建研究[J]. 图书馆建设，2019(1)：83-93.

[47] Dilun L，Chris D，Heng H. Parallelization with multiplicative algorithms for big data mining[C]. 12th IEEE International Conference on Data Mining (ICDM)，2012：489-498.

[48] 吴爱芝. 大数据时代高校图书馆智慧化学科服务研究[M]. 北京：海洋出版社，2018.

[49] Paul Dickson. Think Tank[M]. Atheneum，1971：27.

[50] 金芳，孙震海，国锋，等. 西方学者论智库[M]. 上海：上海社会科学院出版社，2010：1-11.

[51] 王延飞，唐超，王郑冬如，等. 国内外情报学理论研究进展综述[J]. 情报学进展，2020，13：39-84.

[52] Michael H. 8 jobs that won't exist in 2030 [EB /OL]. [2019-10-14]. https://www. usatoday. com/story/money/careers/2017/10/13/8-jobs-that-

wont-exist-in-2030/104219994/.

[53] 中华人民共和国教育部. 国务院关于印发统筹推进世界一流大学和一流学科建设总体方案的通知. [EB/OL]. (2015-10-24) [2019-10-21]. http://www.moe.gov.cn/jyb_xxgk/moe_1777/moe_1778/201511/t20151105_217823.html

[54] 董薇，姜宇飞，张明昊，等. 图书馆服务高校智库建设的策略——“双一流”高校建设背景下的思考[J]. 智库理论与实践，2017，2(3)：36-43.

[55] 陈建龙. 大学图书馆现代化转型发展刍议[J]. 大学图书馆学报，2020，38(1)：5-12.

[56] 吴羽冰. 图书馆对政府机关决策支持探究——基于信息需求与供给的视角[J]. 图书馆界，2013(5)：49-51+94.

[57] Sackett D L，Rosenberg W MC，Gary J AM，et al. Evidence Based Medicine：What it is and what it isn't[J]. British Medical Journal，1996，312：71-72.

[58] 赵发珍. 循证图书馆学研究述要——源于“循证科学与知识转化论坛”的思考[J]. 图书馆建设，2019(4)：58-65.

[59] 拜争刚，黄泳淇，李刚. 循证决策理念对我国新型智库建设的借鉴作用[J]. 智库理论与实践，2020，5(2)：1-10.

[60] 刘志国，李欣依，陈威莉，等. 循证决策：图书馆知识服务的理论基础与行为范式[J]. 图书馆建设，2018(2)：48-54.

[61] Haken H. Synergetics：Some recent trends and developments[J]. Progress of Theoretical Physics Supplement，1978，64：21-34.

[62] 邓胜利. 协同理论在中国图情领域的应用研究述评与展望[J]. 情报理论与实践，2018(9)：148-153.

[63] 王静，宋迎法，都平平，等. 基于协同理论的智慧图书馆服务过程控制研究[J]. 图书馆工作与研究，2018(10)：42-46.

[64] 黄红梅. 大数据环境下学科服务协同机制研究[J]. 图书馆工作与研究，2019(6)：55-59.

[65] 杨德广. 试论现代大学的性质和功能[J]. 高等教育研究，2001(1)：29-34.

[66] 初景利. 数字化网络化与图书馆服务的战略转型[J]. 图书与情报，2017(1)：98-104.

[67] 赵雪岩，彭焱. 高校图书馆参与高校智库建设与服务的优势及路径研究[J]. 图书情报工作，2016，60(22)：28-33.

[68] 张焕敏，黄晨. 研究图书馆的智库职能与实践——以浙江大学图书馆为例[J]. 大学图书馆学报，2019，37(1)：17-21.

[69] 梁宵萌. 美国高校图书馆智库馆员服务调查与启示[J]. 图书馆论坛，2019，39(9)：165-171.

[70] 赵发珍. 大学图书馆智库功能与能力建设研究[J]. 图书馆学研究，2016(17)：22-28.

[71] 马芳珍，李峰. 高校图书馆智库型服务探索实践及思考——以北京大学图书馆为例[J]. 图书馆杂志，2018，37(9)：64-70.

[72] 郭登浩，张雅男. 知识社会学视角下图书馆智库知识服务研究[J]. 图书馆工作与研究，2020(9)：28-32+51.

[73] 刁羽，贺意林. “双一流”建设视角下高校图书馆智库情报服务协同创新研究[J]. 图书馆工作与研究，2020(5)：52-57+65.

[74] 初景利，唐果媛. 图书馆与智库[J]. 图书情报工作，2018，62(1)：46-53.

[75] 张旭，张向先. 高校图书馆智库信息服务模式研究[J]. 图书馆学研究，2017(14)：59-65.

[76] 吴育良. 从胡佛研究所的转型谈地方社科院图书馆在智库中的新定位[J]. 新世纪图书馆，2012(11)：83-85.

[77] 邱水平. 深入贯彻习近平新时代中国特色社会主义思想推进高校新型智库建设[N]. 光明日报，2020 年 2 月 3 日第 16 版.

[78] 吴爱芝，肖珑，张春红，等. 基于文献计量的高校学科竞争力评估方法与体系[J]. 大学图书馆学报，2018，36(1)：62-67+26.

[79] Hoover Institution. Hoover Institution on War，Revolution and Peace [EB/OL]. [2019-10-15]. http://www.hoover.org/.

[80] Library of Congress. About CRS[EB/OL]. [2020-10-20]. https://www.loc.gov/crsinfo/about.html.

[81] 中国国家图书馆. 中国国家数字图书馆. 国家图书馆高品质两会服务获赞扬[EB/OL]. [2019-10-15]. http://www.nlc.cn/dsb_zx/gtxw/201804/t20180411_168159.htm.

[82] 中国国家图书馆. 中国国家数字图书馆. [EB/OL]. [2019-10-15]. http://www.nlc.cn/dsb_footer/gygt/jgsz/index_3.htm.

[83] 李峰，马芳珍，刘雅琼，等. 面向基础和交叉学科的科研战略发展热点研究[J]. 大学图书馆学报，2018(2)：37-44.

[84] 巫芯宇，商润泽. 以学科建设赋能我国高校发展研究———基于对 43 所高校一流学科建设方案的共现频谱分析[J]. 西南师范大学学报(自然科学版)，2023，48(5)：102-110.

[85] QS World University Rankings. QS World University Rankings by Subject 2023[EB/OL]. [2023-06-12]. https://www.topuniversities.com/sub-

ject-rankings/2023? qs_qp=topnav.

[86] ShanghaiRanking's Academic Ranking of World Universities. Global Ranking of Academic Subjects 2022[EB/OL]. [2023-06-12]. http://www.shanghairanking.com/rankings/gras/2022.

[87] Times Higher Education World University Rankings. World University Rankings by subject[EB/OL]. [2023-06-12]. https://www.timeshighereducation.com/world-university-rankings/by-subject.

[88] U.S. News & World Report Best Global Universities Rankings. Find the Best Engineering Schools[EB/OL]. [2023-06-12]. https://www.usnews.com/best-graduate-schools/top-engineering-schools.

[89] 邱均平. 中国大学及学科专业评价报告 2022-2023[M]. 北京：科学出版社，2023：4-25.

[90] 艾瑞深校友会. 校友会 2019 中国大学学科排名[EB/OL]. [2023-06-12]. http://www.chinaxy.com//2022index/2022/2019xkpmall.html.

[91] 校友会网. 2023 校友会中国大学排名：高考志愿填报指南[M]. 北京：科学出版社，2023.

[92] 教育部学位与研究生教育发展中心. 全国第四轮学科评估结果公布[EB/OL]. [2023-06-12]. https://www.cdgdc.edu.cn/dslxkpgjggb/.

[93] InCites Essential Science Indicators. Top Papers by Institutions[EB/OL]. [2023-06-12]. https://esi.clarivate.com/IndicatorsAction.action? app=esi&Init=Yes&authCode=null&SrcApp=IC2LS&SID=H3-k62XDnQcWHgR9jbd7BLcDF1ewx2FLnuPQ1-18x2degwHEXl5krUa4tn0JGiq6Ax3Dx3DO7ABwEFUzYAdrqTbyN5y2gx3Dx3D-qBgNuLRjcgZrPm66fhjx2Fmwx3Dx3D-h9tQNJ9Nv4eh45yLvkdX3gx3Dx3D.

[94] 王继民. 中国人文社科类一级学科数据分析报告[M]. 北京：科学出版社，2014：5-20.

[95] 艾春艳，赵飞，游越，等. 基于机构决策的科研竞争力评估方法初探[J]. 大学图书馆学报，2013，(5)：84-87.

[96] 北京大学图书馆. 学科竞争力分析报告[EB/OL]. [2023-06-12]. https://www.lib.pku.edu.cn/portal/cn/fw/kyzc/jingzhengqingbao.

[97] 李峰，张慧丽，张春红，等. 高校图书馆开展学科竞争力分析的流程与方法——以《北京大学学科竞争力分析报告》为例[J]. 图书情报工作，2020，64(16)：13-21.

[98] 清华大学图书馆. 机构学术竞争力分析[EB/OL]. [2023-06-13]. https://lib.tsinghua.edu.cn/kyzc/wzxq.htm? id=0d85d24a-ed8c-475f-a104-3c397f7c12a5.

[99] 南开大学图书馆. 学科分析报告[EB/OL]. [2023-06-13]. https://lib.nankai.edu.cn/12070/list.htm.

[100] 山西大学图书馆.《山西大学学科竞争力分析报告(2022 版)》发布会在校举行[EB/OL]. (2022-07-16) [2022-08-29]. http://news.sxu.edu.cn/sdyw/976b7d8a08c443d 7866f171b827df1ce.htm.

[101] 上海师范大学图书馆. 图书馆发布《上海师范大学学科竞争力分析报告(2021 版)》[EB/OL]. [2023-06-13]. http://www.lib.shnu.edu.cn/8a/fa/c26257a756474/page.htm.

[102] 徐娟. 我国高校的科研竞争力——基于 InCites 数据库的比较分析[J]. 复旦教育论坛,2016, 14(2): 37-43.

[103] 刘月雷. 基于 ESI 的地球科学领域国内外一流大学的科研绩效分析[J]. 情报工程,2016, 2(1): 15-23.

[104] 徐志玮, 罗春荣, 冯春华. 国家重点实验室的科研竞争力分析研究——以中山大学光电材料与技术国家重点实验室为例[J]. 科技管理研究,2013, 33(23): 89-93.

[105] 李茂茂, 张子倩, 陈仕吉, 等. 基于 ESI 的中国农业大学植物与动物科学学科竞争力分析[J]. 科技管理研究, 2012, 32(8): 128-132.

[106] 刘雪立. 一个新的引文分析工具——InCites 数据库及其文献计量学指标的应用[J]. 中国科技期刊研究,2013, 24(2): 277-281.

[107] 赵飞, 艾春艳, 李峰. 院系与学科角度相结合的高校科研评估探析[J]. 大学图书馆学报,2016, 34(1): 76-82.

[108] 翟燕, 曹学艳, 李亚莉, 等. 基于 SCI 和 ESI 的高校学术影响力透视——以四川省本科院校为例[J]. 四川图书馆学报,2015(3): 59-62.

[109] 邱均平, 欧玉芳. 面向世界一流大学建设的“985”高校科研竞争力评价分析——基于“十二五”期间 RCCSE 世界一流大学及学科竞争力评价报告[J]. 中国高教研究, 2016(4): 57-63.

[110] 姜华, 陈妍君. 卓越大学联盟的学科竞争力评价研究——基于国家自然科学基金资助金额的分析[J]. 现代教育管理, 2021(12): 1-8.

[111] 肖科, 王阳, 伍小灿, 等. 电子科学与技术学科评估分析及发展对策[J]. 高等教育研究学报, 2018, 41(3): 100-105.

[112] 邱均平, 孙凯. 基于 ESI 数据库的中国高校科研竞争力的计量分析[J]. 图书情报工作,2007, 31(5): 45-48.

[113] 邓雪鹏. 哲学、社科高校科研竞争力评价指标体系的分析与应用[J]. 统计与信息论坛,2007, 22(1): 81-84.

[114] 孙子秋, 郭荫娟, 樊陈琳, 等. “双一流”背景下药学学科竞争力评价指标体系研究[J]. 中国现代应用药学, 2023, 40(4): 545-553.

[115] 邱均平，欧玉芳. 面向世界一流大学建设的“985”高校科研竞争力评价分析——基于“十二五”期间 RCCSE 世界一流大学及学科竞争力评价报告[J]. 中国高教研究，2016(4)：57-63.

[116] 赵坤. 大学重点学科核心竞争力形成与评价模型研究[D]. 重庆市：中国人民解放军陆军军医大学，2005.

[117] 陈慧. 我国高校护理学科核心竞争力评价指标体系研究[D]. 山西医科大学，2009.

[118] 王敬福. 图书馆学学科竞争力评价模型构建研究[J]. 情报杂志，2009，28(3)：85-88.

[119] 牛源渊. 基于 AHP 与 DEA 的高校科研竞争力评价——以“一省一校”工程院校为例[J]. 高等财经教育研究，2015，18(3)：38-42.

[120] 李春英，张巍巍，高琴，刘春艳，马晓庆，殷蜀梅，谢志耘. “双一流”建设背景下的学科竞争力评价研究——以中国药学二级学科竞争力评价为例[J]. 大学图书馆学报，2018，36(2)：45-51.

[121] 张令伟. 基于“钻石模型”的高校艺术学学科竞争力综合评价模型研究[J]. 西南民族大学学报(人文社科版)，2015，36(6)：119-123.

[122] 赵国荣，杨光，肖珑. “双一流”高校图书馆学科竞争力分析服务调查与研究[J]. 图书馆工作与研究，2021(11)：41-47.

[123] 毕吉利，周福盛，刘旭东. 基于指数分析法的甘肃高等教育竞争力实证分析及评价(2006-2017 年)[J]. 黑龙江高教研究，2020，38(5)：42-50.

[124] 左良. 动态功效系数法的银行业竞争力评价体系构建与运用[J]. 金融与经济，2011(11)：31-34.

[125] 邓雪，江璐瑶，孙全德. 多元统计分析方法的理论研究及应用分析[J]. 数学的实践与认识，2016，46(4)：190-197.

[126] 陈会英，周衍平. 综合评分法的改进与应用[J]. 农业系统科学与综合研究，1996(1)：37-41.

[127] 卢颖，赵冰梅. 模糊综合评价法在企业综合竞争力评估中应用[J]. 辽宁工程技术大学学报，2006，26(4)：611-613.

[128] 付巧妹. 基础研究要突破 关键技术须先行[N]. 光明日报，2023-04-27(16).

[129] 陈薇. 北京大学副校长、北京大学深圳研究生院院长、中国科学院院士张锦：充分发挥高校基础研究主力军、重大科技突破生力军作用[N]. 南方日报，2023-01-14(007).

第六章　学科建设管理的支撑服务

促进一流学科建设与发展的最有效方法之一是引进人才，人才评估工作成为其中的重要一环，需要了解其学术背景与学术成果，以及引进之后的科研服务，图书馆的学科服务均有能力承担这些工作。与此同时，科学、合理的学科发展战略也是学科建设管理的重要组成部分，图书馆亦可为其提供决策参考。

第一节　科研人才引进评估①

教育部、财政部、国家发展改革委发布的《关于深入推进世界一流大学和一流学科建设的若干意见》提出要"大力培养引进一大批具有国际水平的战略科学家、一流科技领军人才、青年科技人才和创新团队"。国家也一直在制定各种政策用来培养和引进高端人才，如 2008 年启动的"海外高层次人才引进计划"和"引进海外高层次青年计划"主要用于引进海外高端人才，2012 年启动的"国家高层次人才特殊支持计划"主要培养国内高端人才。高端人才引进与培养有助于推动高校科研发展与人才队伍建设、推动"双一流"建设和提高中国高校的国际竞争力。引进是壮大人才队伍、改善人才结构的重要途径，也是促进学科发展的最有效的方法，我国依然迫切需要面向世界汇聚一流人才、吸引海外高端人才[1]。

图书馆作为高校学科建设发展的重要辅助单位和信息情报服务机构，可以借助丰富的文献信息资源提供学者学术背景、知识关联、学术成果及其生命周期等内容的分析，为高校高端人才引进提供重要支撑与决策参考。在对高端人才引进的相关研究及图书馆服务实践进行梳理的基础上，给出高校图书馆服务的优势以及助推高端人才引进的策略，就图书馆切入人才引进的服务路径和服务内容进行研究，对高端人才引进促进高校图书馆服务的创新发展进行相关思考。

1　高校高端人才引进及服务的研究进展

我国强调人才自主培养，也要千方百计地引进能为我所用的顶尖人才，以便全面落实科教兴国战略和人才强国战略[2]。习近平主席在中南海经济社会领域专家座谈会等会议上多次提出要"大力培养和引进国际一流人才和科研团队"。国家对"双一流"建设出台的多个意见中也提出"统筹国内外人才资源…，集聚享誉全球的

① 吴爱芝，俞蕖. 助力高校高端人才引进的图书馆服务探索性研究[J]. 图书馆，2025(2).

学术大师和服务国家需求的领军人才，为加快建设世界重要人才中心和创新高地提供有力支撑。发挥大学在科技合作中的重要作用，加强制度建设，规范人才引进，引导国内人才有序流动"[3]。通过"引进来"吸引和聚集高端人才已经成为高校提升自身竞争力快速有效的最常见做法，而且国内外环境与政策也为这一做法提供了重要支撑。从"海外高层次人才引进计划"和"引进海外高层次青年计划"来看，在政策实施效果上来看是收益大于成本，总体运行良好[4]，也能显著提升大学科研产出[5]。在北京大学"优秀青年人才引进计划"的运行中，不少学者在国内外学术共同体中崭露头角，多人获得"优青""杰青"等称号，在学校学科建设中发挥了积极作用[6]。随着人才竞争的全球化发展，学者的跨国流动已经成为常态。除了华人学者或本国留学人员，全职外籍学者也是中国高校的一个重要的引进群体。国家自然基金委专门设立"外国学者研究基金项目"支持自愿来华开展研究工作的外国优秀科研人员，在国家自然科学基金资助范围内自主选题并在中国开展基础研究工作。但从"双一流"高校的调研来看，全职且长期稳定在中国大学工作的外籍学者数量较少，流动率较高，且尚未较好地融入大学及基层学术组织；为解决这一问题，有高校尝试引进外籍学者团队[7]。就高端人才引进的结果来看，部分高校在引进人才时仍存在"秩序失衡"、内外关系"融合缺失"和"资本倾斜"导向异化等问题[8]，一流大学与学科排名竞争也导致了高层次人才的非正常流动和"商品化"[9]，在未来应确保引进人才与存量人才之间的人力资本协同提升，推动高校人才的整体升值，实现人才战略驱动高校学科建设发展的目的[10—11]。

针对高校在引进人才过程中的信息不对称、引进后欠缺成效评估等问题和需求，高校图书馆借助自身资源与人力优势，能够帮助学校决策管理部门有效解决这些问题。图书馆作为第三方独立机构，擅长使用 WoS、ESI、InCites、Scopus 等数据库，CiteSpace 等文献管理软件，以及基于文献计量学的定量评价方法为人才引进提供客观、独立的决策参考与依据，提高人才定向挖掘的准确度[12]，重点从挖掘学科所需国际、国内前沿研究人员和引进后绩效评价等环节提升图书馆的服务价值[13]。如杨明海等使用 CiteSpace 进行机器人领域的研究热点和前沿分析，并使用作者合作网络进行知识图谱分析，得出山东省应在医疗应用、人机互动等机器人研究方向引进人才[14]。舒予等使用 InCites 筛选全球 ESI 化学领域的华人，使用学术影响力分析和学术水平的综合评价方法进行海外高水平学者的发现与评价[15]。陈振英等利用 WoS 和 InCites 中的论文数据，使用主成分分析构建学术竞争力指标体系进行高竞争性海外归国人才的早期发现与识别[16]。为了推动"双一流"建设，庞弘燊等根据人才分类、分级评价的需求构筑各类人才评价指标组合，形成人才引进的评价指标体系[17]。江艳萍等则基于 Scopus 数据源，根据用户对人才的需求选取发文量、被引频次、归一化影响力（Field-Weighted Citation Impact，FWCI）以及 h 指数作为筛选指标进行学术潜力的综合评价和潜力候选人的分析，为潜力学者发现与评价提供决策参考[18]。

总体来看，高层次人才引进是推动高校“双一流”建设、提升教学质量和人才培养实力、提高学校综合竞争力的重要抓手，但高校高端人才引进是一个复杂的决策过程。借助自身优势，图书馆服务于高端人才引进的实践与研究主要为高校人事与决策部门提供参考依据。本书将从高校图书馆服务的优势出发，系统探讨高校图书馆服务人才引进的路径与内容，为高校图书馆开展同类服务提供决策参考。

2　高校图书馆服务支撑高端人才引进的实践模式

2.1　高校图书馆服务的优势

高校图书馆应坚决贯彻国家新发展理念，助推“双一流”建设，在人才发展、学科建设、科研创新等工作中发挥独特价值与贡献[19]，努力在信息情报服务功能方面进行创新与拓展，“担当融通师生履职尽责的专业助手”[20]，凭借专业技能辅助解决科研人员与学校管理决策部门等用户的文献信息检索服务、科研竞争力评价服务、人才引进支持服务等。

“促进学科发展的最有效办法就是引进人才，这就需要人才评估，了解他的学术背景、学术关联、学术成果以及成果的生命周期等，这些都是图书馆能做的”“人才引进之后，他的科研创新可能会遇到一些问题，图书馆就能为他们提供帮助”。有时，“他们遇到的事情自己能做，但是也可以交给图书馆来做”，留出的时间和精力“专心做别人替代不了的事情”[21]。高校图书馆服务一直走在坚持创新的路上，围绕用户需求提高服务效用与影响力。从服务的资源角度来看，通过纸电一体化手段将图书馆的资源信息进行深度整合与加工，除了满足用户的日常检索与借阅，更多地开始以知识揭示和问题解决为目的进行展开；馆员队伍建设越来越专业化和现代化，如北京大学图书馆坚持以“四尚”风气和“四有”馆员培育和完善馆员队伍建设，实现体系化培养，并将创新力标准融入图书馆员的组织与管理工作中[22]。从服务的技术角度来看，信息技术是图书馆服务智慧化发展的翅膀，网页版的图书目录展示、多元文献的深度语义挖掘、微信公众号的即时信息推送、云计算技术推动服务共享平台等，不断推动“掌上图书馆”和智慧图书馆的快速建设发展。

2.2　高校图书馆服务高端人才引进的实践模式总结

相较于学校的管理决策部门和院系等人才引进的相关利益单位，图书馆在人才引进方面具有独特优势，也在服务过程中积累了一定的实践经验。为此，作者以第二轮“双一流”部分高校图书馆为核心，进行服务高端人才引进的图书馆案例调研和总结。在现实中，图书馆提供资源与服务被认为是理所当然的，图书馆在人才引进中的作用仍有待于开发与挖掘[23]。从目前图书馆实践来看，图书馆服务高端人才引进的主要模式有以下两种。

2.2.1 以第三方身份提供人才评价服务报告

一般而言，图书馆很少直接进入人才引进的决策环节，主要以第三方的身份提供人才引进评价服务报告，包括引进前和引进后。引进前分析如浙江大学图书馆在机构委托中，基于研究相关性进行可引进人选的分析，从重要论文的排名、引文网络、引用位置、专利被引、施引文献分析等角度来衡量人才代表作的影响力[24]。人才引进后的评估比较常见，上海交通大学图书馆以人资处提供的论文清单、学者的个人信息等为依据，对引进人才的著作及论文等科研产出进行阶段性监测与分析，如对高峰高原学科建设第一阶段(2014—2017年)引进的人才进行分析，包括引进人才的基本情况、学术水平、对引进单位的贡献度等[25]。复旦大学图书馆为人才引进出具相关评估报告，如《复旦大学物理相关院系学术产出报告——基于人才引进的视角》《物理学引进人才与非引进人才产出对比报告》[26]。

在调研的过程中，不少高校图书馆对人才都提供类似的服务，并不一定局限在引进人才上，如北京大学图书馆依托基础研究类人才的原创成果、高质量论文、学术影响力和核心竞争力等内容构建人才评价指标体系，提供评价分析报告[27]；清华大学图书馆为本校职能部门、院系和师生提供个性化的人才学术产出评估的定制服务，如某领域 Top 10 学者分析报告[28]，也会围绕专利进行对标分析，综合评估该教师在国际科研领域的真实水平；中国人民大学图书馆就学者的领域研究地位及其影响力、贡献度等内容提供人才产出评估[29]；北京理工大学聚焦高层次青年学者，进行人才特征画像和人才评估，探索青年科技人才成长规律和领域全球关键人才分布，为制定青年科技人才成长的相关政策提供参考[30]。东北林业大学图书馆利用多元科研数据和自建机构知识库为论文、专利等科研产出对学校的引才和育才工作提供决策支持服务[31]。

2.2.2 为人才引进进行数据库或平台建设

作为全校师生的文献中心与服务圣地，图书馆有责任、有义务为引进人才提供数据库与平台支持。上海交通大学图书馆注重与学校人才引进战略的对接，通过优化馆藏结构、提升服务水平等方式，为引进人才提供良好的学术环境；与人才所在学院或研究机构建立合作机制，共同打造专业化学术资源平台；利用现代信息技术手段，如大数据、人工智能等，为人才提供个性化的信息推送和学术咨询服务，帮助人才快速了解学科前沿动态和趋势[32]。清华大学图书馆设立专门的人才服务团队，与学校的人才引进部门紧密合作，为引进的优秀人才提供定制化图书资源服务；根据人才的研究领域和兴趣，提前准备相关的图书、期刊和数据库资源，确保人才到校后能够迅速开展工作；定期举办学术讲座和研讨会，邀请校内外知名学者和专家来校交流，为人才提供与同行交流的平台，促进学术合作和创新。

图书馆的数字资源有助于促进学校的科研产出[33]，其支出也是教师科研产出的重要衡量指标[34]，对人才引进也具有极强的吸引力。从年度总经费排名前10

名的中国高校图书馆来看，如表 6-1 所示，清华大学图书馆 2016—2022 年间文献资源购置费的比重均超过 98%。除了某些年份有大修、设备购买等重点任务外，各高校图书馆文献资源购置费占年度总经费的比重都比较高。

表 6-1 10 所高校图书馆文献资源购置费占年度总经费的比重(单位：%)

序号	图书馆名称	2016 年	2018 年	2020 年	2022 年
1	清华大学图书馆	99.954	99.129	100.000	98.444
2	上海交通大学图书馆	89.849	90.354	90.281	89.741
3	武汉大学图书馆	85.239	78.608	85.619	71.829
4	北京大学图书馆	76.360	65.452	68.727	76.584
5	浙江大学图书馆	98.244	97.027	97.169	97.060
6	复旦大学图书馆	86.807	50.563	86.349	83.177
7	华中科技大学图书馆	93.719	93.067	96.124	84.749
8	中山大学图书馆	93.208	94.825	88.590	89.261
9	北京师范大学图书馆	89.204	89.301	93.880	94.857
10	山东大学图书馆	85.281	94.616	87.845	82.458

注：数据来源于教育部高等学校图书情报工作指导委员会网站，http://www.scal.edu.cn/tjpg/tjsj.

3 图书馆切入高端人才引进的主要服务路径

高校图书馆服务高端人才引进，应从多种途径为精准定向挖掘学科建设与发展的全球卓越领军人物、重要创新人才、学术带头人等高端人才提供第三方科学、独立、客观的数据资源。

3.1 依托高被引科学家数据寻找各领域学术领军人才

一流的研究来自于极具影响力的研究人员的引领，建设一流高校就要发现顶尖人才以及培养有前景的年轻人才[35]。高被引科学家的确会推动高校及其科研团队的科研发展，提升高校的学科建设影响力[36]，不少高校已经将引进、培养高被引科学家作为重要的人才建设目标。随着“双一流”建设的顺利推进，高校图书馆应关注每年公布的高被引科学家名单。如科睿唯安每年公布的全球“高被引科学家”名单遴选出全球高校、研究机构和商业组织中对所在研究领域具有重大和广泛影响的顶尖科学人才，侧面反映出机构的人才基础和科研实力；爱思唯尔发布的“中国高被引学者”榜单从多个维度深度剖析、识别科研职业生涯不同阶段的中国学者，展示其科研成果表现。

依托各学科领域高被引科学家的历年名单，可以看出华人科学家已经成为基础科学研究领域的中坚力量。图书馆可以据此进行全球人才扫描加工，利用网络爬虫、数据分析和地理信息分析等工具进行全球高层次人才的信息搜索，构建“全球领军科学家"数据库，尤其关注重点学科领域的华人科学家和研究团队；分析各学科领域的研究热点、高被引学者的区域布局，以及各高校机构的高被引分布特点和优势研究领域，结合本校学科建设发展需求，定向分析目标学科领域的核心科研人员；分析本校高被引科学家的高被引论文，研究其主要的研究领域与国家重大战略发展方向的一致性，研究其主要的合作者及合作机构，寻找具有潜力的青年科研人才。

3.2　依托文献计量与知识图谱分析挖掘各学科重要创新人才

除了常规的参考咨询、文献借阅等服务，新时期的图书馆员也具有一定的科研能力和文献情报分析能力，能够提供知识服务、数据服务和学科情报服务等，高校图书馆的角色也应逐渐从知识服务的提供者向科学研究系统中的合作伙伴转变[37]。图书馆员可以对学科领域的特定信息资源进行文献计量与知识图谱分析，包括引文分析、科学合作分析、文献信息可视化分析等。

如图书馆可对基础科学研究前沿进行常规性知识图谱分析，动态监测其中的重要科研工作者。党的二十大报告提出"加强基础学科、新兴学科、交叉学科建设，加快建设中国特色、世界一流的大学和优势学科""加强基础研究，突出原创，鼓励自由探索"，基础研究是对新知识、新理论、新原理的探索，是对普遍知识、自然及其规律的理解，是实施创新驱动发展战略的重要来源和新兴技术涌现的重要支撑，也是创新人才培养的重要途径。对数学、物理、化学、天文、生物等学科的基础研究进行高产作者的产出分析，结合其教育经历和专业背景进行领军人才的潜力分析；使用文献共被引网络知识图谱，探索学科知识的研究前沿及其主题演化态势和规律，找出其中的关键科研学者，为学科的未来发展进行预测和分析；通过作者合作网络、机构合作网络与国家（或区域）合作网络找到高频次合作者，结合研究主题和研究方向，为国内研究者进行国际合作提供决策参考；通过作者及其文献的引用进行分析，研读其核心代表人物及其学术团队的基本情况，为高校引进能够引领学科建设发展的重要研究团队与核心人员提供情报支撑。

3.3　依托知识产权信息服务查找擅长知识转化的学术带头人

为了发挥高校在知识产权创造、运用、保护、管理、服务全链条中的重要作用，国家知识产权局办公室和教育部办公厅发文，要求依托高校图书馆等现有机构来推动高校知识产权信息服务中心的建设[38]。高校知识产权信息服务涵盖知识产权信息平台搭建、知识产权咨询与教育培训、专利资源导航、专利分析报告发布等内容，不仅可以推动高校科研成果转化和科学研究水平，而且可以支撑人才培养和一流师资队伍建设[39]。

馆员可使用智慧芽全球专利检索数据库、Innography专利检索分析平台、中国国家知识产权局网站等数据进行高校专利发明人检索分析，研究其专利类型及产出数量、主要技术分布领域，通过其拥有的战略性新兴产业发明专利、在海外有同族专利权的发明专利、维持年限超过10年的发明专利、发生质押融资的发明专利、获得中国专利奖的专利等指标来研究其高价值专利，从校企合作申请专利和专利转移、转化等角度来衡量其专利使用价值，以服务国家战略需求、争创世界一流为导向，为全球范围内遴选服务国家战略需求的领军人才和誉满全球的科研创新大师建言献策。

3.4 借助大语言模型和算法挖掘学科交叉融合领域的突破者

学科交叉融合是当前科学技术发展的重大特征，也是经济社会发展的内在需求。近25年来，交叉合作研究获得诺贝尔奖的比例近50%[40]，国家重大战略需求也使得多学科交叉融合成为常态。但因为每个学科的建设都有自身的发展规律，需要借助知识间的分化、融合和知识关联服务来助推新发展与新突破。图书馆有责任创新服务内容与模式发展，借助大语言模型和算法挖掘不同学科之间的交叉融合，寻找该领域的核心突破者。

馆员可利用基于自然语言处理(Natural Language Processing，NLP)的各种算法来实现交叉主题结构的有效识别，如隐狄利克雷分配(Latent Dirichlet Allocation，LDA)、概率潜在语义分析(Probabilistic Latent Semantic Analysis，PLSA)、潜在语义分析(Latent Semantic Analysis，LSA)等和基于主体-行为-客体(Subject-Action-Object，SAO)结构的LDA模型。随着AI技术的不断发展，双向编码器表征法(Bidirectional Encoder Representations from Transformers，BERT)通过在大规模语料库上的深度学习，能够捕获文本的深层语义信息，提高文本表示的准确性和效率，探测主题所处的发展阶段。使用InCites数据库推出的新功能研究视域导航(Research Horizon Navigator，RHN)了解各领域的新兴主题及其交叉程度，以及研究人员、机构等在新兴主题中的参与情况，为探寻学科交叉融合的突出表现者提供强有力的数据支撑。

4 高校图书馆服务提升高端人才引进成效的思考

为了增强图书馆在助推高校“双一流”建设中的作用，进一步提升高校图书馆支撑高端人才引进的成效，结合高校在人才引进中的需求与图书馆的文献情报需求，图书馆服务应在以下方面主动加强创新，助推高校人才引进的效率和效能。

4.1 加强与高校高端人才引进需求方的信息沟通

认清和明晰需求是图书馆提供任何服务的基础。根据Taylor的信息需求表达理论，用户需求在信息表达过程中会经过4个阶段：实际存在而未意识到的需求阶段、大脑中对需求的有意识描述阶段、对意识需求的形式表达阶段、向图书馆等信息服务机构提交的阶段[41]。学校管理决策部门一直在研究探索科学合理的人才引进评价机制，包括个人素质、研究方向、教学能力、科研产出与竞争力等，图书馆可据此在需求表达的每个阶段提供或推荐个性化信息服务产品，全面准确获取用户表达的信息需求[42]，提出早期识别和评估引进人才的方法和建议，提高服务的精准度和科学性。

图书馆员应适时加强学科建设现状、学科发展布局和人才发展战略等内容调研，与用人院系和学校人事部门等建立沟通机制，如线上、线下的日常联系方式、定期会议、项目交流、个性化服务产品推荐等，更好地了解各方所需和所能提供的资源，促进图书馆服务保持与时俱进和长久活力。图书馆的优势在于基于文献计量的科研成果评价，馆员在高端人才引进服务的初期可为院系和学校人事部门提供高校人才竞争力分析和学科竞争力分析等报告，为推动高校基础研究和关键领域核心技术攻关等工作开展、制定高端人才引进方向提供事实数据支撑。图书馆也可与院系加强沟通，利用"全球领军科学家"的数据，为院系进行潜在人选的推送与推荐。

4.2　利用文献情报优势推动定向信息精准化挖掘

图书馆具有丰富的藏书和 WoS、Scopus、EI、Innography、Incopat 等数据库资源，馆员熟练使用 CiteSpace、VOSviewer、SPSS 等软件工具，可以承担最新动态情报数据资源的收集、整理、揭示和利用等工作。馆员可提供科研态势分析与监测、学科前沿预测、科研产出竞争力分析等文献计量分析服务，服务产品以人才情报监测为基础、以用户需求为导向进行选题，为明确人才引进要解决哪些学科领域的研究空白、重点关注的目标个人或群体、引进的可能性与未来竞争力等问题提供较为客观、独立的第三方分析报告。

针对特定领域高端科研人员或重要学术团队的引进，图书馆可以调配相关专业背景和情报研究能力的馆员组成特定服务团队，详细开展针对性强的情报定向挖掘。可从其(论文、专利、专著等)产出规模、论文影响力和竞争力、课题奖励、国际合作等角度对高端人才的能力和潜力构建学术竞争力评价指标体系，结合人事部门和院系对各指标的重视程度设置权重，避免图书馆的主观赋权带来的偏倚。同时结合年龄、专业地位等其他属性，从微观角度充分挖掘高层次人才的科研表现[16]。

4.3　持续跟踪高校引入后人才的产出竞争力分析

高端人才引进后，高校需要根据引进人才的实际专业教学情况，定期评估人才引进制度执行情况，以帮助提醒学校人才引进制度体系的改进和优化，精准实现其动态调整和可持续发展，助推学术成果的质量提升。针对不同人才情况，高校可结合图书馆服务提供的分析数据和相关信息，灵活采用长期聘任、短期访问、兼职、返聘等方式积极引进和聘任国内外优秀专家学者，并通过开展项目合作、学术交流等形式，搭建国内外专家联合教学平台，定期监测其产出，进而打造高水平学术团队、拔高专业建设，构筑学校人才培养和创新高地。此外，图书馆可结合管理决策部门的要求，开展引入后人才产出竞争力分析，精准关注个体学术产出和引进成效，重点在于考察该人才在对高校学生的培养、梯队建设、学科发展的参与度，研究人才引进后的科研产出与成长规律，实现定期监测和内容跟踪，为优化高校人才培养工作持续提供决策支持参考。

4.4 AI赋能监测高校高层次人才流动与结构变化

教育部、财政部、国家发展改革委发布的《关于深入推进世界一流大学和一流学科建设的若干意见》中提出要“加强制度建设，规范人才引进，引导国内人才有序流动”。但在愈发激烈的全球人才争夺和“双一流”建设背景下，高校之间为争夺高层次人才而引起人才流动的现象已经引起学术界的广泛关注，高端人才的区域性和结构间不均衡、不对等状况已经显现[43]。

AI赋能是图书馆管理与服务领域的未来重要发展趋势之一[44]，高校图书馆可借助相关AI大模型和众多资源平台，从科研工作者的视角构建学术情报检索与检测平台，依托与人才流动相关的学术履历数据集（包括ORCID、机构名称、论文等数据集）进行人机协同，从地区分布、流动类型、时间跨度、年龄结构和流动产出等视角探索高层次人才在时空两个维度的流动特征和相应的学术表现情况，全面分析“双一流”科研人员的国际流动趋势[45]，定期监测高校高层次人才流动和结构变化特征，有效揭示高校科研人才队伍建设的成绩和问题，预判高校人才建设前景和方向，也为高校制定人才发展战略和人才引进战略提供数据支撑。

5 小结

科研人才在不同高校机构之间的变动或工作性质的变化，是高校科研人才流动和引进的直接表现形式，是学术人员个体为了获得更好的职业发展可能、拓展更多的人际关系、争取更大的利益空间而进行的一种人力资本投资行为[46—47]，也可以视为高校之间人力资本合理调整与优化选择的重要模式。

高校图书馆借助自身在学科情报资源和文献计量分析方面的优势，将服务延伸至服务于学校人才引进环节，更好地助力高校“双一流”建设。在服务开展的初期，坚持用户需求为导向，为用户需求的表达和明确提供或推荐个性化情报服务产品；在中期阶段，图书馆不仅仅提供客观数据的呈现，也可进行学术竞争力分析并给出相关结论，目的只是希望给决策部门提供科研评价方面的参考而不是简单的片面评价；在后期阶段，图书馆对人才引入后的产出竞争力进行持续跟踪。长期进行高端人才群体监测，AI赋能定期监测高校人才流动与结构变化，为未来高端人才引进提供情报支撑与借鉴。

辅助人才评估是高校图书馆深化服务和转型升级的重要方向。在未来，图书馆助力高端人才引进的服务实践中仍有不少需要深入探讨的问题，如图书馆除了使用文献计量分析与评价方法外，如何从学者研究内容上去分析高校学科建设与国家战略发展需求之间的关联？如何衡量高端人才的研究潜能、预测其未来的问题解决能力？这些都需要从深入和长期的服务实践中进行摸索和验证。

第二节　学科战略情报服务①

21世纪以来，大数据技术使得信息交流与开放获取的理念不断深入发展，科学技术与政治、经济等社会各方面的联系越来越紧密，情报服务的领域则从科技创新与国家安全领域，不断向经济建设、产业规划、企业战略，甚至个人职业发展规划等社会的每一个角落渗透，战略情报服务已经成为其中很重要的发展方向。新一轮“双一流”建设学科是国家对相关学科建设水平的认可，也是冲击世界一流的重要抓手。学校学科建设布局体现着学校面貌与综合实力，高校图书馆开展学科战略情报服务，可为高校进行学科布局、体现特色和优势、推进高等教育高质量内涵式发展[21]提供决策参考和依据。在厘清战略情报服务相关概念的基础上，首先对学科战略情报服务的概念和相关任务进行阐述；接着，对北京大学图书馆和其他高校图书馆学科战略情报服务的实践进行梳理和总结；然后，基于高校在学科建设方面的战略需求，给出高校图书馆学科战略情报服务的主要内容、基本流程和开展形式；最后，结合实践案例和目前存在的问题与困境，给出未来助推学科战略情报服务的相关思考和建议。

1　基本概念

1.1　战略情报服务的相关概念

“战略情报”这一概念来自军事学，是保障国家安全、维护国家利益和指导战争全局需要的情报，具有全局性、广泛性和稳定性等特点，与战役情报和战术情报并称为军事情报[48]。美国政府和学界认为战略情报就是国家层面上的情报，具有全局性、长期性、综合性和趋势性等特点[49—50]。随着全球化和大数据技术发展，战略情报和战术情报的界限逐渐模糊，甚至有时是一体的，并在经济学、政治学、社会学、图书馆学与情报学等学科领域得到广泛应用，战略情报服务得到快速发展。中华人民共和国成立后我国开展的大规模科技情报研究主要服务于科学技术与科学研究的发展，即从全局角度出发，面向科技促进发展的相关特定需求，在广泛收集科技战略动向和科技领域发展态势等情报基础上，通过整理鉴别、综合归纳和判断推理等，得到有依据、分析、评价和预测的研究结论或报告[51]。随着创新驱动发展战略的深入实施，战略情报服务也从国家、地区等宏中观层面，向高校、企业等微观组织机构的发展建设与战略决策方向进行延伸[52]。战略情报服务是根据战略决策需要，由服务人员利用信息技术手段和战略情报研究方法，研究、分析战略情报内容，揭示战略研究对象的发展态势与未来前景，形成满足战略决策需求的新情报的过程。从情报用户需求的角度来看，战略情报服务可分为战略情报的动态监测

① 吴爱芝.高校图书馆学科战略情报服务探索性研究[J].大学图书馆学报，2023，41(5)：18-25.

研究、战略情报的态势分析研究、战略情报的前瞻预测研究等，三者之间存在既相互制约又相互促进的动态关系，动态监测研究是态势分析研究和前瞻预测研究的基础，态势分析研究是前瞻预测研究的全体，与前瞻预测研究在更高层次上对动态监测研究提出更高的要求[53]。

1.2　学科战略情报服务

学科是人才培养和科学研究的载体，部分学科列入一流学科建设计划，是学科发展规划上的优先战略，是为了用一批优势学科带动另一批学科发展[54]。促进学科结构合理与均衡发展，合理规划和推进一流学科建设，才能更好地建设世界一流大学。与此同时，当今时代正处于大发展大变革大调整时期，学科建设应根据社会发展需要和学科发展规律，采取一切必要手段促进学科建设发展和学科水平提高[55]。高校图书馆拥有丰富的馆藏资源和各种学科背景的专业技术人才，有条件构建支撑学科发展的资源保障体系和适应决策流程的资源组织揭示[56]，基于高校改革发展和学科建设、国家科技创新和知识驱动发展战略等需求，对知识成果数据进行多粒度分析，灵活支持机构决策需要[57]。在大数据技术的推动下，充分挖掘专业研究数据，有助于开展面向专业、学科、产业、领域的战略情报服务。

面向高校学科建设与发展的战略需求，学科战略情报服务为学校决策机构和管理部门提供权威、及时、高质量的战略情报支撑，开展学科战略决策咨询、科学计量与评价服务、科研情报研究与服务、知识产权战略服务与研究等，面向高校“双一流”建设的不同参与主体提供内容丰富多样的创新性智库服务[58]。因此，本书认为，高校图书馆学科战略情报服务是以战略性、前瞻性、指导性和全局观为基本原则，利用内外部信息资源和馆员的文献数据分析优势，以支持高层学科战略决策、学校与院系学科发展规划、国家重点产业发展政策等需求为服务重点，紧紧围绕战略决策的核心目标，将研究成果以研究报告、快报、专报等不同形式提交决策与管理层。

学科战略情报服务对学科研究对象、建设重点和学术研究竞争力等方面进行综合分析，针对学科发展规律和历史，跟踪监测学科的发展现状、竞争影响力、发展态势、前沿热点、战略重点等内容，为学科发展和建设提供决策支撑，提供学科领域发展前沿与热点问题动态监测报道、学科领域研究报告等产品。学科前沿热点研究可为国家战略性新兴产业、先导性专项、重大项目和重要方向性项目提供决策服务；国际重点科研机构分析可为高校遴选国际合作、人才引进提供决策支撑；学科发展态势分析可分析某高校（或机构）在某（些）学科或研究方向的国际竞争力，为学科发展现状和未来建设提供判断依据[59]。在实际工作中，学科战略情报的任务主要包括调研科学研究领域、选择和确定科研项目、课题情报研究、学科发展优劣势和影响力分析、学科内部知识结构揭示等[60]方面，发挥“耳目”（即长期跟踪、监测预警，拓宽决策视野）、“助手”（即主动聚焦、重点剖析，解决决策之急）和“智囊”

(即研判态势、洞悉先机,提供决策建议)的作用[61]。

2　高校图书馆学科战略情报服务实践现状

纵观全球发展,战略情报服务开展比较多的是国家级图书情报机构,如加拿大的科技信息研究所、中国科学院国家科学图书馆,以及中国国家图书馆、美国国会图书馆等公共图书馆。其中,中国科学院文献情报中心依托国家科技文献平台,面向决策一线提供战略情报服务、学科情报服务和产业情报服务等知识服务,面向学科提供学科发展规划、学科领域态势分析、机构竞争力分析、科研产出统计分析、专利技术趋势、产业市场调研等研究报告[62],在重点科学研究领域提供科技发展动态监测、科技人才遴选与评价等服务[63]。

2.1　北京大学图书馆服务实践

2021年,北京大学图书馆专门设立战略情报服务岗位,负责特定主题战略情报的收集与分析、学科或研究领域的战略发展报告和智库服务[64],服务于国家战略与需求分析、学校"双一流"建设、学科前沿动态变化与预测等。自"双一流"建设以来,北京大学图书馆面向学校战略规划和学科建设评估需求,充分利用科研数据资源和文献计量分析方法及工具,在学科战略情报服务实践中不断积极探索,并产生诸多服务精品。

2.1.1　《中国人文社会科学学术影响力分析报告》:支持中国高校人文学科未来布局决策

受教育部委托,在沟通和明确服务需求后,北京大学图书馆对中国人文社科总体和分学科的中外文发文进行定量分析,重点对标美国、英国、加拿大、澳大利亚、德国、法国、英国、意大利、新加坡、日本等国家和中国香港、澳门、台湾等地区,探讨了中国人文社会科学领域各学科的研究成果现状、在国际上的学术影响力、研究机构和地区发文与被引、国际合作状况等,揭示了各学科的学术资源布局、发文特点、主要问题等。报告中的学科主要包括哲学、经济学、法学、政治学、社会学、教育学、心理学、语言文学、新闻传播学、考古学、世界史、管理科学与工程、工商管理、公共管理、图书情报与档案管理和艺术学。

该报告的主要任务是为中国高校人文学科的未来发展布局提供决策参考,因此,不仅对中国人文社会科学的总体发文、发文质量和高被引论文的学科分布、国际会议论文发表等内容进行了研究,还就国内顶尖高校与国际一流高校在发文数量与质量、发文期刊对差距进行了论证,指出存在的主要问题并给出解决方案。通过收集与分析相关情报数据,北京大学图书馆为中国各高校人文社科绘制总体发展脉络,梳理各学科的发展进度,助力教育部把握中国高校人文社会科学未来发展方向,支持国家人文社会科学的学科发展决策。

2.1.2　学科研究前沿报告:依托热点预测学科未来研究方向

学科研究前沿系列报告是北京大学图书馆响应党的十九大会议精神,配合支持北京大学“双一流”建设，分析学科研究热点、前瞻学科研究趋势的研究成果，是北京大学图书馆根据学校的中长期发展规划和学科建设需求主动提供的学科战略情报服务。

以《北京大学经济学学科研究前沿报告》为例，北京大学图书馆对北京大学师生发表的期刊论文、学位论文和高下载论文的关键词进行解析，以及获得资助的基金项目等多源数据进行解析，研判北京大学研究与关注热点，并使用北京大学用户在图书馆搜索系统中的热门搜索词进行验证。同时，结合对本校相关院系硕、博士研究生和教师的调研访谈和情报收集，不断验证该报告的研究结论。最后，报告提出北京大学国内外发文热点是：经济增长、“一带一路”、全要素生产率等。同时，北京大学学者关注点主要是中美贸易、经济增长、“一带一路”、贸易战、收入分配、产业结构、精准扶贫、土地财政、产业政策、城市化、国有企业、基础设施、全要素生产率等，与发文热点关键词存在一定的差异，但重叠的研究领域也较多，如经济增长、“一带一路”、全要素生产率、新结构经济学、城市化等。与此同时，北京大学图书馆基于ESI数据库，跟踪全球最重要的科研学术论文，研究论文被引用的聚类与模式，尤其是成组高影响力论文（包括高被引论文和热点论文）的频繁共被引，探寻研究前沿，揭示不同研究者在探索相关科学问题时产生的关联和发展脉络。

2.1.3　《北京大学专利竞争力分析报告》：为科研成果转化提供学科数据支持

随着《知识产权强国建设纲要（2021—2035年）》的出台，知识产权作为国家发展战略性资源和国际竞争力核心要素的作用日益突出，北京大学图书馆积极开展了各类知识产权信息服务。受教育部科技发展中心委托，北京大学知识产权服务小组聚焦中国高校知识产权发展和科研成果转化，选择专利拥有量较多的194所中国高校和专利成果转化率较高的高校专利权人，为高校进行各学科中英文科技论文发文计量分析、论文与专利文献文本分析等，厘清各高校发文与专利转化之间的关系，评估中国高校知识产权发展现状及转化趋势，为提升专利数量和质量提供决策支持。

与学校科技开发部深入沟通后，北京大学图书馆进一步明确学校对现有专利、高强度专利、专利分布领域及转化状况等方向的需求，《北京大学专利竞争力分析报告（2021年版）》对北京大学的专利产出、专利质量、专利地域布局、专利实用价值和北京大学专利热点进行了情报数据检索，并收集分析与国家战略性新兴产业发展相关的专利信息，明确北京大学的优势与差距，为北京大学学科科研创新和成果转化提供数据支持，该研究报告受到科技开发部和科研工作者的一致认同。

2.1.4　即时决策简报：满足学校学科发展决策需求

受学校党办、校办的紧急委托，聚焦QS和THE世界大学排名，梳理北京大学及对标高校——哈佛大学、东京大学、新加坡国立大学、香港中文大学、香港科技大学、清华大学、浙江大学、上海交通大学、南京大学、复旦大学、南开大学、中国科学技术大学等近5年各学科国际发文和引文影响力，下载和处理30余万条数据，管理和维护来源数据库中的机构档案，深度发掘论文数量/质量与院系/附属机构、学科、师生数量/比例等之间的关系，助力大学提升学术影响力，报告以简报的形式提交后即被学校决策部门采纳，有效发挥了图书馆在资政、预警方面的重要作用，受到学校决策管理部门的大力好评。

2.2　其他国内高校图书馆服务实践

除了北京大学图书馆，国内众多高校均不同程度地开展了战略情报服务，有的将学科情报服务与科研情报服务、人才情报服务、专利情报服务等进行了区分，有的则是将这几种情报服务进行打包，但目的和出发点是一致的，即助力学校战略决策。如北京理工大学图书馆设置战略情报研究部，为科研机构、政府部门提供全面咨询服务[65]，浙江大学图书馆的战略情报服务主要为相关职能部门、有关学院的学科评估、学科发展预测、学科发展规划和管理决策提供参考依据，为学校各类规划与计划的制定、学校战略布局和规划提供“循证依据”，其完成的《学科发展对标分析报告——医学》侧重分析医学的支撑学科和交叉学科，以期为全校学科整体布局、制定差异化学科发展路径、培育新的学科发展增长点等提供支撑与参考依据[66]。浙江农林大学图书馆围绕学校战略重点，定期撰写、编辑和整理《高校领导决策参考》，就教育热点、政策解析、校长论坛、人才培养、科学研究、学科建设、教育管理、创新创业等提供战略情报服务[67]。清华大学图书馆、上海交通大学图书馆等服务学校和学科建设的服务则放在信息计量、智库服务等服务模块内部而没有单独列出。

2.3　高校图书馆学科战略情报服务实践评价

从北京大学图书馆学科战略情报服务的实践来看，学校管理与决策部门提出清晰明确的需求，是图书馆提供科学、客观研究报告的首要基础。首先，图书馆基于内外部环境自主提出的需求，需要反复与可能的利益相关方进行沟通与交流，避免自说自话、自娱自乐。其次，从研究方法来看，调查访谈和实证研究的有机结合是最为有效和常用的方法。对学科建设的内外部环境进行直接观察，收集整理第一手资料并辅以主观判断分析；实证研究始于理论假设的构建，馆员收集整理信息资料并进行定量分析，进而验证假设并完善之前的假设理论，逻辑上更加严谨。最后，重视与强化委托方的合作，合作黏性越强，越便于委托方随时把控需求解决程度与分析方向，报告也越容易获得委托方的认可。

总体来看，一方面各高校图书馆非常重视学科战略发展工作，都不同程度地开展了学科战略情报服务，但目前的研究及服务尚为薄弱，服务内容、服务模式以及保障机制等仍需要进行深入探讨与研究。另一方面，高校图书馆的学科战略情报服务意识和资源保障有待加强，应鼓励馆员提升战略情报服务意识、能力和素养，以增强战略决策支持服务的动力与热情。笔者在服务实践中发现，外界尤其是学校管理与决策部门的认可与接受度，是影响图书馆提供学科战略情报服务和提升馆员服务热情的一个重要因素，紧抓战略决策需求也是未来着重努力的方向之一。

3 高校图书馆学科战略情报服务的主要内容与模式探索

战略决定发展方向与未来，战略情报服务可为国家支持与布局学科建设提供决策支持，为机构提供学科建设与竞争力分析，为科研人员获取学科前沿发展态势与学科研究信息[68]。高校图书馆学科战略情报服务应明确主要服务内容、开展流程与形式，面向社会和学校战略决策需求，整合战略情报资源，提升学科战略情报服务品质。

3.1 学科战略情报服务的主要内容

根据对哈佛大学、牛津大学、斯坦福大学、芝加哥大学等国际顶尖高校和清华大学、浙江大学等国内“双一流”高校官网的调研结果，学科战略方向的信息需求主要包括学科建设与教育、科技创新与管理、政产学研用政策规划、国际合作等[69]。现阶段高校图书馆学科战略情报服务应配合高校在推进放权改革试点、高质量开展新一轮“双一流”建设过程中的战略部署，服务于学校学科布局和一流学科建设论证中的战略决策情报需求；充分发挥图书馆的数据资源优势，跟踪监测国内外战略研究对象的相关情报，研判发展趋势，更好地为基础研究和重大科技突破等领域的战略决策提供事实依据、经验借鉴和决策参考。具体而言，今后的学科战略情报服务内容主要有：一流高校学科发展战略规划支撑，一流学科建设论证支持，学科建设与布局的战略支持，学科与人才建设的评估支撑，前沿热点预测与分析，学科或研究领域态势分析，科研项目和科研绩效的管理研究。

选题时应侧重战略性、宏观性问题，站位高、格局大、视野广，关注决策层最为关心的层面；学科战略情报服务的研究报告入题要小，急决策之所急、想决策之未想，具有前瞻性，站在决策层思考[70]。在研究内容方面，坚持需求导向和问题导向，注意学校特色与经验借鉴的平衡、大题小做和小题大做的把握，强调问题的解决措施、建议和对策，减少分析性、事实性、资料性、评述性内容。既要把握国情、校情和院情，也要注重外部经验借鉴；既能将宏观选题聚焦，也能将全局性的具体问题上升到战略层面；既要反映现实问题，也要从不同角度和相关主体方给出问题的解决方案。

3.2 学科战略情报服务的基本流程

情报分析用于解决理论和实际之间的关系[71]。作为一个科学过程，情报分析有相对固定和完整的程序或模式，尽管不一定每一次分析、每一个分析人员都需要经历相同程序，但都要经过这个程序。战略情报分析观察、解释和预测一切影响全局发展和未来部署的内外部现象，需要依托情报需求确定调查范围、选择研究方法进行信息收集和处理、借助信息分析评估信息来源、应用多源信息验证需求的解决程度并适时发送分析报告。本书结合战略情报分析的基本程序[50]，提出高校图书馆学科战略情报服务的基本流程框架如图 6-1 所示。

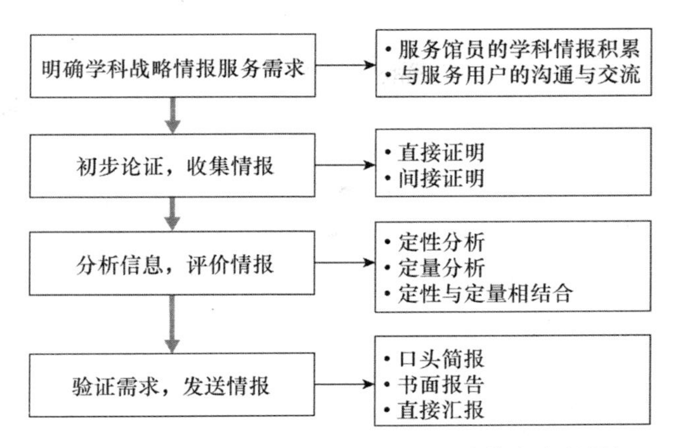

图 6-1 高校图书馆学科战略情报服务的基本流程框架

第一,明确学科战略情报服务需求。与图书馆提供的其他服务一样,学科战略情报服务的第一步也是明确需求。但与一般的服务不同的是,学科战略情报服务需要确认战略决策者的问题是什么,并把用户的需求转化为情报需求。这里存在的问题是出于保密等原因,往往不能明确提出问题或需求,这就需要馆员了解学校的中长期发展规划与文件、年度学科建设工作重点、相关政策文件及会议精神、重要领导讲话等,思考学校学科建设与发展过程中的新需求、新挑战与新问题,同时,加强与服务用户的沟通与交流,走访该学科科研工作者和管理部门,借助信息技术加强对用户需求的自动感知,明确服务对象的学科战略决策需求。

第二,初步论证,收集情报。学科战略情报服务需求明确后,接下来是确定回答问题的方法。解读一个问题的情报,明确情报服务的起点(知道哪些)、终点(最终要知道哪些)、分析方法(从起点到终点的实现路径)、相关资源。其中分析方法主要有两种:一种是直接收集证据,进行直接证明;另一种则是使用各种相关材料进行间接证明。图书馆学科战略情报服务的信息来源主要有原始战略情报、服务馆员自身积累情报、服务对象提供情报、共享情报,以及大学科研人员研究成果和图书馆资料等。动态监测高校官方网站学科建设与改革发展等战略信息,使用 *N* 元(*N*-gram)算法提取文中组合词,加工成具有情报含义的信息来识别战略目标[72],为识别学科发展需求和明确学科战略情报服务任务提供方法支撑。通过共词聚类描述学科研究热点,绘制共词战略坐标图来显示各学科热点的发展态势,助力学科建设决策支持[73]。

第三,分析信息,评价情报。分析信息主要是进行信息过滤,将真实可靠的信息从无关的、虚假的信息中挑选出来并形成真正的需求解决方案。信息分析过程中,需要灵活运用多种分析技术,结合历史信息或其他数据进行挖掘与分析,通过对用户、资源和服务进行聚类分析,把分析结果高效地推送给用户,借助用户回应与反馈，不断验证，形成正式的情报服务产品。

第四，验证需求，发送情报。将情报服务报告中的建议与战略需求进行逐一对比分析，进一步验证学科战略情报服务的有效性与科学性。同时，学科战略情报的发送必须及时、准确和易于理解。及时则是送达用户的时机要适宜，不能过早也不能太晚。送达的方式可以是口头简报、书面报告、直接汇报等形式，甚至可以不拘泥于任何形式，只要是用户愿意接受的方式即可。

3.3 学科战略情报服务的开展形式

借用参考咨询这一图书馆服务的重要方式，可将学科战略情报服务扩展至决策咨询方面。借助战略情报研究工作的分类[74]，学科战略情报服务也可以以三种形式开展工作：直接从事学科战略情报研究工作、为学科战略决策咨询提供辅助研究工作，以及参与学科战略决策制定的组织与管理工作。

直接从事学科战略情报研究工作，即馆员根据战略形势和发展需求，自行进行情报信息与数据调研，提交学科战略情报研究报告。研究报告从内容上进行分类，包括学科发展前沿与热点监测报告、学科国际排名及竞争力分析、学科重点研究领域态势分析报告等。为学科战略决策咨询提供辅助研究工作，指依托战略决策咨询单位（或机构）的委托，进行相关战略信息与情报的采集、整理和加工，为战略决策委托方提供决策参考依据和信息保障。参与学科战略决策制定的组织管理工作，则是馆员以借调等形式进入战略决策部门，了解学科战略情报需求和意见征询，从事学科战略情报工作的组织与管理工作。

4 助推学科战略情报服务发展的思考与建议

预测与解读是学科战略情报服务中必不可少的部分。但在现实服务开展过程中，精准预测与解读似乎并不能真正实现，存在“测不准定律”[50]，这也是目前高校图书馆推进学科战略情报服务无法突破的主要困境或难点。主要有以下两个原因：

第一，图书馆员的知识和认知能力有限。人类知识是个人知识积累的总和，远高于单个人所能理解的深度和高度。馆员既不能完全理解学校决策与管理部门的立场与想法，也没有完善的知识结构和科学方法，最新的高校学科建设政策和学科布局只以分散的、不完整的形式存在个人的头脑中，馆员无法设身处地地站在学校决策部门的角度来思考和理解问题，专业背景的差异也会让馆员“望而却步”，这是学科战略情报服务开展时必须要直面的基本事实。

第二，情报分析的综合性、内外部环境的复杂性。学科战略情报分析的变量很多，但比认识这些变量更难的是理清这些变量之间的关系。即使所有信息变量都存在，但一个关键问题是“质会让量的比较不起决定作用”[75]。截至目前，社会科学尚未找到一种合适的方法来理解不同变量在特定环境中的相互关系，学科战略情报分析也没有恰当的方法得出最精准的综合性结论，能做的仅仅是尽可能地接近现实和需求。

结合目前高校图书馆学科战略情报服务的现状，以及未来服务内容的开展，为了推动学科战略情报服务的开展，高校图书馆可在紧跟学校决策需求、构建主体协作网络、打造专业服务团队、强化资源工具发展等方面加强创新发展。

4.1　紧跟学校决策需求，提高服务专业性与科学性

为进一步提高信息直报质量，有效发挥图书馆为学校战略情报服务的效能，图书馆需要完善信息直报工作机制，加强报送内容分析与研判，与学校的决策领导部门产生更多的黏性合作行为，提高情报服务的认可与信任度。在目前报送机制的基础上，加大报送人员范围，深化选题研究，通过报送系统及时查看每月报送要点并分析优秀稿件的特点，与决策服务用户加强合作与沟通，及时了解用户需求和关心的问题。保障文献的权威性与及时性，加强行文规范，提升服务辨识度；及时报送最新成果，决策服务产品类型多样，可以是热点选读、决策内参、学科新动向等，短小精悍、主题突出。

4.2　构建主体协作网络，提升服务针对性与有效性

协同与合作是图书馆服务多元化发展的必然趋势。集合馆内各部门、院系专家与学者、学校决策部门、数据库商等不同主体间的优势，形成良性互动与合作，打造专业、科学的特色服务产品。

大数据时代，可计算可分析的图书馆资源、先进的智能信息检索、知识挖掘与发现等技术的应用，离不开文献资源服务、数据资源服务、综合管理服务等多部门和中心的协同，使得战略情报需求的识别变得更加高效。与此同时，任何与学科相关的战略情报服务，都需要借助拥有专业知识的专家团队的力量，尤其是在专题研究、研判性研究中，专家的力量不可或缺，可通过设定研究课题，共同开展研究。学校决策部门也是需求提供方，加强与其之间的互动与合作黏性，增强用户方对战略情报服务的参与感，可提升战略情报服务的针对性与有效性，进一步加强合作与内容深化。图书馆的创新智慧型服务往往需要第三方服务平台在深度资源挖掘、资源整合、内容分析等方面的帮助，使得服务产品的质量得到优化与提升。

4.3　打造专业服务团队，夯实服务智慧化与灵活性

图书馆员的服务水平、能力和素养决定了学科战略情报服务的质量和效率。学科战略情报服务馆员应具备以下专业技能：专业学科背景扎实，熟知相关核心信息情报；快速学习与领悟能力强，服务意识和服务热情高，了解多个专业的基础知识和学科建设发展规划；外语阅读与写作能力较强；信息检索与分析解读能力较强，能够撰写深度研究报告；熟悉各类资源与数据平台以及各种定量、定性分析方法[76]，熟练使用 CiteSpace、SPSS 等分析软件或工具。

馆员对用户直接与间接需求的分析能力是推动战略情报服务的关键要素，这就要求馆员具有较高的宏观政策研究能力、问题分析研判能力和情报需求引导能力。应根据计划与安排，通过集中学习、会议讨论、交流考察、借调到决策部门等形

式，提升馆员的政治与战略意识；给予馆员自我发展空间，从能力提升与自主学习体系上促进其快速成长。通过了解用户需求的方向、内容、工作特点、文化特征等，站在用户角度去分析和研判需求，结合业务实践，提升对用户即时需求的辨别、理解、引导和预测等能力，挖掘用户的潜在和延伸需求。战略情报产生和关联的信息数量巨大，单靠个人力量无法在短时间内高效完成，这就意味着战略情报处理需要依靠集体努力，构建学科战略情报服务小组，组内成员间分工复杂而明确，由具有高度战略理念和领导力的领导班子指导，组员团结协作，借助扎实的专业知识、开阔的全球化眼界、娴熟的业务水平，打造专业化学科战略情报服务团队。

4.4　强化资源工具建设，增强服务创新性与系统性

信息数据资源是高校图书馆学科战略情报服务顺利开展的基础保障，不仅包括特色馆藏资源、电子数据库资源和纸本文献资源等传统馆藏资源，还包括自建(新建)数据库、开放获取数据资源、网络信息等内外部新型大数据资源，都需要进行统一组织、管理和开发，强调文本内容搜索的查全率和查准率，构建多源融合、相互补充的大型数字化信息资源系统。为推动高校图书馆的现代化发展，新时期的战略情报服务应深入开展情报分析方法论的创新，通过业务培训与学习提高服务质量，应用计量学领域的新方法、新工具、新理念开展科学评价与学科研究态势分析，推动图书馆现代化方法论的创新体系建设[77]，不断夯实专业技能与研究科学性，使服务融入学科整体学科建设发展、人才引进与培养、教学与科研一线等多个环节。

5　小结

战略情报服务是在满足战略决策需求的基础上，对数据、信息等情报资源进行深度加工，是一种高附加值的深层次知识服务和智库服务。学科战略情报服务的质量取决于服务馆员对决策机构战略意图的理解力和对相关学科战略情报的收集与处理能力。需要借鉴国家图书馆、中国科学院文献情报中心等公共图书馆战略情报服务开展经验，结合学校战略发展需求，构建具有特色的学科战略情报服务体系，建立现代化新型情报服务队伍。与此同时，充分借助数字化、网络化、知识化服务技术，与馆内多部门紧密融合协同，构建集资源、平台、馆员、用户的一体化服务链条，将图书馆的学科战略情报服务有机嵌入高校学科建设与发展建设过程中。战略情报服务是高校图书馆服务深化发展的又一服务模式，相信在图书馆上下一心的共同努力下，随着“双一流”建设工作的深入推进，高校图书馆学科战略情报服务也将获得长足的发展。

参考文献

[1] 中组部人才工作局. 深入实施新时代人才强国战略(深入学习贯彻习近平

新时代中国特色社会主义思想)[N]. 人民日报，2022-01-13(9).

[2] 习近平. 深入实施新时代人才强国战略 加快建设世界重要人才中心和创新高地[J]. 求是，2021(24)：4-15.

[3] 教育部 财政部 国家发展改革委. 教育部 财政部 国家发展改革委关于深入推进世界一流大学和一流学科建设的若干意见[EB/OL]. 2022-01-26. [2023-10-23]. https://www.gov.cn/zhengce/zhengceku/2022-02/14/content_5673489.htm.

[4] 杨河清，陈怡安. 海外高层次人才引进政策实施效果评价——以中央“千人计划”为例[J]. 科技进步与对策，2013，30(16)：107-112.

[5] 孙玉涛，张艺蕾. 海外人才引进计划提升了我国大学科研产出吗？——以“211”工程大学化学学科为例[J]. 科研管理，2021，42(10)：20-27.

[6] 刘超，范少峰，孙赵君，等. 基于获得“杰青”“优青”资助情况分析北京大学“优秀青年人才引进计划”的成效[J]. 中国科学基金，2015，29(3)：224-227.

[7] 俞蕖. 中国顶尖大学外籍学者集聚现状及其制约因素探析——基于30所“双一流”建设高校的数据调查与分析[J]. 中国高教研究，2019(8)：62-69.

[8] 贺威姿，易红郡，田英. 何为、实为与应为——地方大学“高层次人才”引进的考察[J]. 中国高教研究，2022(10)：68-74.

[9] 郭书剑，王建华. “双一流”建设背景下我国大学高层次人才引进政策分析[J]. 现代大学教育，2017(4)：82-90+112-113.

[10] 俞蕖. 学术人力资本视域下的高校人才发展困境与应对策略[J]. 江苏高教，2014(5)：38-41.

[11] 陈道坤，白勇，朱民. 海外高层次人才引进问题与对策研究——基于10所高校“千人计划”入选者的分析[J]. 国家教育行政学院学报，2010(3)：53-57.

[12] 李希. 高校图书馆学科服务与海外科研人才定向挖掘[J]. 大学图书情报学刊[J]. 2019，37(4)：70-73.

[13 孙清玉，洪建，林峥，等. 基于价值链的图书馆参与高校人才引进工作服务探究[J]. 南京工程学院学报(社会科学版)，2020，20(1)：85-88.

[14] 杨明海，孙红军，孙亚男. 基于合作聚类网络的高层次科技人才引进研究[J]. 科技和产业，2016，16(4)：72-77.

[15] 舒予，张黎俐，张雅晴. 海外高水平学者发现与评价策略研究[J]. 现代情报，2018，38(6)：93-98.

[16] 陈振英，黄晨. 大学图书馆为人才引进提供决策支持的探索与实践[J]. 图书馆杂志，2021(8)：59-65.

[17] 庞弘燊，王超，胡正银. “双一流”大学建设中人才引进评价指标库及指标体系构建[J]. 情报杂志，2019，38(3)：67-74.

[18] 江艳萍，夏琬钧，赵颖梅，等. 基于文献计量方法的全球潜力华人青年

学者发现与评价策略研究[J]. 情报杂志，2019，38(7)：178-183.

[19] 陈建龙. 贯彻“两个结合”，开拓高校图书馆服务创新[J]. 大学图书馆学报，2021，39(6)：5-6+9.

[20] 陈建龙. 大学图书馆现代化转型发展刍议[J]. 大学图书馆学报，2020，38(1)：5-12.

[21] 陈建龙. “十四五”时期图书馆发展七问[J]. 大学图书情报学刊，2021，39(5)：3-6.

[22] 郑清文，梁南燕，陈建龙. 基于创新力标准的北京大学图书馆馆员队伍现代化建设新探[J]. 大学图书馆学报，2023，41(1)：5-10.

[23] Cluff，E. D.，Murrah D. J.. The influence of library resources on faculty recruitment and retention[J]. Journal of Academic Librarianship，1987，13(1)：19-23.

[24] 浙江大学图书馆. 学科服务[EB/OL]. [2024-07-01]. https://libweb.zju.edu.cn/55979/list.htm.

[25] 上海交通大学图书馆. 科研人员绩效评估[EB/OL]. [2024-07-01]. https://www.lib.sjtu.edu.cn/f/content/detail.shtml? id=6099.

[26] 复旦大学图书馆. 学科分析评估报告[EB/OL]. [2024-07-01]. https://library.fudan.edu.cn/qbyj/pgfw/list.htm.

[27] 北京大学图书馆. 基础研究类人才评价[EB/OL]. [2024-04-16]. https://www.lib.pku.edu.cn/2xxzzfw/21xkqb/index.htm.

[28] 清华大学图书馆. 人才学术产出评估[EB/OL]. [2024-04-16]. https://lib.tsinghua.edu.cn/kyzc/wzxq.htm? id = 7c697c3f-2125-4eb5-a2de-eb73fec69 b9a.

[29] 中国人民大学图书馆. 学科分析[EB/OL]. [2024-07-01]. http://www.lib.ruc.edu.cn/dhl/xkzc/xkfw1/29f556f1441e4de2b4ce9a88624b0739.htm.

[30] 北京理工大学图书馆. 人才评估[EB/OL]. [2024-04-16]. https://lib.bit.edu.cn/engine2/general/more? t=915126730BD736289DEAE8E38911BA56BB053E72E867978CBF180E26FE6F2FA700A35E0AE3B4F30036F87843C5A08D82.

[31] 张凤斌，刘亚丽，李海英. 高校图书馆为学校人力资源项目提供决策支撑的探索与实践——以东北林业大学图书馆为例[J]. 图书情报工作，2022，66(2)：82-89.

[32] 杨眉，范秀凤，潘卫，等. 高校图书馆辅助人才评估服务方法探索与成效分析[J]. 图书情报工作，2017，61(5)：29-34.

[33] 赵旭，刘广，张凡. 图书馆数字资源在学校科研中的价值评估[J]. 大学图书馆学报，2015，33(2)：30-37.

[34] De Groote SL, Dunya BA, Scoulas JM, Case MM. Research Productivity and Its Relationship to Library Collections[J]. Evidence Based Library and Information Practice, 2020, 15(4): 16-32.

[35] Justin Kim，莫京. 聚焦高被引科学家[J]. 科学观察，2018，13(5)：45-56.

[36] 刘红煦，唐莉. 获评高被引学者会提升学术产出与影响力吗？——来自整体与个体层面的双重验证[J]. 科学学研究，2021，39(2)：212-221.

[37] The Association of Research Libraries (ARL). Strategic Thinking and Design Initiative: Extended and Updated Report[EB/OL]. 2016-06-23. [2023-10-19]. https://www.arl.org/wp-content/uploads/2016/06/arl-strategic-thinking-and-design-initiative-extended-and-updated-report-june2016.pdf.

[38] 国家知识产权局办公室 育部办公厅关于印发《高校知识产权信息服务中心建设实施办法(修订)》的通知[EB/OL]. 2021-06-08. [2023-10-20]. https://www.gov.cn/zhengce/zhengceku/2021-06/15/content_5617970.htm?eqid=f3cc27e40000099a00000003645b41de.

[39] 张丽舸，许子媛. “双一流”建设背景下高校图书馆知识产权信息服务探析[J]. 图书馆工作与研究，2019(6)：115-119.

[40] 西桂权. 大力培养复合型人才，积极推进学科交叉融合[N]. 科技日报，2021-11-29，第08版.

[41] Taylor R. S.. Question-negotiation and Information Seeking in Libraries[J]. College and Research Libraries, 1968, 29(3): 178-194.

[42] 白光祖，吕俊生. 基于信息需求层次理论的PIE可满足性分析[J]. 情报杂志，2009，28(4)：48-51.

[43] 曲海刚，曲越，连洁. 中国高端人才过度流动了吗——基于国家“杰青”获得者的实证分析[J]. 中国高教研究，2018(6)：56-61.

[44] IFLA. IFLA Trend Report 2017 Update[EB/OL]. 2018-01-04. https://trends.ifla.org/files/trends/assets/documents/ifla_trend_report_2017.pdf.

[45] 李琦. 人力资源管理从业人员流动性问题研究——立足北京市样本的分析[J]. 中国人力资源开发，2012(9)：11-15.

[46] 谭春辉，李明磊，王仪雯，等. 科研人员职业生涯成长轨迹的性别差异研究——以图情档学科国家社科基金一般项目获批者为例[J/OL]. 现代情报，2024，44(7)：125-134.

[47] Schults S. W. 论人力资本投资[M]. 吴珠华，等译. 北京：北京经济学院出版社，1990：201-203.

[48] 夏征农，郑申侠，等. 大辞海·军事卷[M]. 上海：上海辞书出版社，2007：57.

[49] 谢尔曼·肯特. 战略情报：为美国世界政策服务[M]. 刘微，肖皓元，译. 北京：金城出版社，2012：10-53.

[50] 牛新春. 战略情报分析方法与实践[M]. 北京：时事出版社，2016：36-37.

[51] 刘清. 发挥科技战略情报在高水平科技智库建设中的基础性作用[J]. 中国科学院院刊，2016，31(8)：929-935.

[52] 李品，杨国立，杨建林. 面向国家安全与发展决策支持的情报服务体系框架研究[J]. 情报理论与实践，2020，43(2)：9-14.

[53] 赵凡，冷伏海. 情报服务实践中的战略情报研究理论探讨[J]. 情报学报，2007，26(2)：163-171.

[54] 王亮. 世界一流大学建设的内涵、理念及路径研究[J]. 中国高校科技，2022(Z1)：12-16.

[55] 庞青山. 大学学科论[M]. 广州：广东教育出版社，2006：236.

[56] 刘静羽，黄金霞，王昉. 支撑科技战略情报的资源保障体系建设研究[J]. 数字图书馆论坛，2021(9)：27-33.

[57] 李雅梅，孙小影，张晓林. 超越知识库：面向知识分析与决策——以上海科技大学知识管理系统为例[J]. 图书馆理论与实践，2020(4)：48-51.

[58] 吴爱芝，王盛，张春红. 面向“双一流”建设的高校图书馆智库服务研究[J]. 现代情报，2021，41(1)：94-100.

[59] 刘小平，冷伏海，李泽霞. 学科战略情报研究产品及其实现过程[J]. 图书情报工作，2011，55(22)：47-51.

[60] 侯丽，李娜，李娟. 学科战略情报的研究任务与分析软件适用性探讨[J]. 图书情报知识，2009(1)：106-110.

[61] 孙成权. 关于专业图书馆加强情报研究工作的几点思考[C]. 中国图书馆学会专业图书馆分会2009年学术年会，2009：255-260.

[62] 中国科学院文献情报中心. 情报产品[EB/OL]. [2022-1-10]. https://www.las.ac.cn/front/product/list.

[63] 中国科学院武汉文献情报中心 湖北省科学图书馆. 学科情报服务[EB/OL]. 2017-09-21. [2022-03-29]. http://www.whlib.cas.cn/ver/hm/fuwjs/zsfw_hm/xkqbfw/.

[64] 北京大学图书馆. 2022年度北京大学图书资料岗位招聘(应届毕业生)[EB/OL]. (2022-01-13). https://www.lib.pku.edu.cn/portal/cn/news/0000002356.

[65] 北京理工大学图书馆. 情报咨询[EB/OL]. [2022-08-31]. http://lib.bit.edu.cn/node/520.jspx.

[66] 浙江大学图书馆. 战略情报服务[EB/OL]. [2022-01-10]. http://

libweb. zju. edu. cn/zlqbfw/list. htm.

[67] 刘勇，徐双. “双一流”建设背景下高校图书馆情报服务创新发展研究[J]. 图书馆工作与研究，2020(10)：94-98＋122.

[68] 王孟. 公安学学科战略情报需求与应对[J]. 中国人民公安大学学报(社会科学版)，2012(6)：63-70.

[69] 刘建华，常江，张晓林. 服务高校决策层的改革发展动态监测服务的研究与实践[J]. 大学图书馆学报，2020(1)：35-41.

[70] 王世伟. 智库专报五大要素探析[J]. 情报资料工作，2017(7)：96-102.

[71] Roger C. H.. Strategic intelligence and national decision[M]. Glencoe：The Free Press，1956：143.

[72] 吕宏玉，杨建林. 基于模板的国家战略情报需求识别研究[J]. 情报理论与实践，2019，42(11)：8-14.

[73] 崔雷，杨颖，王孝宁. 重点学科发展战略情报研究(一)——引文战略坐标[J]. 情报理论与实践，2006，32(6)：8-13.

[74] 叶小梁，黄颖. 中国科学院战略情报研究工作的发展模式研究[J]. 图书情报工作，2003(8)：113-116.

[75] Kam E.. Surprise attack：the victim's perspective[M]. Cambridge，Massachusetts：Harvard University Press，1988：75.

[76] 谭宗颖. 学科战略情报研究方法与实践[J]. 图书情报工作，2006，50(5)：14-18.

[77] 陈建龙，邵燕，张慧丽，等. 大学图书馆现代化的前沿课题和时代命题——《大学图书馆现代化指南针报告》解读[J]. 中国图书馆学报，2022，48(1)：17-28.

第七章　推动“双一流”建设的学科服务创新的实施路径与保障措施

推动“双一流”建设的学科服务创新发展，离不开图书馆内外力量的协同合作，通过分类、分步有序推进，以扎实、科学的产品成果满足用户多元需求。这其中，最重要的因素则是对不同学科类型构建差别化的实施路径，以及建立人性化的政策保障措施来提升学科馆员的创造性与积极性。

第一节　差别化的实施路径

“双一流”建设以学科建设为基础，一流建设学科遴选和建设时要树立“扶优扶需扶特扶新”的发展理念，并将其牢固地落实和贯彻于“双一流”建设过程[1]。学科竞争力分析报告应根据机构学科定位和“双一流”建设目标，根据学科的建设类型，比如优势学科、弱势学科、交叉学科、基础学科的建设，给出不同的服务实施路径。

1　优势学科的学科服务实施路径

为推动学科建设发展，就优势学科的建设而言，院系机构应通过优化学科组织梯队、强化考核监督等措施进行巩固强化。高校图书馆可以就院系学科的人才结构提供竞争力分析报告，也可以就本学科发展进行全球人才筛选和高被引学者追踪报道，为优势学科选好带头人、配好助手与梯队；就学科研究态势和前沿提供态势分析报告和科学前沿分析报告，为本机构引领或参与世界科学研究建言献策；从第三方角度，对本机构的科研人员进行绩效评估和学科横向对比，为学科建设和人才发展决策提供客观的数据支持！

2　弱势学科的学科服务实施路径

就弱势学科而言，帮扶的基本原则是“缺什么补什么”。推动一流学科建设，不能挤压“弱势学科”的发展空间，扶持与革新弱势学科也是保障学校学科建设百花齐放的关键。这里的弱势学科不仅包括未入选“一流学科”的一级学科，也包括不是一级学科主流分支的二级学科。过于凸显重点学科和优秀学科而忽略弱势学科，将导致高校办学目标趋同化、学科分布雷同化和人才培养同质化等“顽症”[2]。对弱势学科的扶持，不仅要增强其社会需求发展导向，更要夯实学科人才基础。图书馆可为其提供与本学科相关的行业、职业界人才竞争力分析报告，也可为其人才队伍建设提供数据支撑。

3　交叉学科的学科服务实施路径

就交叉学科而言，2023 年 2 月，教育部等五部门印发的《普通高等教育学科专业设置调整优化改革方案》提出“推动现有工科交叉复合、工科与其他学科交叉融合、应用理科向工科延伸，形成新兴交叉学科专业，培育新的工科领域”“瞄准医学科技发展前沿，大力推进医科与理科、工科、文科等学科深度交叉融合，培育‘医学＋X’‘X＋医学’等新兴学科专业”“积极推进农工、农理、农医、农文深度交叉融合创新发展，培育新兴涉农学科专业”“推动文科间、文科与理工农医学科交叉融合，积极发展文科类新兴专业，推动原有文科专业改造升级”[3]。习近平总书记在清华大学考察时强调，要用好学科交叉融合的“催化剂”。要以多学科知识聚变的模式推进新工科、新医科、新农科、新文科建设发展。图书馆可就本机构的科研论文、专利等产出进行内容分析，为交叉学科的方向监测和资源支持提供决策参考依据。

4　基础学科的学科服务实施路径

就基础学科而言，《普通高等教育学科专业设置调整优化改革方案》提出“建强数理化生等基础理科学科专业，适度扩大天文学等紧缺理科学科专业布局。精准推动基础医学（含药学）学科专业建设，推进基础与临床融通的整合式 8 年制临床医学教育改革。系统推进哲学、历史学等基础文科学科专业建设，推动形成哲学社会科学中国学派”。党的二十大报告指出，加强基础学科等建设，加快建设中国特色、世界一流的大学和优势学科。教育部加大对基础学科人才的支持力度，长江学者、教学名师等人才计划向基础学科倾斜，为基础学科人才培养提供稳定的经费支持，实施“高等学校基础研究珠峰计划”，布局建设前沿科学中心等。高校图书馆可为大学生创新大赛提供文献支持服务、开题文献推荐服务，为教师的基础研究与重大科技关键技术突破之间的联系建立提供研究分析报告、为教师申请国家级基金课题提供历年资助课题的计量分析等。

第二节　政策保障措施

一个机构的好机制，在于能够拉动人内心深处的欲望和需要。只有这样，才能激发人的主观能动性，形成一种正向循环，实现多方共赢。高校图书馆应创新政策和措施，从内在提升角度推动馆员队伍的现代化建设，从外在推动角度加强服务与管理制度的完善。

1　推动馆员队伍的现代化建设

馆员是保障大学图书馆可持续发展的关键要素。除了一个具有前瞻视野和现代化管理能力的领导班子的引领,高校图书馆的现代化发展必须要有一支信念坚定、结构合理、业务精湛、素质优良的馆员队伍作支撑,他们以扎实的专业积累、开阔的国际化视野和多元的业务能力[4]赢得用户的信赖与尊重,与用户一起携手同行。推动馆员队伍的现代化建设,必须增强馆员的全面发展,促进其内在追求与外在要求的和谐统一。

1.1 提高学科馆员的情报感知水平

学科服务的内容分析要通过知识图谱、学科知识地图等工具方法,采用可视化手段进行展示,直观展现学科某研究内容的科学演进过程。能否发现动态环境的事物演化规律并进行前瞻预测,是检验情报服务水平的重要标准之一。传统学科情报服务大多停留在被动回应的状态,较少对情报信息的深入解读和前瞻预测,学科馆员提高情报感知水平,可以深入刻画和解读研究成果,满足隐形或潜在情报需求[5]。在提供学科分析报告的过程中,利用综合知识发现进行隐性知识关联分析,提高创新意识、创新能力和创新效用,提高需求对接能力与问题识别能力等,不仅可以发现学科交叉与融合,还可以就学科发展趋势进行预测评估,提高学科服务的专业性与科学性[6]。

与此同时,学科馆员要提高情报感知水平,还应对服务学科的基本基础知识有相当的理解与把握。在从事学科服务的过程中,最难过的是学科专业知识关。学科馆员在业余时间应加强自身对服务学科专业知识的了解与学习,结合国家发展战略需求与经济社会发展需要进行综合性解读,方能与课题组的师生用户建立真正的知识链接,在交流中进一步提升情报感知能力与水平。

1.2 尝试使用目标与关键成果法提高团队协作

关键成果法(Objectives and Key Results,OKR)是由英特尔公司创始人之一安迪·葛洛夫(Andy Grove)发明的一套明确和跟踪目标及其完成情况的管理工具和方法,其主要目标是明确团队的“目标”以及明确每个目标达成的可衡量的“关键结果”,旨在确保员工共同工作,通过明确目标和集中精力做出可衡量的贡献[7]。鼓励馆员通过自己制定目标,调动馆员的积极性与自主性。比如,馆员只需要列出自己要做的几件事,然后把这些事情做到自己想要的结果,如果实现不了就迅速转向。简单来说,就是把模糊的战略清晰地落实到行动上,“不仅要说干什么,还要说清为什么”“不仅要说为什么,还要说清怎么办”“不仅要说怎么办,还得结果可衡量”“不仅结果可衡量,还得表达没歧义”。用 OKR 进行学科服务的目标管理,可以提高团队的协作程度、提高团队目标的完成度。

1.3 加强馆员的系统化培训

学科馆员的专业能力主要体现在与资源和用户打交道的能力与水平,是直接满足用户需求的服务能力,因此,馆员的系统化培训成为最容易见成效的优先选择,以提升馆员的文献精准采集效率、资源揭示和组织能力、知识有效挖掘水平、情报关联和传播能力、与用户的深度交流和交融能力,以及需求对接、问题识别、服务提供等专业能力[8]。培训内容重在夯实馆员的基本职业能力，如团队协作能力、科研创新能力、自我管理能力、决策判断能力等，提高数据分析能力、新媒体运营能力等信息化环境下的新型服务能力[9]，提升馆员的社会责任感、职业价值感、服务认同感等内在幸福感和归属感。

高校图书馆馆员队伍建设需要技能传承与协同创新，需要经过长期的系统化培训。如北京大学图书馆制定《专业馆员系统培训方案》，通过通识教育、专业课程、综合课程3类12门课程对新馆员进行为期两年的系统培训，从馆藏布局、分类编目、数据分析、用户服务等业务技能，到公文写作、职业规划、法律科普、心理咨询等通用技能，从值班见习到集体阅读分享，全面提升新进馆员的奋斗精神、专业本领、服务智慧和职业情怀等方面的能力[4]；每周一次到综合服务台值班，期间会有一位有经验的老馆员和一位学生馆员陪同，值班期间遇到的各种问题及处理方案，会帮助新馆员快速得到提升[10]。对在职馆员，则由馆长和书记带队的领导班子对正副主任召开暑/寒假研讨会、对副主任和小组长等职务的馆员召开每周一次的“五四创新力报告会”(其他馆员线上参会)，鼓励全体馆员参加每年一次的“五四科学报告会”，还会定期组织《图书馆员开讲啦》系列讲座，讲述馆员本职工作的研究成果与心得体会。每年鼓励馆员申请图书馆创新案例评选活动，评选“身边榜样”来鼓励和引导馆员砥砺前行与勇于担当。北京大学图书馆一直在努力建设以创新力为标准的“四有”馆员队伍，即拥有“心系国家、矢志前行、爱岗敬业、辛勤奉献、真善为美”高贵精神，“同舟共济、善解人意、一专多能、善贷且成、创新引领”高强本领，“识大体、顾大局、知敬畏、守底线、闻大道”高超智慧，以及“知馆、爱馆、荣馆、念馆、强馆”高尚情怀的馆员[11]。

1.4 大力倡导“学者型”图书馆员

作为新时代的高校图书馆员，不能仅仅停留在“为人找书、为书找人”“兢兢业业的老黄牛”的意识与观念上，“百事通”式的知识结构也不能适应“双一流”建设时代的知识和科技发展需求。高校图书馆要为不同专业和领域的教学与科研人员提供文献信息和数据情报，“学者型”图书馆员在加强业务领域学习的基础上，可对学科的新知识、新数据、前沿发展进行更加深入细致的研究，为用户提供的服务内容更加全面与清晰[12]。推动学科服务“微研究”，针对学科服务内容与环节中特定服务展开更加深入和精微的研究，强调重视研究、开展研究、应用研究，鼓励将“研究”的科学态度、实施方法、评估评价全面无缝地渗透到学科服务的每一个服务点，每个学科馆员都带有学术气质和学者态度。坚持馆员能力与用户需求相统一，培养研究型、数据型等新型学科馆员来解决教学与科研过程中出现的新需求与新问题[13]。

1.5 激发馆员的主观能动性和创新动能

图书馆员是推动图书馆创新发展的核心力量[14]。在图书馆的管理过程中，应重视加强对馆员的内在心理建设，激发其内在主观能动性和创新动能[8]。

(1) 将个人发展与图书馆事业联系起来，帮助馆员促进工作理念现代化。包括先进理念的树立及其在图书馆业务和管理工作中的思想引领地位。积极倡导和践行“用户导向、服务至上”工作理念，更多地发挥个体、群体、整体师生用户的素质导向、问题导向和效用导向作用，以信息服务为核心履职尽责，努力构建崇高、忠诚、亲切、满意、包容、高善的价值体系[15]。

(2) 提高馆员的工作认同感与归属感。组织认同中的组织归属和同事关系对馆员创新行为有显著影响，在一般的图书馆管理框架下，图书馆高层领导通过调整图书馆的管理政策，营造出一个支持创新的组织氛围环境，尊重和信任馆员，才能激发出馆员的创新动力[16]，营造良好的组织文化，增强馆员对服务工作的认同感与归属感。当馆员把自己的前途和职业与图书馆事业紧密相连，感到自己在图书馆这个大家庭里受到尊重和关爱，实现自我价值。

(3) 鼓励馆员加强积极心态的建设。馆员在提供服务过程中的心理状态变化主要是情感变化和服务态度变化，情感变化会影响服务态度进而影响工作中的创新行为[17]。图书馆应努力让馆员保持一个积极向上的心态，具有较强的自我缓解和疏导工作压力的能力，能够尽量摈弃消极情绪和应付心态。图书馆需要创新管理机制让馆员产生服务的热情与激情，有助于培养馆员甘于奉献的人梯精神、敢为人先的创新精神、团结协作的团队精神和超越自我的学习精神。

2 建立完善的服务与管理制度

2.1 画馆员画像，建立能打胜仗的学科馆员队伍

画馆员画像，明确学科馆员岗位的关键能力和关键素质，了解每一位馆员的特长、优势和劣势，按需设岗、按岗找人、为人找岗。能力是馆员完成学科服务时需要的工作技能，包括服务宣推能力、用户管理能力、文献检索与整理能力、问题提出与解决能力等。素质是学科馆员岗位应具备的潜在特征，如人际关系理解、抗压水平等。使用对标法，找到团队中已有优秀学科馆员的共性，分析其具备的核心能力和价值；借用个体分析法，找到每个馆员的优势与劣势、长处与短板，结合个人意愿进行组织岗位的定期调配。

2.2 完善馆员职称晋升制度，引导和鼓励馆员参与教学与科研

现行制度下的馆员评职称，需要发表论文等学术成果，图书馆应创造条件帮助馆员把成果正式化；鼓励有研究特长的馆员参与教学科研工作，并为其争取科研课题与经费，并与其职称晋升建立挂钩制度。馆员参与教学与科研活动，不仅可以增强其学识和胆识，还可将图书馆的资源与服务宣传推广到教学与科研一线，提高图书馆学科服务的知名度与曝光度。

馆员参加学科学术活动，包括图书馆学与情报学，以及其他专业学科，鼓励馆员将自身的文献情报资源优势参与到其他专业的学术研究，调动非图书馆学专业馆员的学习积极性和热情度，以自身毕业专业为起点，以学科服务实践为阶梯，根

据自己的兴趣与工作做好职业规划，在学科交叉与学科融合发展中做出新时代高校图书馆员应有的贡献！

2.3　建立馆员自我教育制度，提升图书馆员的服务素质

随着科学技术和大数据时代的发展，内外部环境和用户需求的变化都对图书馆员的要求越来越高，一般意义上的学科知识检索、图书借阅等惯常服务已经无法满足新时代用户的需求。图书馆应建设馆员自我教育制度，加强馆员的自我教育意识和成才培养意识，在业余时间学习一些新技能和新本领、培养新的兴趣与习惯，学会问出好问题。

加强科学考核，构建包括聘期考核、年度考核、评优考核等多样化、体系化考核制度，同时加强物质奖励与精神奖励相结合的双重激励机制；畅通晋升渠道，公开馆员岗位级别晋升途径和方法，激励馆员加强自我学习与教育，从馆员内在来提升图书馆员的服务素质与专业素养。

参考文献

[1] 顾海良. “双一流”建设要坚持以学科建设为基础[EB/OL]. 2017-09-22. [2023-07-07]. http://www.moe.gov.cn/jyb_xwfb/moe_2082/zl_2017n/2017_zl46/201709/t20170922_315078.html.

[2] 刘奕涛. “双一流”建设要为“弱势学科”发展留空间[N]. 中国社会科学报，2017-06-14(006).

[3] 中华人民共和国教育部. 教育部等五部门关于印发《普通高等教育学科专业设置调整优化改革方案》的通知[EB/OL]. (2023-03-02) [2023-03-29]. http://www.moe.gov.cn/srcsite/A08/s7056/202304/t20230404_1054230.html.

[4] 郑清文，梁南燕，陈建龙. 基于创新力标准的北京大学图书馆馆员队伍现代化建设新探[J]. 大学图书馆学报，2023，41(1)：5-10.

[5] 刘如，吴晨生，王延飞，等. 基于钱学森系统辨识理念的情报感知研究[J]. 情报理论与实践，2019，42(5)：7-13.

[6] 陈美华，王延飞. 情报感知的条件辨析[J]. 情报理论与实践，2018，41(8)：5-10.

[7] Paul R. Niven，Ben Lamorte. Objectives and Key Results：Driving Focus，Alignment，and Engagement with OKRs[M]. Hoboken，New Jersey：John Wiley & Sons，Inc.，2017：6-13.

[8] 陈建龙，邵燕，刘万国，等. 高校图书馆馆员队伍建设指南针报告[J]. 大学图书馆学报，2023，41(1)：28-36.

[9] 储节旺，朱爱瑜，王靖雯，等. 活动理论视域下立体化馆员培训模式构建与实践探索——以安徽省高校图工委为例[J]. 大学图书馆学报. 2023,41(1)：15-

20＋77.

[10] 陈建龙.“十四五”时期图书馆发展七问[J].大学图书情报学刊，2021，39(5)：3-6.

[11] 陈建龙.贯彻“两个结合”，开拓高校图书馆服务创新[J].大学图书馆学报，2021，39(6)：5-6＋9.

[12] 张宇清.高校图书馆应大力培养学者型图书馆员[J].高校图书馆工作，1996(1)：26-27.

[13] 陈建龙，邵燕，张慧丽，等.大学图书馆现代化的前沿课题和时代命题——《大学图书馆现代化指南针报告》解读[J].中国图书馆学报，2022，48(1)：17-28.

[14] 初景利，段美珍.智慧图书馆与智慧服务[J].图书馆建设，2018(4)：85-90＋95.

[15] 陈建龙.大学图书馆现代化转型发展刍议[J].大学图书馆学报，2020，38(1)：5-12.

[16] 戴伟茜，黄思慧，包平.组织认同对高校图书馆馆员创新行为的影响研究[J].农业图书情报学刊，2018，30(4)：5-12.

[17] 王芳，陈月，宗兴慧，等.基于扎根理论的高校图书馆员创新行为影响因素研究[J].图书馆学研究，2022(7)：50-58.

附录Ⅰ　学科服务创新调查问卷(教师版)

意见调查和征集

1. 您的研究使用所在大学图书馆的主要方式？(多选)

A. 借阅图书　　B. 图书馆网站　　C. 进馆查阅文献

D. 进馆自习　　E. 不使用图书馆　　F. 其他＿＿＿＿＿

2. 您是否了解您所在大学图书馆提供的“学科服务”？(单选)

A. 非常了解　　B. 有所了解　　C. 不太了解

3. 您使用过您所在大学图书馆提供的学科服务内容？(多选)

A. 论文查收引　　B. 科技查新　　C. 学科资源推荐

D. 学科情报推送　　E. 学科竞争力分析　　F. 学科前沿分析

G. 课程参考书服务　　H. 知识产权咨询与专利服务

I. 没使用过　　J. 其他＿＿＿＿＿

4. 您认为学科馆员在您的教学与科研过程中的地位？(可多选)

A. 提供学科服务　　B. 可以融入我的科研团队,成为合作伙伴

C. 满足日常咨询　　D. 不需要学科馆员

E. 其他＿＿＿＿＿

5. 在您的科研过程中,您希望图书馆员可以在哪些方面帮到您？(多选)

A. 从文献计量角度提供文献分析

B. 在图书馆学科资源获取与检索等方面提供帮助

C. 在多源数据获取与处理、可视化分析等方面提供服务

D. 在科研论文发表与投稿方面提供咨询服务

E. 在申请科研获奖或课题申请时提供查新分析

F. 提供知识产权与专利申请等方面的咨询与培训

G. 不需要

H. 其他＿＿＿＿＿

6. 在您的教学过程中,您认为图书馆员可以在哪些方面帮到您？(多选)

A. 为课程提供电子参考书加工

B. 为课程所需数据库等资源提供嵌入式讲座

C. 为课程所需数据分析提供嵌入式培训

D. 没有帮助

E. 其他__________

7. 在您的日常学习过程中，您认为图书馆员可以在哪些方面帮到您？（多选）

A. 最新的优质书籍资源推荐给我
B. 上新数据库资源@我
C. 为我预约安静舒心的服务空间
D. 提供图书馆文献资源检索培训
E. 提供数据分析与处理培训讲座
F. 提供开题文献推荐
G. 提供学术规范与投稿指南培训
H. 不需要
I. 其他__________

8. 您是否知道和了解您所在大学图书馆的机构知识库？（单选）

A. 知道和了解。机构知识库收集并保存本校教师和科研人员的学术与智力成果；为大学教师，科研人员和学生的学术研究和学术交流提供系列服务，包括存档、管理、发布、检索和开放共享。

B. 知道，但不太了解具体情况。

C. 没有听说过。

D. 我们学校没有。

9. 您最期待机构知识库能够给您提供的相关推送服务是：（多选）

A. 您的学术论文被 SCI/SSCI/A&HCI/CSSCI/CSCD 实时收录状况

B. 您的成果是高被引论文的即时推送

C. 为您的 h 指数提供定期推送

D. 每年年初推送您上一年的年度发文状况

E. 每年推送您的新增专利及专利引用状况

F. 不需要
G. 其他__________

10. 您最希望图书馆提供的相关数据素养服务是：（多选）

A. 数据伦理与数据意识
B. 数据搜索与获取培训服务
C. 数据处理与可视化展示
D. 数据保存与再利用服务
E. 不需要
F. 其他__________

11. 您最希望图书馆提供的相关信息素养服务：（多选）

A. 图书馆资源检索
B. 学科开放数据资源
C. 文献管理软件使用
D. 学术论文撰写规范
E. 信息伦理知识
F. 不需要
F. 其他__________

12. 您最希望图书馆提供的相关战略情报服务：（多选）

A. 国际创新战略与政策研究报告
B. 全球科技前沿发展报告
C. 某主题全球发展态势分析
D. 某主题（方向）国际经验分析
E. 某主题文献调研分析
F. 不需要
F. 其他__________

13. 未来您对图书馆为师生提供学科服务有何建议?

____

____

____

____

14. 个人身份信息(仅用于本次问卷统计)。

您所在的高校单位是?

____

您所学的学科专业是?

____

您的身份是?

A. 教授或其他高级职称　　B. 副教授或其他副高职称

C. 讲师或其他中级职称　　D. 博士后

E. 访问学者　　F. 其他__________

附录 II　学科服务创新调查问卷(学生版)

意见调查和征集

1. 您日常使用大学图书馆的主要方式?(多选)

A. 借阅图书　　B. 图书馆网站　　C. 进馆查阅文献

D. 进馆自习　　E. 不使用图书馆　　F. 其他__________

2. 您是否了解大学图书馆提供的服务?(单选)

A. 非常了解　　B. 有所了解　　C. 不太了解

3. 您使用过大学图书馆提供的服务内容?(多选)

A. 论文查收引　　B. 科技查新　　C. 学科资源推荐

D. 开题文献推荐　　E. 学科竞争力分析　　F. 学科前沿分析

G. 课程参考书服务　　H. 知识产权咨询与专利服务

I. 没使用过　　J. 其他__________

4. 您认为图书馆员在您的科研与学习过程中的地位?(可多选)

A. 提供图书借阅　　B. 可以相互交流,成为合作伙伴

C. 满足日常咨询　　D. 不需要学科馆员

E. 其他__________

5. 在您的科研过程中,您希望图书馆员可以在哪些方面帮到您?(多选)

A. 从文献计量角度提供文献分析

B. 在图书馆学科资源获取与检索等方面提供帮助

C. 在多源数据获取与处理、可视化分析等方面提供服务

D. 在科研论文发表与投稿方面提供咨询服务

E. 在申请科研获奖或课题申请时提供查新分析

F. 提供知识产权与专利申请等方面的咨询与培训

G. 不需要

H. 其他__________

6. 在您的课程学习过程中,您认为图书馆员可以在哪些方面帮到您?(多选)

A. 为您研修的课程提供电子参考书加工

B. 为您研修的课程所需数据库等资源提供嵌入式讲座

C. 为您研修的课程所需数据分析提供嵌入式培训

D. 不需要

E. 其他__________

7. 在您的日常学习过程中,您认为图书馆员可以在哪些方面帮到您?(多选)

A. 最新的优质书籍资源推荐给我　　B. 上新数据库资源@我

C. 为我提供安静舒心的学习空间　　D. 提供图书馆文献资源检索培训

E. 提供数据分析与处理培训讲座　　F. 提供开题文献推荐

G. 提供学术规范与投稿指南培训　　H. 不需要

I. 其他__________

8. 您是否知道和了解学校图书馆的机构知识库?(单选)

A. 知道和了解。北大机构知识库收集并保存北京大学教师和科研人员的学术与智力成果;为北京大学教师、科研人员和学生的学术研究和学术交流提供系列服务,包括存档、管理、发布、检索和开放共享。

B. 知道,但不太了解具体情况。

C. 没有听说过。

9. 您最期待机构知识库能够给您提供的相关推送服务是:(多选)

A. 您的学术论文被 SCI/SSCI/A&HCI/CSSCI/CSCD 实时收录状况

B. 您的成果是高被引论文的即时推送

C. 为您的 h 指数提供定期推送

D. 每年年初推送您上一年的年度发文状况

E. 每年推送您的新增专利及专利引用状况

F. 其他__________

10. 您最希望图书馆提供的相关数据素养服务是:(多选)

A. 数据伦理与数据意识　　B. 数据搜索与获取培训服务

C. 数据处理与可视化展示　　D. 数据保存与再利用服务

E. 不需要　　F. 其他__________

11. 您最希望图书馆提供的相关信息素养服务:(多选)

A. 图书馆资源检索　　B. 学科开放数据资源检索

C. 文献管理软件使用　　D. 学术论文撰写规范

E. 信息伦理知识　　F. 不需要

F. 其他__________

12. 您最希望图书馆提供的相关战略情报服务:(多选)

A. 国际创新战略与政策研究报告　　B. 全球科技前沿发展报告

C. 某主题全球发展态势分析　　D. 某主题(方向)国际经验分析

E. 某主题文献调研分析　　F. 不需要

F. 其他__________

13. 未来您对所在大学图书馆为师生提供学科服务有何建议?

____

____

____

____

14. 个人身份信息(仅用于本次问卷统计)。

您所在的学校单位是?

____

您所学的学科专业是?

____

您的身份是?

A. 博士研究生　　B. 硕士研究生　　C. 本科三、四年级学生